《中外热点论争》丛书

主 编 ◎ 程恩富
副主编 ◎ 李建国

SHOURU FENPEI
ZHIZHENG

收入
分配
之争

杨 静 ◎ 编

中国社会科学出版社

图书在版编目(CIP)数据

收入分配之争 / 杨静编 . —北京：中国社会科学
出版社，2013.3

ISBN 978 - 7 - 5161 - 1481 - 0

Ⅰ.①收… Ⅱ.①杨… Ⅲ.①收入分配—中国—
文集 Ⅳ.①F124.7 - 53

中国版本图书馆 CIP 数据核字 (2012) 第 228642 号

出 版 人	赵剑英	
责任编辑	杨晓芳	
责任校对	潘立江	
责任印制	戴　宽	

出　　版	中国社会科学出版社	
社　　址	北京鼓楼西大街甲 158 号 （邮编 100720）	
网　　址	http://www.csspw.cn	
	中文域名:中国社科网　　010 - 64070619	
发 行 部	010 - 84083685	
门 市 部	010 - 84029450	
经　　销	新华书店及其他书店	

印刷装订	三河市君旺印装厂	
版　　次	2013 年 3 月第 1 版	
印　　次	2013 年 3 月第 1 次印刷	

开　　本	710 × 1000　1/16	
印　　张	19.25	
字　　数	266 千字	
定　　价	38.00 元	

前言

　　当前我国正处在全面建设小康社会以及"十二五"战略目标实现的关键时期，但是在我国生产力迅速发展、人民生活水平显著提高的同时，出现了收入差距不断扩大、社会不公平感明显增强的趋势，这将影响到我国经济的可持续发展与社会稳定。收入分配问题已引起整个社会的高度关注，有关缩小贫富差距和改革收入分配制度的话题成为专家学者的聚焦领域、争论的焦点。

　　当前，造成我国收入差距越来越大的原因到底是什么？如何改革收入分配制度，让全体人民共享改革成果？针对这些问题，《收入分配之争》一书选编了对收入分配问题持不同看法主张的专家学者的文章。书中文章根据专家学者的不同观点、政策主张分为 A、B、C 三方，其中 A 方文章主要从马克思主义的立场、观点和方法出发，从所有制等角度研究收入分配问题，其核心观点是生产资料私有制导致的劳资对立是造成收入差距扩大的主要原因，并指出以新自由主义市场化改革的思路调整收入分配制度是不可取的，保证以公有制为主体、按劳分配为主原则真正落实的措施才能从根本上解决收入分配问题。B 方文章则主要认为垄断、腐败、政府不作为等是导致收入差距不断扩大的重要原因，主张加强市场分配机制的功能，通过市场化改革来解决收入分配问题；C 方文章则主要通过实证检验影响收入差距的一系列市场因素和非市场因素，定量研究收入分配问题，从而为合理制定收入分配政策提供依据。本书精心选编了三方观点的论辩，以飨读者。

目录

目 录

A 方

生产资料私有制导致的劳资对立是造成收入差距扩大的主要原因，

以市场化改革的思路调整收入分配制度是不可取的，

保证以公有制为主体、

按劳分配为主原则真正落实的措施才能从根本上解决收入分配问题。

改革开放新时期的收入分配问题

刘国光　中国社会科学院学部委员、研究员

在调整收入分配关系，缩小贫富差距时，人们往往从分配领域本身着手。但是，仅仅从分配和再分配领域着手，还是远远不够的，不能从根本上扭转贫富收入差距扩大的问题。还需要从所有制结构，从财产制度上直面这一问题。所以改革收入分配制度，扭转贫富差距扩大趋势，应采取必要的政策措施，保证公有制为主体、按劳分配为主的两个为主原则的真正落实。

进入 21 世纪，随着收入差距扩大的趋势日益明显，收入分配问题受到关注。在继续做大社会财富这个"蛋糕"的基础上，如何通过合理的收入分配制度，把"蛋糕"分好，让全体人民共享改革发展的成果，成为中国面临的一个重大命题。我曾发表几篇文章，研讨收入分配问题，为"效率优先，兼顾公平"逐渐淡出，进一步重视社会公平鼓与呼。现在看来，我的观点和中央在这一问题上最终决策的精神是一致的。这里我想梳理一下改革开放新时期收入分配政策的演变，侧重谈谈对效率与公平关系的认识，并对今后改革收入分配制度提出一点思路。

一　收入分配政策的演变

改革开放新时期的分配政策，从最初打破平均主义，为按劳分配恢复名誉，到现在继续坚持以按劳分配为主体、多种分配方式并存，经历了一个渐进的变化过程。

改革开放新时期的分配政策，从最初打破平均主义，为按劳分配恢复名誉，到现在继续坚持以按劳分配为主体、多种分配方式并存，经历了一个渐进的变化过程。

1956 年社会主义改造完成以后，社会主义制度建立，按劳分配成为中国最基本的收入分配制度。即使在"文化大革命"期间，1975 年宪法也规定要实行按劳分配制度。但是，十一届三中全会之前，中央一些高层领导，误读了马克思关于按劳分配中等量劳动相交换的原则仍然是资产阶级式的"平等的权利"的论述，把战争环境中实行过的带有平均主义色彩的供给制度理想化了。在"文化大革命"中，张春桥等人又把这种认识推向极端，把按劳分配视为资产阶级法权进行批判，把八级工资制等社会主义政策看成是产生新的资产阶级的基础和温床。因此，平均主义盛行。这种平均主义的分配制度是对按劳分配原则的歪曲，带来的不是普遍的富裕，而是共同的贫困，这个现在大家都很清楚。

因此，粉碎"四人帮"以后，经济学界拨乱反正，最早就是从为按劳分配正名开始的。1977—1978 年，由于光远同志倡议，先后召开了四次全国按劳分配理论研讨会。通过讨论，大多数同志认为，按劳分配不但不产生资本主义和资产阶级，而且是最终消灭资本主义和资产阶级的必由之路。我国不存在按劳分配贯彻过分的问题，而是贯彻不够。

从中央的政策来讲，当时也是强调坚持按劳分配的社会主义原则，我手头有几份材料，可以说明这个问题：一是 1977 年 8 月，党的十一大报告提出："对于广大人民群众，在思想教育上大力提倡共产主义劳动态度，在经济政策上则要坚持实行各尽所能、按劳分配的社会主义原则，并且逐步扩大集体福利。"二是五届全国人大政府工作报告，也专门就这一问题进行了论述："在整个社会主义历史阶段，必须坚持不劳动者不得食、各尽所能、按劳分配的原则……在分配上，既要避免高低悬殊，也要反对平均主义。实行多劳多得，少劳少得。"三是 1978 年 5 月 5 日，在邓小平的鼓励和指导下，国务院政治研究室的同志撰写了《贯彻执行按劳分配的社会主义原则》一文，以"特约评论员"名义在《人民日报》发表，使按劳分配的名誉得到了正式恢复。

1978 年 12 月 13 日，邓小平在十一届三中全会前夕召开的中央工作会议上，提出了允许一部分人、一部分地区先富起来的思想："在经济政策上，我认为要允许一部分地区、一部分企业、一部分工人、农民，由于辛勤努力成绩大而收入先多一些，生活先好起来。一部分人生活先好起来，就必然产生极大的示范力量，影响左邻右舍，带动其他地区、其他单位的人们向他们学习。这样，就会使整个国民经济不断地波浪式地向前发展，使全国各族人民都能比较快地富裕起来。"邓小平说："这是一个大政策，一个能够影响和带动整个国民经济的政策，建议同志们认真加以考虑和研究。"

当时，很多人有顾虑，一部分人、一部分地区先富起来，会不会导致两极分化呢？1984 年十二届三中全会《关于经济体制改革的决定》里面讲了一句话："只有允许和鼓励一部分地区、一部分企业和一部分人依靠勤奋劳动先富起来，才能对大多数人产生强烈的吸引和鼓舞作用，并带动越来越多的人一浪接一浪地走向富裕。"这句话中"依靠勤奋劳动"很重要，是避免两极分化的关键所在。邓小平也多次说，"坚持社会主义，实行按劳分配的原则，就不会产生贫富过大的差距。再过二十年、三十年，我国生产力发展起来了，也不会两极分化"。

1987年1月22日，中共中央政治局通过《把农村改革引向深入》，这是当年的中央一号文件。该文件提出，"在社会主义社会的初级阶段，在商品经济的发展中，在一个较长时期内个体经济和少量私人企业的存在是不可避免的"这是在中央文件中第一次肯定了发展私营经济。到1988年，宪法修正案加了一条，允许私营经济存在发展。当然，个体经济的合法地位早在1982年宪法当中就已经得到确认了。

按照马克思主义理论，分配关系是由生产关系决定的。上述生产关系的变化，必然带来分配关系的变化。因此，1987年党的十三大报告明确提出，"社会主义初级阶段的分配方式不可能是单一的。我们必须坚持的原则是，以按劳分配为主体，其他分配方式为补充"，"在共同富裕的目标下鼓励一部分人通过诚实劳动和合法经营先富起来"。"其他的分配方式"，十三大报告中列举了好几种，包括债券利息、股份分红、企业经营者部分风险补偿、企业主因雇佣带来的部分非劳动收入。这和以前就有了很大不同，既有"诚实劳动"带来的收入分配，又有了"合法经营"带来的收入。

1997年，党的十五大报告提出"坚持按劳分配为主体、多种分配方式并存的制度。把按劳分配和按生产要素分配结合起来"，"允许和鼓励一部分人通过诚实劳动和合法经营先富起来，允许和鼓励资本、技术等生产要素参与收益分配"这个提法和十三大相比又有较大变化，主要是两点：一点是"多种分配方式并存"，而不再是"其他分配方式为补充"。这是在此之前，1994年十四届三中全会第一次提出来的。另一点是"允许和鼓励资本、技术等生产要素参与收益分配"。我觉得，从一定意义上讲，经营收入、技术作为生产要素参与收益分配都可以看做是一种复杂劳动收入，应当包括在按劳分配的范围内。但资本收入作为一种财产性收入，情况就与劳动收入不一样了。由此，在收入分配中，形成了一个劳动与资本相互逐利的关系，近些年来呈现国民收入分配中劳动收入份额相对缩小、资本收入份额相对扩大的趋势。收入分配政策的变化大致就是这么一个过程。

二　"效率优先，兼顾公平"口号的由来

1993 年，从十四届三中全会开始，在效率与公平关系问题的提法上有一个新的变化，即把以前的"兼顾效率与公平"，改为"效率优先，兼顾公平"，使这两者关系，由效率、公平处于同等重要地位，改为效率处于"优先"的第一位，公平虽然也很重要，但处于"兼顾"的次要地位。

从学理上说，公平与效率这一对概念，是一个矛盾统一体。常识告诉我们，收入分配越平均，人们的积极性越削弱，效率自然会低；适当拉开收入差距，只要分配程序、规则公正，就会有助于提高效率。从另一角度说，不提高效率，"蛋糕"做不大，难以实现更多的公平措施，解决社会增多的矛盾；但是，如果不讲公平，收入差距拉得过大，特别是分配程序、规则不公，也会导致效率的下降，甚至影响社会稳定。所以，收入分配差距过大和过小都不利于提高效率。处理好这两者的关系不容易，要辩证统一地考虑。

中国改革开放前，"大锅饭"的分配体制使效率大受影响。实行市场取向的改革后，逐渐讲求效率，拉开收入差距，"让一部分人先富起来"，从农村到城市，经济活跃起来，非常见效。于是经过十多年，就把"兼顾效率与公平"作为经验总结，写进了 1992 年党的十四大决议。据我所知，这是中央文件中第一次明确提到效率与公平关系的问题。在此之前，无论是中央文件还是学术界，都没怎么谈这个问题。

1993 年，从十四届三中全会开始，在效率与公平关系问题的提法上有一个新的变化，即把以前的"兼顾效率与公平"，改为"效率优先，兼顾

公平"，使这两者关系，由效率、公平处于同等重要地位，改为效率处于"优先"的第一位，公平虽然也很重要，但处于"兼顾"的次要地位。这两次会议的两个"兼顾"意义很不相同。所以说，这是一个很重要的变化。"效率优先，兼顾公平"的提法，从十四届三中全会决议开始，一直到2003年十六届三中全会，每次中央重要会议的文件都这么提。所以，在相当长的时间里，它是我国在收入分配政策领域的正式精神。在党的十六大报告中，又补充了一句，提出"初次分配注重效率……再分配注重公平"，这也是很重要的分配政策。

共产党向来主张社会公平和公正。为什么一个共产党领导的国家，在分配政策上要把公平与效率相比放在"兼顾"的次要地位呢？这与中国经济长期落后，难以迅速提高人民生活水平和解决众多社会矛盾有密切的关系；也与我国在20世纪90年代到21世纪初面临的国内外形势的深刻变化和发展趋势，及其带来巨大机遇与挑战有密切关系。这种情势迫使我们积极进取，尽一切努力增大我国的国民财富和综合实力。所以邓小平南方谈话要求，"思想更解放一点，改革与开放的胆子更大一点，建设的步子更快一点，千万不可丧失时机"，强调"发展是硬道理，是解决中国所有问题的关键"。这样就把增加国民财富总量和国家经济实力即"做大蛋糕"的问题突出地提了出来，效率成为第一位的问题。另一方面，制约中国提高效率的主要因素，当时仍然是过去计划经济时代遗留下来的平均主义的影响，比如奖金人人有份，奖励先进轮流坐庄，特别是脑体倒挂现象很严重，知识分子常常感叹"搞导弹的不如卖茶叶蛋的"。因此，为了更快提高效率，增加国民财富总量，就必须进一步"打破平均主义，合理拉开差距，坚持鼓励一部分地区一部分人通过诚实劳动和合法经营先富起来的政策"。这句话也正是十四届三中全会文件中提出"效率优先，兼顾公平"时所作的说明。

因此，十四届三中全会关于效率与公平关系的新提法，把"做大蛋

糕"放在经济工作的第一位，而把"分好蛋糕"放在第二位，这是适合我
国当时实际情况和发展需要的，当时是完全正确的。在这一时期，中央文
件中一再强调，"先富要带动和帮助后富"，"要注意防止两极分化"，主观
上并没有忽视社会公平的意思。

三 淡出"效率优先，兼顾公平"，突出社会公平

"效率优先，兼顾公平"是我国一定时期收入分配的指导方针，而不
是整个市场经济历史时期不变的法则。

当前应该逐步淡出"效率优先，兼顾公平"，增加公平的分量，降低
基尼系数增高的速度、幅度。

长时间以来，我研究宏观经济问题多一些，不大研究收入分配问题。
但是进入21世纪以后，收入差距问题日益显露，国际公认的公平分配指标
基尼系数从改革开放之初的0.2—0.3，已提高到0.4国际警戒线以上，从
而引起广泛关注。这时候，我开始思考，"效率优先，兼顾公平"是不是
该淡出了？

我通过研究认为，"效率优先，兼顾公平"是我国一定时期收入分配
的指导方针，而不是整个市场经济历史时期不变的法则。许多同志把这一
方针视为市场经济不变的法则，这是与历史事实不符的，一些成熟的市场
经济国家，就没有这个提法。现代资本主义国家为了缓和社会阶级矛盾，
吸收了社会主义思潮，推行了社会保障、福利的措施。现代自由主义国家
既强调效率，也不得不讲公平；现代福利主义国家很强调公平，但也讲效
率。他们的效率和公平，都达到相当的水平。有的资本主义国家实施社会
公平、福利的一些措施，实比我们这个社会主义国家还要完备得多。当然
这有历史发展的背景，不好简单地类比。

经过改革开放 20 多年的发展，经济总量发展、效率问题逐步得到相对的解决，"蛋糕"是逐渐做大了，而分好"蛋糕"即社会公平的问题已逐步上升为突出的问题。不能忘记，邓小平临终前就提出了中国"富裕起来以后财富怎样分配"这个"大问题"，他在 1992 年就对解决贫富差距问题作出前瞻性的论断。他曾设想，在 20 世纪末达到小康水平的时候，就要突出地提出和解决这个问题。

基于上述考虑，2003 年，我写了一篇题为"研究宏观经济形势要关注收入分配问题"的文章，提出"逐步淡出效率优先，兼顾公平的口号，向实行效率与公平并重的原则过渡"，并将这一意见在党的十六届三中全会文件起草组提出（当时我是起草组成员之一）。

当时我认为，中国基尼系数尚处于"倒 U 形"曲线的上升阶段，收入差距客观上还有继续扩大的趋势，一时掉不下来，邓小平的预言可能乐观了一点；看来要到 2010 年人均收入达到 1500 美元左右，基尼系数才有可能倒转下降，那时才有可能开始突出解决这一问题，实现"效率优先，兼顾公平"向"效率与公平并重"或"效率与公平优化结合"的过渡。因此，当前应该逐步淡出"效率优先，兼顾公平"，增加公平的分量，降低基尼系数增高的速度、幅度。

应该讲，我的主张是非常缓和的，不像有些同志提出的马上采取措施把基尼系数强行降下来，比如降到 0.3，很好啊！但做不到。即便如此，在十六届三中全会时，大家的认识还不一致，没有接受我的意见，还是坚持写进了"效率优先，兼顾公平"的字样。

这次会议之后，我没有停止对收入分配问题的思考。学术界也有一些同志针对我的意见，提出批评。比如有人认为不能把解决贫富差距和改变效率公平关系推迟到 2010 年以后。因为"中国人对贫富差距的承受能力已达到极限，目前改变适当其时"。也有人发表文章指出，10 年前就有人惊呼我国收入差距已经过大，这不符合中国发展的实际。中国作为发展中国家，在建立市场经济体制过程中基尼系数上升是自然现象，真正解决需要长期等待，现在不要去管。

经过反复考虑，我的观点有所改变。收入差距扩大是否到达承受极限的问题，同校正效率公平的关系、进一步重视社会公平问题，不是同一层次的问题。收入差距扩大到承受极限，很可能与到达两极分化相联系。我们那时还不能说已经到达两极分化（这是邓小平说改革失败的标志），也不能说达到承受极限。但基尼系数客观上还处在上升阶段，如不采取措施，则有迅速向两极分化和向承受极限接近的危险。所以，我们必须从现时起进一步重视社会公平问题，调整效率与公平关系，加大社会公平的分量。第一步可以逐步减少收入差距扩大的幅度，以后再逐步降低基尼系数的绝对值。所以"效率优先，兼顾公平"的口号现在就可以淡出，逐渐向"公平与效率并重"或"公平与效率优化结合"过渡。

为什么现在就应加大社会公平的分量，进一步重视社会公平问题呢？

经过20多年的改革与发展，中国经济总量、国家综合经济实力大大增强。已完成GDP第一个翻番和第二个翻番，正处在进行第三个翻番阶段，已有一定的物质基础和能力，逐步解决多年来累积形成的贫富差距。也就是说，提出和解决邓小平提出的收入分配问题的时机条件，已基本成熟。

收入差距扩大迅速，已成为影响社会和谐与社会稳定的重大问题。20多年来基尼系数几乎倍增，速度之快，举世无双。基尼系数超过资本主义发达国家如英、美、法（基尼系数0.3—0.4）和资本主义福利国家如挪威、瑞典（基尼系数0.2—0.3）。国内外一些机构和专家，指出这已经超过国际警戒线。不管这些论断是否符合我国情况，都应引起警惕。尤其需要注意的是，已公布的基尼系数，难以计入引发人们不满的不合理非规范、非法的非正常收入。如果把这些因素计算在内，则基尼系数又会加大，在原来0.4—0.5之间又升高0.1左右，即比现在公布的基尼系数增大

20%以上。社会不公平造成许多矛盾紧张与社会不和谐现象，潜伏隐患，说不定什么时候就会爆发。

中国改革之初，各阶层人民受改革之惠，生活改善，没有分化出明显的利益集团，普遍积极支持改革。但20世纪90年代以后，不同利益人群逐渐形成，有的在改革中受益较大，有的受益较少，有的甚至受损，对改革支持的积极性也有所变化。各阶层居民对改革都有自己的诉求。比如，得益较多的利益集团中有人说：改革必须付出代价，必须牺牲一代人，这一代人就是几千万老工人。同时，也就有另一种对应的声音说：为什么就是我们，不是你们。对立的情绪可见一斑。为了使改革获得更广泛的支持，今后要长期强调有利于社会和谐和稳定的社会公正和公平。

导致收入差距迅速拉大、社会分配问题丛生的因素十分复杂。广大干部经验不足，特别是一部分干部误解，过于强调"效率优先"，把公平放在兼顾从属地位，是重要原因之一。"效率优先"不是不可以讲，但应放到发展生产的领域去讲，非常合适，而不是放在收入分配领域。我党转变发展方式的重要方针要求把质量、效益、效率作为经济发展的最主要因素，而把投入、数量和速度放在适当重要地位。这符合正确的"发展是硬道理"的大道理。

我还考虑，初次分配里不仅仅是一个效率的问题，同样也有公平的问题。资本与劳动的收入比例关系就是在初次分配里面形成的，垄断企业和非垄断企业的收入差距也是初次分配的问题，企业的高管与一般劳动者收入悬殊仍是初次分配的问题。还有说不清道不明的许多不合理、不合法、不规范的黑色收入和灰色收入，不是初次分配中产生的？因此，收入差距问题必须要从源头、初次分配环节着手解决，光靠财税等再分配杠杆来调节，这在中国是远远不够的，是解决不了分配不公问题的。

至于有人提出，现在这样强调社会公平，会不会回到传统体制固有的平均主义的忧虑，我倒是不担心。中国改革发展到现在这一步，很少有人想回到"大锅饭"的旧体制。引发不满的是体制外的灰色收入、法制外的黑色收入，以及体制内由于法律不健全、政策不完善造成的非规范的过高收入。人们希望的无非是调整和纠正这些不公平现象，并改进运用再分配杠杆适当调剂贫富差距，而绝不是想触动那些合理合法的高收入。在目前实际生活中，平均主义的残余已限制在一些国有机构、产业部门中越来越少的部分，而且国有部门单位之间也出现了相当大的收入鸿沟。残余的平均主义要继续清理，但目前矛盾的主要方面已在分配天平的另一端，需要适当地校正。我倒有另一种忧虑。在中国这样一个法制环境和人治环境下建立的市场经济，如果忽视共同富裕的方向，建立起来的市场经济必然是人们所称的坏的市场经济、权贵市场经济、两极分化的市场经济。按照邓小平的提法，改革就失败了。我们要避免这种情况，我们一定能够避免这种情况，那就只有一个办法，要更加重视社会公平的问题。

基于上述考虑，2005 年，我发表了《进一步重视社会公平问题》一文，后来又写了一篇短文《把效率优先放到该讲的地方去》，提出"效率优先，兼顾公平"要淡出，把公平置于"兼顾"的次要地位不妥，初次分配也要注重公平。

我的文章发表以后，社会反响比较强烈。很多同志发表意见。多数同志还是赞成我的看法的。但是，也有同志很激烈地反对，批评我的主张是民粹主义，效率仍应放在第一位，社会公平放在兼顾地位。对这种批评意见，我的看法很简单，照他说的搞下去，中国的改革就要走向权贵资本主义的道路，就要失败了。当然，这是我个人的看法，可以讨论。

2005 年以后，我年纪大了，参加社会活动少了，中央文件起草工作也没再参加。我把文章的原稿呈送给了中央。中央主要负责同志很重视批给了十六届五中全会文件起草组。但是，十六届五中全会报告征求意见稿当中又出现了"效率优先，兼顾公平"和"初次分配注重效率，再分配注重公平"的字样，遭到各方面很多同志的非议。我在中国社科院也提了反对意见。十六届五中全会文件最终定稿时，勾掉了这两个提法，同时突出了"更加重视社会公平"的鲜明主张。据我所知，这是中央文件中第一次提"更加重视社会公平"，毫无疑问，这符合改革的大势所趋和人心所向，也有利于调动大多数人的改革积极性，无疑是我们收入分配理论和政策领域的一个重大进步。

四 实现收入分配公平的基本思路

仅仅从分配和再分配领域着手，还是远远不够的，不能从根本上扭转贫富收入差距扩大的问题。还需要从所有制结构，从财产制度上直面这一问题，这就是邓小平所说的"只要我国经济中公有制占主体地位，就可以避免两极分化"。所以改革收入分配制度，扭转贫富差距扩大趋势，应采取必要的政策措施，保证以公有制为主体、按劳分配为主的两个为主原则的真正落实。

十六届五中全会是一个重大转机。"更加重视社会公平"表明，中央从着重重视发展和效率问题转向同时关注更加重视分配公平问题。2006年中央政治局专门召开会议研究解决贫富差距问题。十六届六中全会又强调了要更加重视社会公平。2007年十七大报告进一步提出了"合理的收入分配制度是社会公平的重要体现"，并将初次分配也要实行社会公平这一原则写进了中央文件。

近年来，国家高层不断表达"调整收入分配结构"的政治决心，进入2010年，"调整收入分配"一词以前所未有的密集度出现在官方表述中。温家宝总理在与网民对话时，也承诺了政府不仅有"做大蛋糕"的"责任"，而且有"分好蛋糕"的"良知"。这些，都是基于忧患严重的收入分配不公和贫富差距拉大而表达出的深化改革的信号，深得人民群众的欢迎，希望由此得到共享改革发展的成果。

如何缩小贫富差距，实现收入分配公平，目前政府正在研究解决途径和采取适当措施。今年2月4日，在中央举办的省部级主要领导干部专题研讨班上，温家宝总理把改革分配制度、逐步扭转收入差距扩大趋势，归结为三条：一是加快调整国民收入分配格局，逐步提高居民收入在国民收入分配中的比重、劳动报酬在初次分配中的比重；二是加大税收对收入分配的调节作用；三是对城乡低收入困难群众给予更多关爱。3月5日在本届人大政府工作报告中，又将改革收入分配制度，分好"蛋糕"的原则措施，概括为三个方面：一是抓紧制定调整国民收入分配格局的政策措施；二是深化垄断行业收入分配制度改革；三是进一步规范收入分配秩序。两次提法略有不同，互为补充，都是切合当前我国收入分配改革的要求，有助于遏制贫富差距扩大的趋势，迫切需要制定切实可行的具体措施，加以贯彻。

我考虑，扭转收入分配不公，由收入差距不断拉大转为差距缩小，直到合理分配的程度，涉及到许多方面关系的调整，是一个非常复杂的改革过程，需要深入研究分配问题的机理，选择改革收入分配制度的思路，方能取得预期的社会共富的效果。

在调整收入分配关系，缩小贫富差距时，人们往往从分配领域本身着手，特别是从财政税收、转移支付等再分配领域着手，完善社会保障公共福利，改善低收入者的民生状况。这些措施是完全必要的，我们现在也开始这样做了，但是做得还很不够，还要加大力度，特别是个人所得税起征点和累进率的调整，财产税、遗产税、奢侈品消费税的开征，并以此为财源来增强对社会保障、公共福利、消除"新三座大山"的医改、教改、房改和改善低收入者民生状况的支付等等。但是，仅仅从分配和再分配领域着手，还是远远不够的，不能从根本上扭转贫富收入差距扩大的问题。还需要从所有制结构，从财产制度上直面这一问题，这就是邓小平所说的

"只要我国经济中公有制占主体地位，就可以避免两极分化"。所以改革收入分配制度，扭转贫富差距扩大趋势，应采取必要的政策措施，保证公有制为主体、按劳分配为主两个为主原则的真正落实。

（来源：《百年潮》2010年第4期）

关于当前劳动收入分配问题释疑

对话人：

人民网理论频道记者

程恩富　中国社科院学部委员、马克思主义研究学部主任、马克思主义研究院院长，教授

余　斌　中国社科院马克思主义研究院原理部副主任，研究员

当前，中国在经济结构转型中强调更多地发展私有经济和对外招商引资，现存的国有和集体企业也大量被股份私有化，这必然会导致劳动报酬占比的下降。

对于劳动报酬和福利问题，西方政府是站在雇主阶级的立场上主要是事后来协调劳资关系的，这就要求作为人民政府而非"中性政府"的社会主义政府汲取西方的教训，应当站在雇员阶级的立场上主要是事先和主动地积极协调劳动关系或劳资关系。

不能混淆居民收入与劳动者报酬。降低政府财政收入只会增加雇主的收益，而对于改善劳动者报酬无益，甚至有害。因为这减少了政府通过再分配向劳动者转移的份额，反而会降低劳动者报酬的占比。

如何提高劳动报酬占GDP的比重？首先是全面落实党中央关于科学发展观所强调的"两个毫不动摇"，而不能是毫不动摇地大力发展非公经济、

毫不动摇地大力削弱公有经济，应在积极发展壮大公有经济过程中扩大国有和集体企业的用工量。

编者按：最近，人民网理论频道的记者就收入分配这一落实科学发展观和民生热点问题，采访了著名经济学家、中国社会科学院马克思主义研究院程恩富院长和余斌教授，现发表供参考。

一、问：据《人民日报》报道，近日全国总工会相关负责人"我国劳动者报酬占比连续22年下降"的说法引发社会强烈关注。财政部财政科学研究所负责人认为：劳动者报酬占比被低估，1993—2007年间劳动者报酬占比实际降幅仅为3.46个百分点，而不是大家常说的9.75个百分点；我国劳动者报酬占GDP比重高于"金砖四国"中其他三国，与发达国家也只差几个百分点。我国劳动报酬占比的实际情况究竟如何？应该怎样客观认识"劳动报酬占比下降"？

答：据《人民日报》报道，从1993—2007年，居民部门的劳动者报酬由49.49%降至39.74%，降幅9.75个百分点。又据国家统计局数据，从1997年到2007年的10年间，劳动者报酬占GDP的比重从53.4%下降到39.74%，降幅13.66个百分点。再据《新京报》报道，从1983年最高峰值56.5%降至2005年的36.7%。22年间，劳动报酬占GDP的比重下降近20个百分点，而与此形成鲜明对比的是从1978—2005年，资本报酬占GDP的比重则上升了20个百分点。

劳动报酬占比是一个统计指标，其实际情况如何取决于权威统计部门。国家统计局是这样的部门，全国总工会也有调研渠道，但是，财政部财政科学研究所是不是也具有相关的调研渠道，我们不清楚。据报道称："该所所长介绍说，在国民收入初次分配中，统计时通常在宏观意义上将国民经济划分为三大部门：政府部门、居民部门和企业部门，对应的初次分配收入分别称为生产税净额、劳动者报酬和营业盈余。"（http：//opinion. people. com. cn/GB 11641022. html）这里把居民部门的收入等同于劳动者报酬，似乎忽略了占居民收入中很大一部分的是那些非劳动者的收入，而这一部分是不能完全用营业盈余代表的。因此，这种计算的结果可能是居民收入占比，也许算不上是劳动者报酬占比。

从目前披露的数据和收入与所有制的经济学定律来看，劳动报酬占比下降，是公有制的比重在中国经济中的比重下降、政府和工会未能在市场经济充分发挥作用的客观结果。在其他条件不变的情况下，非公有制经济成分（含内资和外资）越大，劳动报酬占比往往越低。而在某些资本主义国家中，由于左翼力量和工会运动的程度和效果不同，不同国家的劳动报酬占比与其经济发达程度并不具有直接的相关性。苏联解体后，由于工会运动受到打击，西方发达国家的劳动报酬占比也普遍下降了。

二、问："劳动报酬占比"与"劳动报酬"之间是什么关系？直接影响百姓收入多少的关键因素是什么？

答：劳动报酬占比是一个相对量，而劳动报酬是一个绝对量。劳动报酬高不等于劳动报酬占比高，反之亦然。与劳动报酬相比，劳动报酬占比更能反映劳动者在收入分配中的经济社会地位。劳动报酬占比越低，劳动者的经济社会地位越低。直接影响百姓收入的首要因素是所有制。我国统计资料显示，非公经济中劳动者的劳动报酬占比一般是低的，而劳动报酬通常也是低的。尽管某些外资企业中劳动者的报酬较高，但是由于这些劳动者本身的素质较高、劳动强度较大和劳动时间较长，所以与劳动贡献相比，实际报酬并不算高。这就是在某些中外私企拿较高劳动报酬的人还要跳槽到劳动报酬较低的单位之缘由。

三、问：各地普遍提高了最低工资标准，这是否反证我们的劳动报酬是太低了？在当前形势下，提高职工工资、解决收入分配问题具有什么样的重要意义？

答：即使各地已经提高了最低工资标准，按照新的标准，与企业高管层收入、利润率和劳动生产率相比，劳动报酬还是偏低。况且，各地提高最低工资标准与近些年来温和的通货膨胀有关，主要是通货膨胀积累的结果的反映。

在当前形势下，提高职工工资，解决财富和收入分配差距过大问题，至少具有下列重要意义。一是深入落实科学发展观，发展成果要合理分享的需要；二是刺激国内消费和拉动经济增长的需要；三是促进产业结构和外贸结构升级的需要。马克思曾经指出，由于工资太低，使用机器反而会使生产变贵，因而英国发明的机器曾经只能在北美使用。工资偏低同样是目前我国产品结构、技术结构、产业结构和外贸结构调整与提升不快的原因之一。有舆论说，这些劳动者是落后生产力的代表，不值得为他们说话，这是谬论。

四、问：劳动报酬占比下降的原因有哪些？与各种统计口径、经济结构转型等因素有什么样的关系？

答：各种不同的统计口径计算出来的劳动报酬占比会不同，但真实的劳动报酬占比只有一个。最合理的计算方法是全国进行专项普查，否则计算误差会较大。

劳动报酬占比下降的首要因素是所有制结构的变动，其次是工会等职工维权组织的作用不能得到充分发挥。在私有经济中，雇主为了追逐利润最大化，必然极力压低工资，使得劳动生产率提高的好处尽量为雇主和资本所得，因而随着劳动生产率的提高，劳动报酬占比必然越来越低。当前，中国在经济结构转型中强调更多地发展私有经济和对外招商引资，现存的国有和集体企业也大量被股份私有化，这必然会导致劳动报酬占比的下降。

五、问：提高劳动报酬在初次分配中的比重，实现普通职工收入的正常增长，有专家认为，企业的利润是由劳动和资本共同创造的，企业利润分配理当由经营者和劳动者共同决定，所以，采取工资集体协商机制或叫

"工资共决"，对于提高劳动报酬在初次分配中的比重具有决定性的意义。对此您是怎么看的？

答：企业的利润是由劳动创造的，资本只是提供创造的客体条件而已。正如我们不能因为黄世仁出租土地给杨白劳去劳动，我们就说粮食及其价值是黄世仁和杨白劳共同生产出来的。实际上粮食的源泉是杨白劳的劳动与土地、种子、劳动工具等生产资料，而黄世仁这一生产资料的所有者，只是凭借私有产权而不劳而获地收取实物地租。同样，企业的剩余价值或其转化形态利润同地租的性质一样，作为生产资料的资本自身的价值只是转移到新产品中去，而不会创造新价值。不具体参与生产经营管理的私人雇主与地主在获取"剩余索取权"（西方产权理论用语）或剩余产品（马克思用语）这一性质上是相同的。工资共决可以抑制雇主对于工资的过分压低，可以在一定条件下改善劳动报酬在初次分配中的比重，但是，只要雇主能够获得利润，资本的积累就会越来越多，资本所得的占比就会越来越大。

六、问：企业应对职工工资之策无非有二：要么不给员工涨工资，据统计，目前中国70％以上的劳动者在非公企业就业，加不加工资主要由老板说了算，政府干预的空间很小；要么通过产品涨价消化工资成本，那样又会引起物价快速上涨甚至通胀，影响百姓生活和社会稳定。而有专家认为，提高劳动报酬占GDP比重最可行最合理的办法是降低政府财政收入。对此，您怎么看？

答：前面已经指出，不能混淆居民收入与劳动者报酬。降低政府财政收入只会增加雇主的收益，而对于改善劳动者报酬无益，甚至有害。因为这减少了政府通过再分配向劳动者转移的份额，反而会降低劳动者报酬的占比。

目前中国所有严重的现实问题往往都是有误的理论左右着人们的思考和决策。首先，构建国家主导型维护劳动者的合理、合法权益和政府干预的空间很大，而不是上述观点所认为的很小。实际上，如果严格检查落实法定劳动时间和劳动合同法等保障劳动者利益的措施，甚至立法规定所有企业的职工收入增长应与企业的高管层收入、劳动生产率和利润三者增长密切挂钩，那么，劳动者报酬本来可以更高一些。政府应当像当年英国政府一样向企业派出工厂视察员，对于侵犯职工利益的行为直接进行起诉，而不能仅仅要求每个单位的工会一对一地集体谈判，每个职工花大精力去进行效果不佳的维权，并导致许多企业内外不和谐的行为和局面。政府还可以进一步提高最低工资标准等。应当看到，在中国特色社会主义市场经济条件下，国家调节和干预的空间非常大。其次，马克思曾经指出，如果资本家能够通过产品涨价消化工资成本，那么即使不涨工资，资本家也早就涨价了。那种认为涨工资必然会导致通货膨胀的观点，只是代表雇主利益的西方经济学的错误理论而已。

七、问：如何提高劳动报酬占 GDP 的比重？对于劳动报酬问题，国外走过什么样的路，有何借鉴作用呢？

答：首先是全面落实党中央关于科学发展观所强调的"两个毫不动摇"，而不能是毫不动摇地大力发展非公经济、毫不动摇地大力削弱公有经济，应在积极发展壮大公有经济过程中扩大国有和集体企业的用工量。统计资料表明，在相同情况下，公有经济的平均劳动报酬高于非公经济，劳动报酬占比相对较高。其次是国家立法规定职工收入的劳资共决制度和增长制度。其要点，一是规定企业高管层收入（广义收入含变相收入即福利）、劳动生产率和利润的增长须同职工收入的增长保持一定的比例。二是新建企业员工的收入共决机制。加强工会在企业职工收入的劳资谈判中的作用。只有董事会的薪酬委员会（或成立相关分配和福利机构）与工会集体谈判的书面协议，才能作为董事会最后通过的法定有效协议。

对于劳动报酬和福利问题，200 多年国外资本主义国家始终走在雇主阶级与雇员阶级此起彼伏和程度不同的博弈道路上。当前西方金融和经济危机再次引发欧洲、日本等雇员阶级的不断罢工和游行示威。因为西方政府是站在雇主阶级的立场上主要是事后来协调劳资关系的,这就要求作为人民政府而非"中性政府"的社会主义政府汲取西方的教训,应当站在雇员阶级的立场上主要是事先和主动地积极协调劳动关系或劳资关系。过去西德法定企业董事会中雇员的比例和收入共决机制、工会依据企业劳动生产率的提高来谈判雇员收入的合理增长、日本企业依据职工工龄的增加而增加收入等等,都是我国可以借鉴和进一步变通创新的。

八、问:值得关注的就是产业工人收入分配占比问题,据说是逐年下降的。21世纪经济报道分析,2006年的数字,农民工报酬只占当地城镇居民收入的37.8%。提高产业工人工资水平具有什么样的重大现实意义?

答:逐年下降的原因,一是因为中外私有经济的比重是逐年增加的;二是因为劳动生产率的提高和资本的积累是逐年进行的。提高产业工人工资水平,不仅可以大大推动中国产业结构、技术结构、产品结构和外贸结构的升级,而且可以大大缓和社会各种矛盾,对于构建以人为本的和谐社会和雇员分享发展成果的公平正义社会意义非凡,也可以带动公务员和事业单位等其他领域人员收入的相应提高,从而起到拉动各阶层的消费促进经济增长的作用。

九、问:在中国经济发展现阶段,劳动报酬占比究竟多少合适?劳动报酬占比提高到多少,才能使劳动报酬增长与GDP增长大体同步?劳动报酬占比有没有一个"黄金比例",以对国民经济的增长以及国民收入和生活水平的提高都具有很好的促进作用?

答:劳动报酬占比究竟多少合适,取决于劳动报酬的绝对量和GDP的绝对量。GDP越小,劳动报酬的占比应当越高。从劳动报酬的绝对量来看,劳动报酬应当使劳动者及其家庭维持在一个不断进步的社会最低生活水平以上。要使劳动报酬增长与GDP增长大体同步,必须采用指数化工资,即每年参照GDP的增长率制定工资的增长率。这样看来,劳动报酬占比并没有一个黄金比例，但西方经济学中通常用柯布和道格拉斯最早测算的比例为 75％ 即 3/4。如果能够达到这样一个比例，自然会对国民经济的增长以及国民收入和生活水平的提高，起着很好的促进作用。

十、问：劳动报酬占比不仅关系到收入分配格局的变化，更关系到让全体人民共享改革发展成果，关系到社会的公平正义。十七大报告指出，从"初次分配注重效率，再分配注重公平"改为"初次分配和再分配都要处理好效率和公平的关系"。对此，您是如何解读的？

答：这是符合马克思主义关于事物是普遍联系的辩证法的。这是因为初次分配与再分配是相互联系的，而不是完全独立的。从西方发达国家的历史来看，如果初次分配不注重公平，那么初次分配就会随着再分配的进行而发生反向变化，使得再分配无效反而成为对于资本家的补贴。例如，英国的地主和租地农场主曾经付给农业短工极低的不能养活自己的工资。其差额部分由救济金补足。而如果没有救济金，这些地主和租地农场主将不得不支付农业短工可以养活自己的工资，正是由于没有在初次分配中注重公平，结果救济金就转化成了地主和租地农场主的地租和利润。

现代政治经济学的研究表明，经济公平与经济效率是同方向变动和互相促进的关系，也就是说，越公平，效率越高，反之则相反。而并不是现代西方经济学所说的二者呈现反方向变动和互相替代关系，即越公平，效率越低，鱼和熊掌不可兼得。过去流行的所谓初次分配讲效率、再分配讲公平，是错误的观点和政策。十七大报告纠正了以往种种有误的观点，强调两次分配都要处理好公平与效率的关系，是十分准确的。

十一、问：过去我们的经济高增长特别是出口高增长，是以我们的低劳动力成本为代价的，特别是低劳动收入为代价，今后既要保持经济发展的比较优势，又要逐步提高劳动者报酬实现体面劳动，如何处理这个二难选择？

答：李嘉图的比较优势学说与劳动力成本有一定的联系，但主要与劳动效率有关。只要两个国家的两个不同产业具有不同的生产效率，这两个国家就都具有各自的比较优势。低劳动力成本有时也没有比较优势，否则，非洲和拉美一些国家的工资比我国还低，为什么他们没有实现经济高增长和出口的高增长？显然，随着中国劳动者报酬的提高，企业将升级产品结构、技术结构和产业结构，而在新的产业结构中，即使中国提高了工资，相对于国际市场，仍然可能具有较低的所谓比较优势。譬如 2008 年，作为居民收入主要渠道的工资收入，仅占企业运营成本的不到 10%，远低于发达国家的 50%。这就是说，我国涨工资收入的空间还很大，逐步提高劳动报酬同保持经济发展和出口比较优势并不存在尖锐的矛盾，有时往往看似坏事，其实是好事，能够产生新的层次较高的比较优势。

（来源：《管理学刊》2010 年第 5 期）

构建效率与公平相统一的收入分配体制研究

卫兴华　中国人民大学经济学院教授

张　宇　中国人民大学经济学院教授

中国改革开放以来，出现了收入分配不公平、居民之间收入差距过大以及差距不断扩大的现象。为解决这一问题，关键在于处理好效率与公平之间的关系，深化现有收入分配制度改革，建立效率与公平相统一的收入分配体制，缩小过大收入差距，实现分配公平。

一　实现效率与公平统一是发展中国特色社会主义的本质要求

实现效率与公平的统一与结合既是社会主义的本质要求，也是全面落实科学发展观和构建社会主义和谐社会的本质要求，必须高度重视，努力贯彻。

党的十七大报告中提出了我国摆脱贫困、加快实现现代化、巩固和发展社会主义等十大"宝贵经验"。其中"把提高效率同促进社会公平结合起来"作为宝贵经验之一。全面深刻地认识这一经验，于发展中国特色的社会主义具有重大的理论与现意义。

大力发展社会生产力，同时注重社会公平，努力实现效率与公平的统一与结合是社会主义的本质要求，也是我们党的一贯主张。科学社会主义的奠基人马克思和恩格斯曾经指出，未来的共产主义社会，将"以每个人的全面而自由的发展为基本原则"。保证一切社会成员有富足的和一天比一天充裕的物质生活，而且还可能保证他们的体力和智力获得充分的自由的发展和运用。邓小平同志指出，"社会主义的本质，是解放生产力，发展生产力，消灭剥削，消除两极分化，最终达到共同富裕"。江泽民指出，"社会主义应当创造比资本主义更高的生产力，也应当实现资本主义难以达到的社会公正。从根本上说，高效率、社会公正和共同富裕是社会主义本质决定的"。胡锦涛总书记在中共中央举办的省部级主要领导干部提高构建社会主义和谐社会能力专题研讨班开班式上的讲话中强调，"维护和实现社会公平和正义，涉及到广大人民的根本利益，是我们党坚持立党为公、执政为民的必然要求，也是我国社会主义制度的本质要求。"党的十七大报告指出，"实现社会公平正义是中国共产党人的一贯主张，是发展中国特色社会主义的重大任务"。

有人担心，强调注重社会公平，就会降低效率，有走平均主义回头路的嫌疑，不利于生产力的发展。在西方经济学理论中也存在着这样一种观点，这种观点认为公平与效率之间存在一种此消彼长的替代关系，因此，强调公平就必然要牺牲效率。这种看法把公平与平均主义混为一谈了。

应当承认，在发展多种所有制度和实行市场经济的条件下，人们之间收入差距的扩大在一定程度上是不可避免的，适当的收入差距对于克服平均主义的弊端和提高资源配置的效率，有着积极的作用。但是，过大的收入差距和这种差距不断扩大的趋势不仅不符合社会主义的本质要求，还会损害经济的健康持续发展，带来一系列消极的后果，比如：

收入分配差距的过分扩大和社会财富向高收入阶层的集中，使广大群众收入水平得不到普遍提高，这必然会造成有钱的人不愿买东西，想买东西的人没有钱，导致生产过剩，妨碍经济增长。

收入分配的过分不平等会造成贫困人口或弱势群体的大量出现，使他们的生存和发展的权利得不到保障，住房、医疗、营养、教育等条件得不到改善，这必然会妨碍劳动力素质的提高和人的全面发展。

收入分配的严重不公平，会导致贫富的两极分化，导致不同阶层在经济、政治和文化上事实的不平等，并进而损害政治民主和社会公正，加剧社会矛盾，危害社会的和谐和稳定。

特别要注意的是，党和政府之所以高度关注收入分配和社会公平问题，人民群众之所以对收入分配的现状不满意，既与居民之间的收入差距过大有关，更重要的是这种过大差距中存在许多不公平、不合理的因素，并没有反映各种生产要素的真实贡献，如大量的非法收入、灰色收入、垄断性收入等。由此导致的收入差距不仅破坏了社会主义的公平原则，也损害了正常的市场竞争，降低了经济效率。

当前，我们正在全面落实科学发展观和构建社会主义和谐社会。科学发展观的核心是以人为本，就是要从人民群众的根本利益出发谋发展、促发展，使全体人民共享改革发展的成果，使全体人民朝着共同富裕的方向稳步前进。我们要构建的社会主义和谐社会，是在中国特色社会主义道路上，中国共产党领导全体人民共同建设、共同享有的和谐社会。如果我们的发展导致了两极分化，社会的财富只集中到了少数人的手中；如果上亿的人口还处于贫困线以下不能解决温饱问题；如果城乡间、区域间和不同阶层间的收入差距不断扩大；如果人民群众的正当的权益得不到充分保障，那么，全体人民共享改革发展的成果和建立和谐社会的宏伟目标是不能实现的。因此，实现效率与公平的统一与结合既是社会主义的本质要求，也是全面落实科学发展观和构建社会主义和谐社会的本质要求，必须高度重视，努力贯彻。

二 初次分配和再分配都要处理好效率与公平的关系

"初次分配和再分配都要处理好效率与公平的关系，再分配更加注重公平"是一种科学的理论指导，符合中国特色社会主义实际情况和需要，对于进一步深化收入分配制度改革具有重要指导意义。

十七大报告指出，"把提高效率同促进社会公平结合起来"，并提出"初次分配和再分配都要处理好效率与公平的关系，再分配更加注重公平"。这一思想丰富和完善了关于公平与效率关系的认识，对于进一步深化收入分配制度改革具有重要指导意义。

初次分配和再分配是国民生产总值分配的两个环节。所谓初次分配，是指生产活动中，企业作为分配主体，将国民生产总值在国家、企业、个人之间进行分配。劳动与各生产要素的提供与报酬的支付关系，是最基本的初次分配关系。在市场经济条件下，初次分配关系主要是由市场机制形成的。劳动与各生产要素价格的高低，决定了劳动者和其他要素所有者的收入水平，并同时调节着资源配置的过程。例如，工资与劳动力供求的相互作用调节劳动资源的配置；利润和利息与资本供求的相互作用调节资本在各部门的配置。生活要素组合的效率决定着企业收入水平的高低，进而决定着对生产要素的需求；生产要素所有者都追逐更高的收益或报酬，并根据要素的价格选择要素流动的方向。在这一过程中，不同的经济主体通过市场机制获得相应收入，实现报酬与效率或贡献对称。对于初次分配的这一过程，国家不宜过多地进行直接干预。这是因为，初次分配主要是通过市场机制特别是价格机制来进行的，国家过多地进行干预可能会导致价格的扭曲，从而会影响资源配置和利用的效率。比如，如果为了增加文化素质较低的社会阶层的收入，而强制实行平均化的工资水平，人为拉平简单劳动与复杂劳动的收入差距，就会弱化人们自觉学习和提高文化水平与劳动技能的动力，从而降低生产力的水平；如果为了照顾一些落后企业的利益，国家任意减免这些企业所承担的债务和利息，就会导致资金价格及其配置的扭曲，降低资金使用效率，导致资源的浪费；等等。因此，为了既保证市场配置资源的效率，又不能不顾收入分配的公平，我们提出了初次分配注重效率，再分配注重公平的原则。所谓再分配，就是指在初次分配的结果的基础上，政府对要素收入进行再次调节的过程。这种调节主要是通过税收、社会保障和社会福利、转移支付等手段和制度进行的。目的在于调节城乡、区域、部门和不同群众之间的收入分配关系，保障低收入者的生活保障，校正初次分配过程可能引起的收入差距过大的消极后果。

在目前新的历史阶段，根据理论与实践发展的要求，我们对于初次分配与再分配中效率与公平关系的认识有了新的发展。这种新的认识和处理方针的提出，既有实践的根据又有理论的根据。实践的根据是鉴于近些年来收入差距过分扩大的趋势要求更加重视社会公平；理论的根据是党的十六大以来一系列新的理论思想的提出和贯彻落实，包括以人为本、科学发展观、构建社会主义和谐社会、改革与发展的成果要惠及广大人民等。正是基于这种理论与实践相结合的认识，十七大提出了"把提高效率同促进社会公平结合起来"，"初次分配和再分配都要处理好效率和公平的关系，再分配更加注重公平"的要求。

为什么说初次分配中也要讲效率与公平的统一呢？首先是因为，在初次分配中如果不重视公平，必然会在市场竞争机制和价值规律作用下出现贫富分化，很难通过再分配实现公平，特别在我国社会保障制度不健全、不完善的情况下更是如此。固然依靠市场机制来调节初次分配有利于提高资源配置的效率，但是，这种效率的提高并不会自发地促进公平。初次分配的结果在有些情况下可能不利于提高劳动效率、管理效率和资源利用效率，不利于社会的整体和长远的利益。社会的收入分配关系是以生产要素的所有制为前提的，合理的收入分配关系需要合理的生产要素占有关系。众所周知，在资本主义市场经济中，正是由于生产资料的私人占有，导致了收入分配的两极分化和生产过剩的经济危机。也正是由于基于对资本主义这一基本矛盾的认识，马克思主义经典作家提出了生产资料社会占有的设想，并把生产资料的公有制当做促进社会生产力发展和实现社会成员共同富裕的基本条件，也就是说，生产资料的社会占有是实现效率与公平统一的重要保障。此外，劳动者的教育程度、生产资料的价格体系和占有状况、市场体系的完善与否，作为初次分配的前提也在很大程度上既影响着初次分配的公平，也影响着生产过程的效率。当前我国居民收入差距不断扩大趋势和贫富分化的出现，在许多方面正是初次分配不公平的结果。靠再分配是无法扭转这种趋势，真正实现分配公平的。对广大低收入的困难群体来说，通过再分配所得到的弥补只能是杯水车薪，难以从根本上解决问题。因此，初次分配就应重视公平，以公平促进效率，以效率带动公平。在初次分配中，效率与公平也是需要统一起来的。

为什么说再分配过程更需要讲求效率与公平的统一呢？这是因为，社会主义的根本任务是发展生产力，并在发展生产力的基础上更好地满足人民群众的物质文化需要，实现人的全面发展。因此，无论是初次分配还是再分配都要把效率与公平统一起来。社会的再分配由于是以国家为主体的、以社会的整体和长远的利益为导向的，并且承担着弥补市场缺陷的功能，再分配要处理好初次分配中没有完全解决的公平问题，因此，要比较多地强调社会的公平，在政策措施上要使"再分配更加注重公平"。但是，这并不意味着再分配可以不讲效率只讲公平。因为，国家对收入再分配的调节如果完全脱离了效率标准，损害了市场机制功能，会导致资源配置的低效率，阻碍社会生产力的发展，其结果最终也必然会影响社会福利的提高，损害社会的公平。

总之，"初次分配和再分配都要处理好效率和公平的关系，再分配更加注重公平"，是一种科学的理论指导，符合中国特色社会主义实际情况和需要。

三 建立效率与公平相统一的收入分配体制，扭转收入差距过大趋势

调节收入分配关系，规范收入分配秩序，是实现共同富裕的重要条件，也是当前党和政府工作的一个重点。但是，我们也应当看到，保障社会公平、实现共同富裕，并不仅仅是一个分配问题。所谓的社会公平就其实质来说是对现存经济社会关系内在要求的合理化和正当化，它涉及社会生产、分配、交换、消费以及司法、行政、文化和教育等各个方面。

强调分配公平、社会公平，缩小收入差距，绝不是要回到平均主义分配去，不能把平均主义看做公平，将二者混淆。

毋庸置疑，中国改革开放以来，国民经济快速发展，社会财富大幅增长，人民生活水平总体上得到了提高。但同时随之出现了收入分配不公平、贫富差距悬殊、财产向少数人群集中的不符合社会主义本质要求的现实情况。对于收入差距不断扩大的问题，党和政府是高度重视的。党的十六届三中、四中、五中和六中全会都强调了要注重社会公平，加大调节收入分配的力度，努力缓解地区之间和部分社会成员收入分配差距扩大的趋势。根据这些精神近年来党和政府已经采取了一系列具体措施以调节收入分配，如免除农业税、增加农业收入、提高最低工资标准，出台一系列维护农民工权益和关注弱势群体的政策措施，建立和完善防止工资拖欠的法规和机制，提高企业离退休人员基本养老金标准等等这些措施对于提高低收入者的收入水平发挥了积极作用。党的十七大报告中突出地显示出关注民生、关心困难群体的特点。报告反复指出："部分低收入群众生活比较

困难"，"城市贫困人口和低收入人口还有相当数量"，"完善面向所有困难群众的就业援助，及时帮助零就业家庭解决就业困难"，"整顿分配秩序，逐步扭转收入分配差距扩大趋势"。十七大报告还专门设一节强调"加快推进以改善民生为重点的社会建设"，并提出"深化收入分配制度改革，增加城乡居民收入"，从而为进一步深化收入分配体制的改革指明了方向。为此，我们应采取以下措施。

第一，应"提高劳动报酬在初次分配中的比重"。目前，我国资本收入在 GDP 中所占比重偏高，且呈上升趋势。某些富豪在短时期内拥有的资本迅速达到百亿元、千亿元与此有关，而劳动所占比重偏低。我国工资占 GDP 的比重，30 多年来呈下降趋势。1989 年所占比重为 16%，而 2003 年下降为 12%，比发达国家工资占 GDP 的比重低得多。

第二，应"着力提高低收入者的收入"。由北京市劳动保障局编辑出版的《2007 年北京市劳动力市场指导价位与企业人工成本状况》一书提供的资料表明：中式烹调师月工资低位数是 12587 元，高位数是 67565 元，企业管理者平均年薪为 25 万元，而一般工人的工资则低得多。北京市2006 年 7 月实行的最低月工资标准为 640 元，这还是提高后的标准。2006 年北京市年人均工资为 36097 元，但有 60.7% 的职工达不到这个平均数，较高平均工资是由人数占少数的高收入层的权数拉起的。如果从全国来看，我国 2002 年至 2004 年的 3 年中，职工工资低于当地社会平均工资的人数占 81.8%。

第三，要"逐步提高扶贫标准和最低工资标准"。最低工资标准已多次调整，但目前还显得偏低。过低的工资，连再生产劳动力的正常需要都达不到，特别是要关注解决私营外资企业中压低、克扣、拖欠职工工资的问题。据《人民日报》2007 年 1 月 26 日报道："广西向拖欠农民工工资亮出问责利剑"，出台相关政策，以彻底解决拖欠工资问题。只要采取有效政策措施，问题是可以得到解决的。

第四，"打破经营垄断，创造机会公平"。垄断行业存在垄断性收入，这些行业的工资远远高于一般行业的工资水平。其高收入并不是来源于经营管理水平高，生产效率高，而是靠垄断地位取得的。这种收入分配上的不公平，来自于机会的不公平。我们重视公平，既要重视机会公平，也要重视分配结果的公平。二者是相互联系和相互促进的关系。机会不公平会导致分配结果的不公平；同样，收入分配的不公平会导致机会的不公平。比如，教育机会不公平，受教育程度不同，就业机会也就不同，收入分配也难以公平。反过来，收入分配不公平，穷人的孩子上不起学，受教育的机会就不可能公平。

第五，"调节过高收入，取缔非法收入"。十七大报告强调更加重视分配公平、社会公平，主张效率与公平结合，并不是要否定收入差距。合理的收入差距是必要的，实行按劳分配，应保持与劳动贡献差距相一致的收入差距，才有助于鼓励劳动积极性和创造性。同样，按非劳动生产要素分配，保持与企业经营管理水平和资本效率差距相一致的私营和外资企业的收入差距，有利于发挥和提高资源利用效率。只要是合法收入，不管多高，都会依法受到保护。但是，"过高的收入"，即使都是合法取得的，也应通过累进税予以调节。连资本主义国家的高额收入都实行高额累进税，我国作为社会主义国家，通过税收对高额收入予以调节，扩大转移支付，缩小收入过大差距，是合法和合理的。至于"非法收入"，要坚决取缔。贪污受贿、制假售假、搞黄赌毒等，属于违法行为，要依法处置。

调节收入分配关系，规范收入分配秩序，是实现共同富裕的重要条件，也是当前党和政府工作的一个重点。但是，我们也应当看到，保障社会公平、实现共同富裕，并不仅仅是一个分配问题。所谓的社会公平就其实质来说是对现存经济社会关系内在要求的合理化和正当化，它涉及社会生产、分配、交换、消费以及司法、行政、文化和教育等各个方面。胡锦涛总书记在中共中央举办的省部级主要领导干部提高构建社会主义和谐社会能力专题研讨班开班式上的讲话中提出，"依法逐步建立以权利公平、机会公平、规则公平、分配公平为主要内容的社会公平保障体系"。中共十六届六中全会通过的《中共中央关于构建社会主义和谐社会若干重大问题的决定》强调，要加强制度建设，保障社会公平正义，内容包括：完善民主权利保障制度、法律制度、司法体制机制、公共财政制度、收入分配制度、社会保障制度。从根本上来说，只有加快工业化和城镇化的进程，又好又快地发展社会主义经济，完善社会主义市场经济体制，建立健全社会公平保障体系，才能最终实现共同富裕的社会主义目标，让全体人民共享发展的成果。

最后要强调的是，对深化分配制度改革，缩小过大的收入差距，实现分配公平，我们应有以下共识：

第一，强调分配公平、社会公平，缩小收入差距，绝不是要回到平均主义分配上去，不能把平均主义看做公平，将二者混淆。平均主义是干得少的、差的，无偿占有干得多、干得好的所创造的一部分财富，是极不公平的。合理的收入差距是必要的。

第二，强调分配公平，不是要"劫富济贫"，更不是什么"仇富"、"仇智"、"向富人开枪"、"向智者开枪"。它并不限制高收入的继续增长，富人可以继续富乃至更富，但穷人不要继续穷乃至更穷。应使改革与发展的成果惠及广大人民。

第三，深化分配制度改革，实现分配公平，重在提高低收入者的收入水平。同时，逐步扩大中等收入者的比重，调节过高收入，扩大就业，建立农民增收长效机制，促进走向共同富裕。应改变金字塔型的收入分配模型，即少数高收入层的富人居于塔尖，多数低收入群体居于塔底。应形成橄榄型的收入模型，即中间大——中等收入者占较大比重，两头小——高收入者和低收入者都占较小的比重。

近几年来，中央在逐渐出台一系列关注民生、为弱势群体解困纾难的政策措施，这正是强调公平、正义，强调对效率与公平关系的理论指导，"把提高效率与促进社会公平结合起来"，贯彻落实科学发展观的结果。这里有一个如何处理好政府与市场在调节收入分配中的关系问题。这既是一个重要的现实问题，也是一个严肃的学术问题。对此权衡（2007）在其《和谐社会中的收入分配：寻找政府与市场的合理边界》一文中，进行了深入探讨，其学术观点值得关注。

（来源：《现代财经》2008 年第 4 期）

再谈分配不公的主要矛盾和根源
——兼答何炼成教授

吴宣恭　厦门大学经济研究所教授

那种把行业垄断当成分配不公的主要矛盾和根源的说法是对现实情况的歪曲，而私营企业主收入与普通劳动者收入的惊人差距才是我国分配不公的主要矛盾。因此，其原因只能从所有制的变革和工作失误去说明，即在鼓励私人资本主义经济发展的同时，对其引导和监管不力，造成资本过度剥削，资本积累过快而导致劳动大众相对贫困。

《经济学动态》2011年第2期刊登了何炼成教授的《也谈"分配不公的主要矛盾、根源和解决的途径"》一文（以下简称何文），对笔者发表在《经济学动态》2010年第11期的《分配不公的主要矛盾、根源和解决途径》中的几个观点提出质疑。我非常高兴。因为这不仅是老朋友的指教，更重要的是，通过讨论可以加深认识，将国人高度关注的这一重大民生问题探索得更加清楚。

一　从现实出发探讨分配不公的主要矛盾和产生根源

那种把行业垄断当成分配不公的主要矛盾和根源的说法是对现实情况的歪曲，而私营企业主收入与普通劳动者收入的惊人差距才是我国分配不公的主要矛盾。因此，其原因只能从所有制的变革和工作失误去说明，即在鼓励私人资本主义经济发展的同时，对其引导和监管不力，造成资本过度剥削，资本积累过快而导致劳动大众相对贫困。

实践是检验真理的唯一标准。一切理论分析都必须从实际出发，符合实际情况，否则就会成为空洞说教，不能解决任何问题。何文不顾改革开放以后我国所有制结构的巨大变化以及国民经济的飞跃发展，以1956年我国刚刚完成社会主义改造时的分析作为根据，否定当前我国社会明显存在的阶级关系，是其无法正确认识当前分配不公的主要矛盾和根源的基本原因。

拙文剖析的是分配不公的主要矛盾，（而不是何文所说的社会主要矛盾，更不是"私营企业和国有企业的矛盾"），目的在于，从存在差别的多种分配关系中，探讨哪个方面的收入差距是我国当前财富高度悬殊和分配严重不公的主要表现，寻找出它们的产生根源和解决途径。回答这个问题不能凭想象，更不能靠个人偏好，正确答案只能依靠实际资料的分析和比较。

国外媒体和国内有些人强调行业垄断是我国分配不公的主要表现和根本原因，提出要废除国家垄断以实现分配公平。拙文整理和分析了2001年、2002年、2005年和2008年行业平均工资水平的统计资料，说明我国行业工资最大差距存在于非垄断行业内部，其中的证券业、计算机应用服务业与木材加工业和纺织业的差距，2008年分别为10.99倍和4.75倍，这一数字明显高于典型的垄断行业烟草加工业与工资最低的非垄断行业的差距（3.99倍）；就整体而言，垄断和非垄断行业平均工资的差距仅为2—3倍，而且如果把私营企业平均工资只有国有企业将近一半的因素加入考虑，这个差距还会更小。另一方面，拙文又根据中央统战部、全国工商联等的课题组发布的《2009中国私营企业调查报告》资料，算出全部被访企业中企业主的平均收入为雇工收入的25.15倍；如与工资最低的行业相比，企业主与雇工的收入差距为33.66倍；如按千万级私有企业主与雇工的收入计算，则相差251.87倍。同时根据2010年10月公布的《2010胡润百富榜》，推算出2009年我国前1000名富豪的平均收入达到10亿元以上，比起全国城镇居民年均可支配收入的17175元和农村居民年均的5153元，差距为5.8万倍和19.4万倍以上；如对比前10名富豪的收入，则差距高达57万倍和190万倍以上。正是根据这些实际资料，拙文认为那种把行业垄断当成分配不公的主要矛盾和根源的说法是对现实情况的歪曲，而私营企业主收入与普通劳动者收入的惊人差距才是我国分配不公的主要矛盾。因此，其原因只能从所有制的变革和工作失误去说明，即在鼓励私人资本主义经济发展的同时，对其引导和监管不力，造成资本过度剥削，资本积累过快而导致劳动大众相对贫困。应该说，只要敢于正视现实，不怀偏见，任何人应用简单的分析对比就能得出这个结论。可是何文却对此表示"不敢苟同"，遗憾的是，除了引用两段文件语录以外，何文连一个实际数据也拿不出来。

何文不同意拙文观点的理由之一是，私营企业主和其他人员"都是中国特色社会主义事业的建设者"。不错，党的十六大报告中确有这个提法。不过，这是就私营企业主等人员在建设中的作用而言的，指的是他们对中国特色社会主义的建设都有积极的贡献，应该得到尊重和支持。但是，这并不是为他们在生产关系中的地位以及他们同其他阶级、阶层的关系定性。大家知道，在任何社会中，凡不是游手好闲或者从事有害社会活动的人，都对该社会的发展作出过贡献，都是该社会的建设者，例如，资本主义社会的建设者并不仅限于资本家，小生产者、工人、农民等等哪个不是资本主义社会的建设者？但是，资本主义社会这几类建设者却存在重大的差别，他们当中有的掌握大量的资本，有的只拥有零散的生产资料，有的除了自身的劳动力一无所有，他们在生产中的地位以及获得社会产品的方式和份额都不相同。资本家在生产中起支配作用并占有雇佣工人的无偿劳动，而工人则处于被驱使、被剥削的境地。只有从这些条件，而不是从笼统的"建设者"身份出发，分析人们的相互关系，才能发现社会的矛盾、社会发展的规律和发展的趋势。这对社会主义初级阶段来说，也是适用的。何文想用一句"都是建设者"去抹杀不同阶级、阶层在生产资料占有以及在生产、分配中地位的重大差别，不敢只语提及有目共睹的资产阶级对雇佣劳动者的深重剥削及其造成的严重分配不公，不能不是经济学理论分析的缺失。

既然何文把拙文关于分配的论题改换为社会主要矛盾问题，在此也顺便谈谈何文对这一问题的看法。

何文引用党的八大的提法："我国国内的主要矛盾，已经是人民对于建立先进的工业国的要求同落后的农业国的现实之间的矛盾，已经是人民对于经济文化迅速发展的需要同当前经济文化不能满足人民需要的状况之间的矛盾"，但其并没有注意到这段话是在 1956 年提出的，所根据的社会条件经过半个多世纪已经发生了巨大的变化。这至少表现在两个方面：第一，在 1956 年，所有制的社会主义改造刚刚完成，包括资本主义所有制在内的私有制基本上被消灭，产生剥削的阶级根源已经被铲除，公有制占社会经济的绝对统治地位，满足劳动人民不断增长的需要代替利润的追逐成为社会生产的目的，生产发展不能满足人民需要自然成为社会的基本矛盾；然而当前的情况却发生了很大的变化，资本主义私有制又在我国重新发展起来，并且形成比社会主义改造前还要强大百倍的资产阶级，雇佣劳动和剥削已经在数量上占社会多数的资本主义企业中普遍存在，许多地方剥削和压迫十分严重，甚至骇人听闻。第二，我国已经从"落后的农业国"变成"世界工厂"，全国 GDP 从 1956 年的 1029 亿元增加到 2010 年的 397983 亿元，增长了 385 倍多，跃居世界第二位，不但"建立先进的工业国的要求同落后的农业国的现实之间的矛盾"已经基本解决了，许多生活用品甚至已经从短缺变成过剩，因广大劳动群众购买力低下而引起的"内需不足"成为生产进一步发展的重大障碍。在这种新的经济条件下，社会矛盾与过去的、近乎单一公有制以及经济极其低下时期的情况完全不同了，一些新的矛盾出现并日趋尖锐化，各种矛盾之间的关系变得更为复杂了。一方面，伴随着资本主义经济的迅速扩展，社会两极分化日益严重，社会重现了资本主义固有的、有支付能力的需求与生产的迅速发展的矛盾，而且愈来愈显著地暴露。另一方面，由于公有制在社会所有制结构中的比重逐步下降，社会主义基本经济规律的作用受到很大的削弱，表现为劳动人民的需要与社会生产的发展互相依存、互相促进的社会主义社会主要矛盾的作用范围受到了一定的限制。上述两类社会矛盾是分别在社会主义公有制和资本主义私有制这两大所有制的基础上产生的，各有其涵盖的领域，但它们又共同存在于同一个社会，彼此互相影响，对整个社会发挥作用。社会主义初级阶段还处在社会制度的变革时期，不同的所有制时长时消，有进有退，由它们决定的不同矛盾在社会中的地位和作用范围也会发生变化。

当社会主义公有制还居主体地位时，社会生产发展与满足劳动人民需要的矛盾的作用范围虽然有所缩小，但仍然是社会的主要矛盾，同时会随着两大所有制的发展情况，不同程度地受到资本主义主要矛盾的影响。例如，当前阶段，劳动人民不断增长的需要之所以得不到充分满足，不仅仅是由于生产发展赶不上需要的因素，除此之外，主要由私有制引发的分配不公的矛盾已经成为妨碍劳动人民需要得到满足的重大因素。但是，一旦公有制的主体地位丧失了或者主体易位了，资本主义的矛盾就有可能转变为社会的主要矛盾，其他社会矛盾的影响就会减退。这种变化的可能性是关心国家前途命运者不可不深思的。

"正确的理论必须结合具体情况并根据现存条件加以阐明和发挥。"即使要讲社会主要矛盾，也必须以历史和辩证发展的方法，从实际出发去进行分析。何文只按50多年前的提法去概括当今社会的主要矛盾而漠视其内涵、表现形式和作用范围的巨大变化，不顾其他社会矛盾的重大影响，未免有点不够"与时俱进"和简单化吧。

二　正确认识和处理企业和行业间的分配差距

垄断行业与非垄断行业工资差别过高还有另一个重要原因，即它是私营企业工资水平普遍低下的反照，其实质是社会主义和资本主义两种并存的分配方式的差别。

何文对国家垄断行业的较高工资水平耿耿于怀，说它违反了社会主义按劳分配原则，会造成突发事件，影响国家和社会的安全与和谐发展。关于问题如何解决，何文只讲了一般原则和机制，并建议"国企内部的分配应恢复过去的'八级'工资制"。何文的这些意见，除了因其不作实际资料分析而认错了分配不公的主要矛盾以外，还与其对分配制度改革以及企业行业间的报酬差距同实现按劳分配原则的关系缺乏应有认识有关。

在经济体制改革以前，国有经济在实行按劳分配方式时出现过平均主义的偏差。主要表现在两个方面：一是劳动者工资差别过小，而且等级和水平根据全国统一标准，由国家统一规定和调整，与劳动表现缺少关联，职工干好干坏一个样；二是企业赢利全部上缴，亏损全部由国家补贴，企业没有独立的局部利益，工资总额和职工福利与企业效益无关，企业干好干坏一个样。这种分配中的平均主义貌似公平，实则违背了按劳分配的基本要求，导致劳动付出和企业劳动成果与收入分配相脱节，挫伤了广大职工的积极性，企业也失去了提高经济效益的动力和活力。

按劳分配是社会主义公有经济的分配方式，它根据劳动者为社会提供的劳动量（经过必要的社会扣除后）分配生活资料，其基本原则是等量劳动得到等量报酬。由于不同劳动者向社会提供的劳动在质量和数量上各不相同，他们所得报酬以及生活水平存在适当的差别。这原是按劳分配方式自身的要求，完全符合社会主义的公平原则。这一点已是共识，毋庸赘述。需要注意的是，劳动差别不仅存在于企业内部不同职工之间，还存在于不同企业和行业之间，要改革分配制度，实现按劳分配，不仅要在企业内部反对"吃大锅饭"，还必须结合产权制度的改革，克服企业之间的平均主义，真正做到报酬量与劳动量相适应。

这就首先要求合理衡量和比较劳动者提供的劳动量。但是，在劳动分工日益发达的条件下，不同劳动的差别不断扩大，劳动支出的数量难以直接用劳动时间去计算。比较科学和普遍的意见是，应借助于劳动成果，即凝固（物化）形态的劳动，去综合反映劳动的实际支出和劳动的有效性，避免劳动复杂程度、熟练程度和劳动强度的换算困难。对于这种计量方式，企业内部和企业间因条件和关系不同，采用的方法也不一样。

在一个企业内部，尽管也存在分工和劳动差别，可是由于企业属于同一的所有者，统一制定的标准可以将不同的个别劳动转化为企业的共同劳动。职工的劳动量除了参考技术级别去核定，还可以根据劳动者生产的产品、提供的服务或完成的工作定额去计量。但在不同企业和行业之间就不能这样做了。不同的企业基本上不属于同一个独立的产权主体，它们之间的联系只能通过市场进行，而市场的公平原则就是按商品包含的劳动量相交换。在社会分工体系中，要比较不同商品所包含的劳动量，只能借助于市场机制，将生产商品的个别劳动时间转化为社会必要劳动时间。这样，价值便成为间接衡量、比较不同企业提供的社会劳动的尺度。在扣除了转移的生产资料价值以后，企业创造的价值多，就表示企业和职工提供的符合社会需要的有效劳动多。为了更好发挥社会的激励机制，理应让创造新价值多的企业得到较多的可自主支配的局部经济利益，同时使其职工获得较高的劳动收入。因此，废除过去那种按国家统一标准规定不同企业和行业劳动报酬的制度，允许企业和行业间的劳动报酬保持一定差别，是在市场经济条件下改革分配制度的积极成果，应该支持、维护而不能因其存在收入差别加以反对。不过也要同时看到，有些企业得到较高的收益并不全部是企业和职工自身努力的结果，其中有一部分是由于企业占有国家赋予较多和较先进生产设备或者较丰富资源而产生的。对于这部分收入，必须通过各种财税渠道，按照合理核算，作出必要的扣除并缴纳国家。

以上只是基于一般的抽象的劳动，对个人、企业和行业报酬存在差别的原因分析，进一步我们还可以看到，不同行业之间的劳动报酬差别，很大程度上是与劳动力素质、劳动复杂程度、熟练程度和劳动强度相关的。例如，航空运输业的年平均工资是国有垄断行业中最高的，在 2005 年、2008 年和 2009 年分别为 49610 元、75769 元和 79880 元，是全国平均工资的 2.7 倍、2.6 倍和 2.4 倍，这与职工具有较高的劳动素质以及劳动复杂程度有关。石油勘探开采行业的劳动强度和劳动环境艰难程度比石油加工业大，其平均工资水平也相对较高，前者的年平均工资，2005 年为 30666 元，2008 年为 46763 元，2009 年为 49091 元，分别为当年全国平均工资的 1.67 倍、1.6 倍和 1.5 倍，而石油加工业相同年份的平均工资为 25779 元、35612 元和 40831 元，只分别比全国平均工资高出 40.3%、21.8% 和 24.7%。可见，一些行业的较高工资水平是同他们的劳动质量相适应的，即复杂的劳动可以折算为多倍的简单劳动，应该得到较高的报酬，并非都是由国家垄断造成的。一些非垄断行业，如证券业、计算机应用服务业，其平均工资水平比国家垄断行业还要高，但是，它也是由劳动的复杂程度决定的，并没有破坏社会主义的公平原则。当然，除了以上情况，还有一些行业的巨额利润和较高工资不完全是由劳动的差别引起的，如烟草加工业，就与烟草专卖制度（为了抑制烟草消费而抬高价格）有关，必须通过财政杠杆和其他行政干预加以调节，以实现公平分配。但这类行业为数不多，而且都有其存在的具体原因，不能将它们等同于其他的国家垄断行业，以偏赅全，利用它们的问题去反对国家对一些重要行业的必要的垄断。

何文漠视改革前我国企业、行业间分配上的弊病，看不到改革分配制度、全面克服平均主义的积极意义，把国有垄断行业和企业的分配当成"众矢之的"，主张国企内部"应恢复过去的'八级工资制'"，真不知道是理论和实践的前进还是倒退。

垄断行业与非垄断行业工资差别过高还有另一个重要原因，即它是私营企业工资水平普遍低下的反照，其实质是社会主义和资本主义两种并存的分配方式的差别。据国家统计局于 2010 年 7 月 16 日发布的 2009 年度"在岗职工年平均工资调查报告"，2009 年全国国企在岗职工年平均工资为 35053 元，而城镇私营单位就业人员年平均工资仅为 18199 元，即私营企业平均工资只是国企平均工资的 52%。因而，如果与私营企业的平均工资相比，某些国有垄断企业的工资就显得更高了。例如，2009 年电力生产与供应业的平均工资只比全国平均工资水平高 41%，但同私营为主的木材加工业一比，差距就拉到 2.62 倍了。这就更加可能使一些人对垄断企业的高工资感到难以容忍。的确，私营企业的劳动者也作出巨大的贡献，创造出大量的新增价值，应该获得相应的报酬。但是，在雇佣劳动制度下，新增价值的很大部分却被私营企业主占有，致使私营企业的平均工资长期处于极度低下的状态，这才是真正的分配不公。所以，不能只主张取消国家垄断或者压低它的工资水平而对私营企业的低下工资吝置一言，为了公平分配，除了对某些垄断行业中确实不合理的工资补贴进行必要的调整以外，更要呼吁改善大多数私营企业的过低劳动待遇。只有从这两方面都给力，才是走向共同富裕目标的正确途径。

三　坚持基本经济制度，改善社会收入分配格局

如果只认定"国退民进"是唯一道路，沿着它走下去，一味鼓吹、逼迫国有经济持续退出，让私有经济既得陇又收蜀，片面地无限制地进军，公有制经济为主体就会沦为空话，社会主义初级阶段的基本经济制度就会遭到破坏，资本主义就将成为支配和主导我国经济的力量，社会矛盾就会转化，劳动人民有支付能力的需求与生产迅速发展之间的矛盾就会变成主要矛盾。发展生产的目的就不是最大限度满足人民的需要，而是对最大利润的追逐，贫富悬殊和分配不公就会愈演愈烈，问题永远得不到解决。

何文责备拙文夸大资本主义私有制中私营企业主的负面作用，完全是强加之词。资本主义私有制确实存在许多弊病，这是所有正义之士早已清楚认识的，但拙文主题并非全面评价私有制，无须在文中再谈私营企业为主的"负面作用"。作者只是根据实际资料，指出我国分配不公的主要矛盾是"私营企业主惊人收入和巨大财富与普通劳动者收入和财产的差别"，"是过度剥削的结果，其制度根源是资本主义私有制，或者说，是引导和监管不力的资本主义私有制"。难道这些不是事实？我国私人资本以超过世界历史的速度迅猛膨胀而其雇佣的劳动者收入却长期处于低下水平，私营企业主与劳动者的收入差距远远大于行业间的工资差距和城乡差距，成为我国最突出的分配不公的表现。因此，我们应该从所有制分析去寻找这种严重分配不公的根源，从私人资本的高速积累和过度剥削去揭露收入差距过大的原因。难道这也是对资本主义私有制负面作用的"夸大"？

实际上，拙文提出引导和监管私有经济的意见是符合中国共产党的政

策精神的。党的几次全国代表大会报告提到非公有制经济发展时，在"鼓励、支持"后面都加上"引导"一词，监管当然是引导的必要前提和题中应有之义。只不过在实际工作中，许多地方鼓励支持偏多（甚至竞相提高优惠程度以争取投资），而引导监督缺少。2011年2月19日，胡锦涛总书记在"省部级主要领导干部社会管理及其创新专题研讨班"上，就当前要重点抓好的工作提出八点意见，其中第六点是："进一步加强和完善非公有制经济组织、社会组织管理，明确非公有制经济组织服务员工的社会责任，推动社会组织健康有序发展。"将这个过去没有提过的任务作为工作重点决非无缘无故。它表明党中央对加强管理非公有制经济必要性和重要性的认识进一步加深，也是对以往在这一方面工作不够得力的反思和改进。相信这个任务的完满执行将更加全面地贯彻党对私营经济的政策，有利于缓解分配不公问题。这也正是拙文指出分配不公的主要根源和主张加强对私营经济引导监督的初衷。

国家垄断行业与一般行业的工资收入差距并不是我国分配不公的主要矛盾，国内外有些人之所以不顾明显的事实，夸大这种差别，实际上是想利用公众对分配不公的不满，转移视线，反对国有经济在关系国民经济命脉的重要行业和关键领域占支配地位，继他们提出国有经济退出一切竞争性行业之后，将垄断行业也拱手让与私有经济，全面实现私有化。果真不出所料。何文最终也将与拙文关于分配关系的论题，归结到"是'国退民进'还是'民退国进'"的问题上，并指责拙文"极力主张""民退国进"，必然导致许多不良后果。这是强加和夸张之词。

只要细读拙文就可看到，作者揭露的是有人想利用公众对分配不公的不满去反对和排斥国家对一些重要部门的垄断经营。拙文所要表达的是"'国'不能、不必什么都退"，"'资'不能无止境、无界限地进"；反对的是那种既要公有经济退出一切竞争性领域，又要它放弃自然垄断领域，把一切有利可图的部门都让给私有经济的观点。这是违背党中央指明的改革道路，破坏社会主义初级阶段基本经济制度，可能使分配不公进一步加剧的错误主张。

按照经济学概念的严肃性和准确性，无论是以前笼统提出的"国退民进"，或者是最近夸大其词的"国进民退"，都不仅歪曲了经济关系的实质，是不科学的，而且还带有蛊惑性和挑拨性，是有害的。

本来，社会主义的"国"和"民"的根本利益是一致的。作为政权的"国"（社会主义国家）是人民政治、经济和人身权利的坚强保障；作为所有制的"国"（社会主义国家所有制）是全民所有制在国家尚未消亡时的存在形式，是属于全体人民（即最广大的"民"），为全体人民利益服务的。根本不存在"国"和"民"互相对立、互为消长的关系。这在理论和实践上都是清楚明白的。但是，自从有些人为了淡化、掩盖资本主义私营经济的实质，将其改称为"民营经济"以后，社会主义与资本主义、公有制与私有制的差别就被抹杀了，"民"就糊里糊涂地归私有经济专用了，社会主义国有经济与资本主义私有经济的关系便被篡改成"国"与"民"，甚至是"官"与"民"的关系。国内外一些人便假借"民"的招牌，冒充"人民利益"去误导舆论和群众，硬要挤压社会主义国有经济，发展资本主义私有经济。这就是"国退民进"口号的实质。由于它是根本违背社会发展方向的，当然不会被党中央和广大理论工作者所采纳。近年来，部分国有经济顶住私有化浪潮的冲击，经过改革和调整逐步发展壮大，为国民经济和综合国力的增长作出更大贡献，并在2008年世界金融危机中显露其活力。而一些人不但不为国家和人民庆幸，反而痛呼"国进民退"是对民众利益的侵占和改革的倒退，挑拨人民与社会主义国家的关系，并声称它会影响国际上对中国"市场经济地位"的承认，向党和政府施压。这是企图利用新出现的情况，重提在前一回合已被抛弃、冷却多时的"国退民进"口号，并将其打扮成"公认"的原则，使其合法化、程式化，成为判别改革是非进退的标准。这是"不战而屈人之兵"的一箭双雕的策略，目的也不外乎要排挤社会主义国家所有制，进一步发展资本主义私有制。

在社会主义初级阶段，私有经济的发展对社会确有重要的积极的作用，但必须以公有制为主体、国有经济为主导。《中共中央关于国有企业改革和发展若干重大问题的决定》不仅从多角度反复阐明社会主义国有经济的重要性，而且进一步指出，国有经济"是国家引导、推动、调控经济和社会发展的基本力量"，"国有经济在关系国民经济命脉的重要行业和关键领域占支配地位，支撑、引导和带动整个社会经济的发展，在实现国家宏观调控目标中发挥重要作用"。党的十六大报告指出："发展壮大国有经济，国有经济控制国民经济命脉，对于发挥社会主义制度的优越性，增强我国的经济实力、国防实力和民族凝聚力，具有关键性作用。"不过，国有经济在布局和结构上还存在许多不合理之处，不利于国有经济优越性和作用的充分发挥。为了改变这种状况，中央提出国有经济战略调整的任务。其根本目标就在于提高国有经济的整体素质，加强其控制国民经济关键领域和行业的能力，以及对社会经济全局发展起导向作用的能力，充分发挥国有经济的主导作用。为此，必须从国有经济在社会主义市场经济中的功能出发，对国有经济重新定位，确定在哪些部门需要保留和发展国有经济，哪些部门国有经济应该部分退出或大部分退出，其中又要区分哪些部门需要或者不需要由国有经济占垄断地位或控制地位。经过正确定位，该留的则留，该退的就退，该加强的就加强，做到"有所为有所不为"，有进有退，进退相济。应该看到，不管是进还是退，都属于战略转移行动，都是为了更好发挥国有经济的主导作用。只讲国有经济的退出和非公有经济的进入，而不讲国有经济在某些领域的进入和加强，是片面的看法，不符合国有经济战略调整的本意，势必削弱国有经济的主导地位。为了坚持国有经济战略调整的这一正确方针，十六届三中全会再次指出，要"完善国有资本有进有退、合理流动的机制，进一步推动国有资本更多地投向关系国家安全和国民经济命脉的重要行业和关键领域，增强国有经济的控制力。其他行业和领域的国有企业，通过资产重组和结构调整，在市场公平竞争中优胜劣汰。"党的十七大报告还提出要"优化国有经济布局和结构，增强国有经济活力、控制力、影响力"。党中央反复申明的这些意见清楚地表达了，国有经济的改革和调整是国家所有制的自我完善，目的是要加强而不是削弱国有经济的主导作用。因此，把所谓"国退民进"说成是所有制改革和国有经济调整的定势，只许私有经济不断扩张，不准国有经济根据经济发展的需要有所加强，才是与改革目的背道而驰，真正逆社会主义潮流而动的。

回顾改革历程，过去对国有经济去留、进退的定位或"边界"的界定可能是不够准确合理的，完全有必要根据经济发展的需要加以重新认识和调整。试以何文指责国有经济"尝到甜头"不肯撤出房地产领域为例来说明。以前，由于对居民住房问题的重要性认识不足和对市场经济的过度倾心，我国把市场化和货币化作为住房改革的方向，并把"属于竞争性领域"的房地产业都让给境内外的私有企业经营。20多年过去了，实践的结果是，一方面培育了一大群中国最牛的富豪，使房地产行业成为中国财富的主要集中地。另一方面是住房价格急剧地成倍攀升，政府多次出台严厉政策力图缓解涨风均未奏效，大量劳动者拼搏终生无法求得一蜗居，住房难成为当今一大社会问题。这些有目共睹的事实表明，国有企业将房地产业让给私有企业，非但没有改善人民住房的条件，以房敛财还成为我国分配不公的重要根源之一。在政府行政命令和市场机制都失灵的情况下，让趋利性较弱、社会责任感较强、执行国家政策较自觉的国有企业参与房地产开发，对抑制房价猛涨趋势，贯彻落实国家的住房政策，增加经济适用房、安置房、廉租房的供应等都有很大好处。暂不论这些积极作用，仅就公有经济从房地产投资获得利润而言，从市场公平原则的角度看，房地产业既然是竞争性行业，为什么只能成为资本家独享"甜头"的禁脔，而得利归全民所有的公有经济却不得分享杯羹？这岂不是对私有资本的无理祖

护和"喂偏饭"？因此，国资委领导应该及早醒悟过来，顶住房地产富豪
及其依附性组织的压力，撤销对央企的"退出令"，按党中央文件，让它
们像"其他行业和领域的国有企业"一样，"在市场公平竞争中优胜劣
汰"。与此类似，2010 年以来屡控不止的物价猛涨也启发人们，不能无限
制地把商贸服务等行业全部让给私有经济。国有经济要学习解放初期智斗
奸商稳定物价的经验，在流通领域部署必需的经济组织，投入一定的力
量，以便为平抑物价，保证广大人民的生活需要，维护社会秩序的平稳，
建立必要的物质基础，及时对付和有力打击不法资本家投机倒把、操纵物
价的活动。

社会主义国有经济不仅有必要，而且有条件承担起国民经济的主导作
用。经过改革和调整，大批国有企焕发出勃勃生机，一些重要的经济指
标，特别是技术实力上远远超过私营企业。如表 1 所示（编者略）。

此外，在 2009 年，中央直管国有企业获得国家科学技术奖 104 项，囊
括了全部的国家科技进步特等奖，获得 62.5% 的国家科技进步一等奖。这
些都显示出国有企业在人才、管理、先进技术和科研开发能力等方面具有
明显优势。保持国有经济的必要比重，有利于充分发挥国有企业的这些优
势。这对引导社会经济发展方式的转变，增强国家竞争力，维护国家经济
安全以及改善社会的收入分配格局，都会发挥重大的作用。反之，如果只
认定"国退民进"是唯一道路，沿着它走下去，一味鼓吹、逼迫国有经济
持续退出，让私有经济既得陇又收蜀，片面地无限制地进军，公有制经济
为主体就会沦为空话，社会主义初级阶段的基本经济制度就会遭到破坏，
资本主义就将成为支配和主导我国经济的力量，社会矛盾就会转化，劳动
人民有支付能力的需求与生产迅速发展之间的矛盾就会变成主要矛盾。发
展生产的目的就不是最大限度满足人民的需要，而是对最大利润的追逐，
贫富悬殊和分配不公就会愈演愈烈，问题永远得不到解决。

（来源：《当代经济研究》2011 年第 8 期）

发展中国特色社会主义与壮大国有经济

项启源　中国社会科学院经济研究所研究员

杨承训　河南省经济学会会长、河南财经大学政治教授

这些年非公有经济有了飞快发展，国有经济大大萎缩了，在后金融危机时期许多地方为淘汰落后产能，以先进生产力载体为龙头重新整合资源，符合生产力发展规律，但一些人却称之为"国进民退"，是改革的"倒退"，以"批垄断"矛头对着国有经济。于是，客观事实便为我们提出了这样一个逻辑：要发展先进生产力就必须优化基本经济制度，要优化经济制度就必须坚持公有制的主体地位、国有经济的主导作用。

马克思主义基本原理告诉我们，生产关系必须适合生产力发展的要求，生产力的发展需要生产关系来推动和保证。如今我国加快转变经济发展方式，必须通过深化改革进一步发挥我国基本经济制度的优势，而遇到的一个重大障碍就是所谓"国进民退"与"民进国退"观点的冲突，实质上是公有制的主体地位与多种成分发展的关系问题，其中要害是发展中国特色社会主义要不要壮大国有经济。这些年非公有经济有了飞快发展，国有经济大大萎缩了，在后金融危机时期许多地方为淘汰落后产能，以先进

生产力载体为龙头重新整合资源，符合生产力发展规律，但一些人却称之为"国进民退"，是改革的"倒退"，以"批垄断"矛头对着国有经济。于是，客观事实便为我们提出了这样一个逻辑：要发展先进生产力就必须优化基本经济制度，要优化经济制度就必须坚持公有制的主体地位、国有经济的主导作用。这就需要澄清国有经济等于"垄断"的一些混乱观点。

一　"反垄断"思潮的实质在于两种改革观的对立

"坚持四项基本原则的改革开放，同资产阶级自由化主张的实质是资本主义化的'改革开放'"这两种改革观的斗争，从改革开放至今，时起时伏，从来没有停止过，在经济领域争论的重点之一是围绕公有经济为主体、国有经济为主导展开的。

1997 年党的十五大在正式提出社会主义初级阶段基本经济制度的同时就明确指出："公有制的主体地位主要体现在：公有资产在社会总资产中占优势；国有经济控制国民经济命脉，对经济发展起主导作用。……国有经济起主导作用，主要体现在控制力上。要从战略上调整国有经济布局。对关系国民经济命脉的重要行业和关键领域，国有经济必须占支配地位。"1999 年党的十五届四中全会通过了《中共中央关于国有企业改革和发展若干重大问题的决定》（以下简称《决定》），对国有经济作了更全面更具体的规定，指出："我们要增强国家的经济实力、国防实力和民族凝聚力，就必须不断促进国有经济的发展壮大。包括国有经济在内的公有制经济，是我国社会主义制度的经济基础，是国家引导、推动、调控经济和社会发展的基本力量，是实现广大人民群众根本利益和共同富裕的重要保证。"《决定》对从战略上调整国有经济布局作出明确的指示："国有经济需要控制的行业和领域主要包括：涉及国家安全的行业，自然垄断的行业，提供重要公共产品和服务的行业，以及支柱产业和高新技术产业中的重要骨干企业。"《决定》在论及国有企业战略性改组时，强调"坚持'抓大放小'。要着力培育实力雄厚、竞争力强的大型企业和企业集团，有的可以成为跨地区、跨行业、跨所有制和跨国经营的大企业集团。要发挥这些企业在资本营运、技术创新、市场开拓等方面的优势，使之成为国民经济的支柱和参与国际竞争的主要力量"。2006 年 12 月 5 日，国务院办公厅下发了《国资委关于国有资本调整和国有企业重组指导意见》的通知（以下简称《通知》），进一步明确重要行业和关键领域主要包括：涉及国家安全的行业，重大基础设施和重要矿产资源，提供重要公共产品和服务的行业以及支柱产业和高新技术产业中的重要支柱产业。2006 年 12 月 18 日，国务院国有资产监督管理委员会根据国务院办公厅转发的《通知》的精神，宣布国有经济在关系国家安全和国民经济命脉的重要行业和关键领域中，对军工、电网、电力、石油、石化、电信、煤炭、民航航运七个行业应保持绝对控制力；在装备制造、汽车、电子信息、建筑、钢铁、有色金属、化工、勘察设计、科技等九个行业应保持较强控制力。

然而，恰恰是在坚持和壮大国有经济问题上掀起一波又一波的争论。大体上出现过三次争论的高潮。一次是 2004 年到 2005 年前后，新自由主义的鼓吹者们借 20 世纪中叶有一段时间国有经济因多种原因一度出现低潮为背景，提出什么"国退民进论"、"国企低效论"、"国有资本流失无害论"、"彻底退出垄断论"等错误言论，力图把改革引入歧途。许多坚持改革社会主义方向的学者和爱党爱国的人民群众奋起反击，先后出现了经济学界众所周知的"郎旋风"、"刘旋风"。一次是 2006 到 2007 年前后，新自由主义的鼓吹者们借《反垄断法》在全国人大审议的机会，集中攻击处于重要行业和关键领域的国有经济，掀起"反垄断"的高潮，力图误导群众，影响《反垄断法》的制定。他们的图谋最终也未得逞。再一次是目前仍在进行的所谓"国进民退，改革倒退"的争论，回顾这几次争论，虽然因为背景不同侧重点有些区别，但都体现了两种改革观的斗争。

中国有两种改革观最早是由邓小平提出来的，他说："我们干四个现代化，人们都说好，但有些人脑子里的四化同我们脑子里的四化不同，我们脑子里的四化是社会主义的四化。他们只讲四化，不讲社会主义。这就忘记了事物的本质，也就离开了中国的发展道路。这样，关系就大了。在这个问题上我们不能让步。这个斗争将贯穿在实现四化的整个过程中，不仅本世纪内要进行，下个世纪还要继续进行。"随着改革的深入和斗争的继续，江泽民提出有两种改革观。他说："要划清两种改革开放观，即坚持四项基本原则的改革开放，同资产阶级自由化主张的实质是资本主义化的'改革开放'的根本界限。"实践证明，这两种改革观的斗争，正如邓小平、江泽民所预见的，从改革开放至今，时起时伏，从来没有停止过，在经济领域争论的重点之一是围绕公有经济为主体、国有经济为主导展开的。

本文的重点是剖析前文提及的"反垄断"思潮。从 2006 年全国人大审议《反垄断法》到 2007 年正式通过这部法律，在这一年多的时间里，新自由主义的鼓吹者们集中攻击重要行业和关键领域中的国有经济，把它们诬称为"垄断行业"、"垄断企业"，并提出"垄断行业做大做强是对民营经济的挤压"、"垄断企业的高利润是对人民的剥夺"、"国有企业除公共事业外应一律退出并实行私有化"等一系列错误言论。其目的在于通过舆论工具大造声势，一方面误导群众，一方面对立法机关施加影响。上述谬论理所当然地受到坚持马克思主义、主持正义的学者和广大人民群众的反对。他们的目的最终未能实现，但值得我们关注的是这些人散布的言论影响至今尚未清除。最近所谓"国进民退是改革倒退"的说法，从某种意义上说就是"反垄断"思潮的延续。

二 反"垄断行业"、"垄断企业"是个伪命题

我们认为从根本上说，给关系国家安全的重要行业和关键领域中的国有经济扣上所谓"垄断行业"、"垄断企业"的帽子，这本身就是由新自由主义鼓吹者们炮制出来的伪命题。

我们认为从根本上说，给关系国家安全的重要行业和关键领域中的国有经济扣上所谓"垄断行业"、"垄断企业"的帽子，这本身就是由新自由主义鼓吹者们炮制出来的伪命题。因为这些名称，于史不符、于理不通、于法无据、于民有害、于党相违。

（一）于史不符

垄断本来是资本主义市场经济中必然产生的经济现象。列宁在《帝国主义是资本主义的最高阶段》中说："官方学者曾经力图用缄默这种阴谋手段来扼杀马克思的著作，因为马克思对资本主义所作的理论和历史的分析，证明了自由竞争产生生产集中，而生产集中发展到一定阶段就导致垄断。""生产社会化了，但是占有仍然是私人的。社会化的生产资料仍旧是少数人的私有财产。在形式上被承认的自由竞争的一般架子仍然存在，而少数垄断者对其余居民的压迫却更加百倍地沉重、显著和令人难以忍受了。""在这一过程中，经济上的基本事实，就是资本主义的自由竞争为资本主义的垄断所代替。"列宁的这些分析论断虽然已过了100年，但他揭示的是资本主义社会经济发展的客观规律。在客观规律的作用下，大资本吃掉小资本，大垄断集团兼并小垄断集团，从资本主义各国出现钢铁大王、石油大王、汽车大王之类的私人垄断资本走向国家垄断资本主义，又从国家垄断资本主义走向国际垄断资本主义，这是历史的必然。在这个过程中，为了攫取高额垄断利润，以大吃小，以强凌弱，斗争十分残酷。回

顾我国国有经济从发生发展到壮大的整个历史过程，很明显与资本主义国家垄断资本成长的历史毫无共同之处。我国国有经济大致来自五个方面。

第一，新中国成立前存在于革命根据地的国营企业。早在第二次国内革命战争和抗日战争时期，我国江西苏区和延安等革命根据地就已有了国营企业。到抗战结束时，国营企业达77个，职工1万多人。这些企业虽然规模较小，而且主要属于军需工业，但它们所发挥的作用却很重要。新中国成立后的第一批管理人才，也是在这些企业中培养成长起来的。

第二，由国家接管的帝国主义在华企业。在旧中国，由于旧政府的腐败无能，国家不仅遭到帝国主义列强的军事入侵，而且也遭到它们的经济侵略。截至新中国成立时，帝国主义各国留在我国的各类企业共913家。对此，我国政府采取有步骤、有计划、有重点的接管方针，使之转变成为属于人民的国营企业。

第三，由国家没收的旧政府和官僚买办的企业。这一部分企业在旧中国的经济中占有较大比重，截至1949年底，由人民政府接管的工业企业达2858家，各类银行2446家，大型贸易公司十多家，对人民政府控制国民经济命脉起了一定的作用。

第四，通过对民族资本主义工商业的社会主义改造而建立起来的国营企业。据统计，1949年我国民族资本主义工业企业共有12.3万多户，商业企业达402万余户（1950年数）。国家陆续通过初级和高级形式，对民族资本主义工商业进行社会主义改造。到1956年基本上把这些企业改造成为国营企业。

第五，由国家直接投资兴建的国营企业。这是中国国营企业产生的最主要的途径。新中国成立后前30年，在苏联的大力帮助下，中国集中人力、物力、财力进行了大规模的经济建设。第一个五年计划期间基本建成了156项大型工程项目，为我国建立独立的、比较完整的工业体系和国民经济体系打下了初步基础。"一五"以后，国民经济的发展虽然受到"大跃进"和"文化大革命"的干扰，但是从总体上看还是处于不断壮大的过程中。

由上可见，中国的国有经济全部来自夺取全国政权而取得的胜利成果和亿万劳动人民在中国共产党的领导下艰苦奋斗创造的宏伟业绩。这同资本主义发展的历史过程中必然出现的垄断企业、垄断集团风马牛不相及。为什么要张冠李戴自我贬损呢？

（二）于理不通

这里所说的理，就是马克思主义基本原理与当代中国实际相结合的中国化的马克思主义。新自由主义的鼓吹者们诋毁国有经济的所有言论都是反马克思主义的。但其中有两点为害更甚。一是把我国的国有经济与发达资本主义国家的国有经济混为一谈，而且鼓吹我国国有经济的改革应该以资本主义国有经济为圭臬。二是把社会主义市场经济与资本主义市场经济混为一谈，而且把我国的国有经济与市场经济原则对应起来。

先说第一点。世界上许多国家都有国有经济，发达资本主义国家国有经济所占比重差别很大，而且在不同历史时期国有经济的比重与分布变动也相当明显。近些年发达资本主义国家国有经济的比重最高的大约占 GDP 的 15% 左右，最低的在 5% 以下。有些人以此为据，提出我国国有经济的比重还是太高，应该维持在 20% 左右就够了。还有些人，以资本主义国家国有企业大部分集中在公共产品和公共服务行业为依据，主张我国国有经济应退出所有非公共事业领域，并使之私有化。有一篇文章写道："公共性是国有企业存在的唯一原因。我国的国有企业是一个'怪胎'，所谓'怪胎'就是新中国成立后的'一大二公'使国有企业无孔不入，进入了各行各业，从而造成国有企业大量存在于盈利性领域。""我国很多国有独资和控股企业带有垄断性。对于这些企业来说，它们的利润主要不是靠经营者的经营能力带来的（这是与私营企业的重大区别），而是靠对资源的垄断，从而制造垄断高价带来的。"还有一篇文章题目就叫《中国的改革实际上很简单——即破除部门垄断》。

我们认为，资本主义国家兴建的国有企业已有很长的历史。这些企业在同政府的联系方面、经营管理方面、同私有企业的相互作用方面，是有不少经验值得我们借鉴的。但借鉴与照抄照搬是两回事。我们列举的上述言论的一个共同之处是根本没有考虑我国是社会主义国家，国有经济是社会主义制度的重要基础。而且在此类言论的影响下已有不少人淡化了不同社会制度下国有经济的界限。可见从理论上讲清楚我国国有企业与资本主义国家的国有企业在性质上有何不同，的确是一个关系重大的问题。

恩格斯早就指出："现代国家，不管它的形式如何，本质上都是资本主义的机器，资本家的国家，理想的总资本家。它越是把更多的生产力据为己有，就越是成为真正的总资本家，越是剥削更多的公民。"我国宪法第一条就明确规定："中华人民共和国是工人阶级领导的以工农联盟为基础的人民民主专政的社会主义国家。"既然国家的性质根本不同，那么不同性质的国家的国有经济在性质、作用和历史地位上也必然有原则上的区别。我国宪法第七条规定："国有经济，即社会主义全民所有制经济，是国民经济中的主导力量。国家保障国有经济的巩固与发展。"正是依据宪法，中国共产党自十四大以来的历次全国代表大会，一贯强调国有经济的重要性，认为国有经济的改革与发展，不但是关系国民经济全局的重大经济问题，而且是巩固社会主义制度的重大政治问题。显然，资本主义国家的国有经济不可能具有这样的性质、地位和作用。以英国为例。第二次世界大战后，工党两度执政，实行了广泛的国有化，国有经济的比重大幅度上升。1979 年，英国国有企业的产值占 GDP 的 10.5%。1979 年保守党上台，又开始推行大规模的非国有化，到 20 世纪 90 年代，国有企业在英国 GDP 中的比重下降到 6.5%。国有化也好，非国有化也好，都是出于垄断资产阶级在不同时期的需要，即使出现国有化的高潮也没有触动资本主义私有制这个经济基础。

第二点，社会主义市场经济与资本主义市场经济的重大差别，也是一个大是大非问题。1992 年党的十四大正式提出建立社会主义市场经济体制。此后不久，有一位名人公开宣扬市场经济就是市场经济，根本不存在社会主义性质的市场经济与资本主义性质的市场经济的区别。一些新自由主义的鼓吹者追随其后，有的不再提社会主义市场经济，把我国的改革目标说成是成熟的市场经济、发达的市场经济，实际上就是指发达资本主义国家的市场经济。也有一些人虽然口头上还用社会主义市场经济这个词儿，但内容已改成资本主义市场经济了。既然改革的目标已被篡改，以公有经济为主体、国有经济为主导当然归于否定之列。例如，有的文章说："当今中国的垄断行业全部是国有经济在计划经济时代留下来的特大国有企业所形成的垄断行业。现在在'所有权与经营权分离'与国家掌控'国民经济命脉'思想指导下，由这些企业'自主经营'。这种行业性垄断经营，实际上是与市场原则相违背的，仍然是计划经济手法的体现。"还有文章说："中国加入 WTO，中国经济市场化改革的方向就是不断降低国家占有资源的比重，让市场而非国家支配更多的资源。从这个角度来说，国有企业的现状越好，盈利越高，越应该进行改革。"

针对诸如此类的错误言论，我们一定要坚持和发扬社会主义市场经济的特点和优点，把做大做强国有企业同建立健全社会主义市场经济体制统一起来。前面提到的市场经济就是"市场经济"的观点，影响较广，但无论从基本理论上看还是从社会发展的历史过程来看都是错误的。人类社会自从有了商品生产和商品交换就有了商品经济的一般规律。诸如供求规律、竞争规律、价值规律等，是在任何社会形态下的商品经济中都发生作用的。但在不同的社会形态中，商品经济又有各自的特殊规律。资本主义社会的商品经济与封建社会的商品经济，难道只有一般性而没有各自的特殊性吗？社会主义市场经济是以生产资料的社会主义公有制为基础的，资本主义市场经济是以生产资料资本主义私有制为基础的，各有自己的特质是必然的。当然，资本主义制度下的市场经济已存在了几百年，从正反两方面都积累了丰富的经验，可供借鉴，但同样不能照搬过来依样画葫芦。我们应当致力于社会主义市场经济特殊规律的研究，而不是根本否定社会主义市场经济的存在。邓小平是社会主义市场经济理论的开创者。1993年他在一次谈话中用极精练的语言概括说："社会主义市场经济优越性在哪里？就'在四个坚持'。"江泽民在党的十四大上正式提出了社会主义市场经济这个范畴，后来，在不断总结经验的基础上对社会主义市场经济作了进一步的阐述："社会主义市场经济体制是同社会主义基本制度结合在一起的。建立社会主义市场经济体制，就是要使市场在国家宏观调控下对资源配置起基础性作用。它在所有制结构上、分配制度上、宏观调控上具有鲜明的社会主义特征，因而也具有资本主义不可能有的优势。"关于国有经济在社会主义市场经济中的地位和作用，江泽民讲得很清楚："搞好国有大中型企业，是建立社会主义市场经济体制的主要内容和重要保证。国有大中型企业是发展社会主义市场经济的主力军。"

（三）于法无据

新自由主义的鼓吹者们给重要行业和关键领域的国有经济扣上"垄断行业"、"垄断企业"的帽子，然后加以贬斥，是违反我国宪法和法律的。我国宪法第六条、第七条对国有经济的性质、地位和作用已有明确规定，上文已引用过。我国《反垄断法》第一章第七条规定：国有经济占控制地位的、关系国民经济命脉和国家安全的行业以及依法实行专营专卖的行业，国家对其经营者的合法经营活动予以保护，并对经营者的经营行为及其商品和服务的价格依法实施监督和调控，维护消费者利益，促进技术进步。我国《企业国有资产法》第一章第七条规定：国家采取措施，推动国有资本向关系国民经济命脉和国家安全的重要行业和关键领域集中，优化国有经济布局的结构，推进国有企业的改革和发展，提高国有经济的整体素质，增强国有经济的控制力、影响力。宪法和与国有经济相关的重要法律，对重要行业和关键领域中的国有经济都未出现"垄断行业"、"垄断企业"之类的称谓。这是为什么？我们应当认真领会。

《反垄断法》从酝酿、准备、审议到审定，前后经过 14 年时间。在关键的 2006 至 2007 年，新自由主义的鼓吹者们，以反垄断之名对所谓"垄断行业"、"垄断企业"，集中火力，百般诋毁，力图制造舆论向立法机关施加影响。但全国人民代表大会最后审定的法律条文，使这些人大失所望。于是利用各种机会向有关当局提出质问，有人甚至把《反垄断法》贬斥为"无牙无爪的老虎"、"江湖郎中的野药"，一时闹得沸沸扬扬，不利于这部法律的实施。国务院法制局一位负责人发表谈话加以澄清："反垄断法不是要破除垄断企业，限制做大做强，事实上，反垄断法不是单纯反对垄断状态，而是反对垄断行为。"针对《反垄断法》在社会上受到广泛关注和热烈争论，《人民日报》记者专门就此法访问了几位法学家。有一位学者发表意见说："国有经济对一些行业的控制，不是一个简单的市场竞争问题，而是一个有关国家经济安全进而有关国家政治安全和社会安全的根本问题。一些人将国有经济与市场经济对立起来，将国有经济的退出作为市场经济发展的一个指标，因而质疑国有经济在一些重要行业中的控制地位。将控制地位本身视为垄断是不符合反垄断法法理的。反垄断法从来不以一个企业是否具有市场支配地位作为是否垄断的判断标准，而是以一个企业是否滥用市场支配地位作为垄断的情形之一。"

以上观点给我们一个重要启示，所谓"垄断"并不是指某一企业在某一领域具有市场的控制力。关键在于它是否利用这种控制力进行非法活动为自身谋取不正当的利益。其中最重要的是操纵市场价格为自身提取高额垄断利润。西方许多垄断资本集团就是这么做的。我国在重要行业和关键领域的大型国有企业，虽然对有关市场具有控制力，但企业自身却没有定价权。油、汽、水、电、运等直接关系人民基本生活需要的产品和服务，都是由中央人民政府征求民意后定价的。政府考虑的当然不仅是相关企业的成本和扩大再生产的需要，更不是相关企业赚取高额利润的需要，放在第一位考虑的是人民的承受能力。《反垄断法》对于重要行业和关键领域的大型国有企业的合法经营是给以保护的，禁止的是非法经营。由此可见，把控制国民经济命脉的国有经济一律称为"垄断部门"、"垄断企业"是于法无据的。

（四）于民有害

国有经济不仅是提高综合国力的强大动力，而且是广大人民群众基本生活需要的重要保障。新自由主义的鼓吹者们打着为民请命的旗号，把进攻的矛头集中于重要行业与关键领域的大型国有企业，是别有用心的。例如，有人说："当前是有强烈行政垄断色彩的行业完全由国有企业和国有经济占据。如电力、通信、公用事业、交通、教育、金融、烟草、卫生等等。这些行业都是国有企业的垄断天下。由于这种垄断使公众不得不承受质次价高的商品与服务，致使'民怨'越来越强烈。打破这种垄断局面，已经成为除行业内的既得利益者以外的广大公众共同一致的'心声'。"还有人说："谁都知道垄断是一个不受人待见的词儿，不幸的是，在公众的声声责难里，垄断巨人正越长越大"。"这当然不是个好消息，不过或许税务部门会高兴，因为垄断企业利润增长的同时税款也在增长。且不说没有垄断这些行业能不能获取高额利润，仅就目前的高利润来看，它的存在本身就是对公众的一种剥夺。"《经济观察报》一篇社论写道："国资委最新统计显示，前七个月国有重点企业实现利润 4967.5 亿元，同比增长15.2%。""与一些人士为此而高声叫好相反，我们认为，这些企业的利润高升不见得是好事——垄断企业不断实现利润新高，其实质是通过垄断性的定价权来获取消费者的转移支付；这些企业的利润不断增长，其实质是在与民争利，压缩国内民营企业的财富创造机会和创业空间。"

在"反垄断"的高潮期间，在某些舆论工具上，这一类不顾事实、颠倒黑白、把国有经济与人民的利益对立起来、力图误导群众的言论曾喧嚣一时。但是人民是真正的英雄，他们的眼睛是雪亮的。在互联网上对上述谬论的反击声音很高。下面仅举两例。有一篇网文说："近几年来一些人祭起了'反垄断'大旗。……我们十分遗憾地看到，这些'反垄断'的声音有一个统一的基调，这些'反垄断'的力量有一个统一的指向，那就是所有的矛头都指向了目前仍属于中国的公有制性质的行业和企业，而对于在中国市场上明显存在的完全垄断某一领域的外资和私有资本，则从未在'反垄断'者的目标中出现。这不得不让人感到惊奇！""目前中国的石油、电力、电信等行业或企业已经处在了'反垄断'的风口浪尖，人们对于这些公有制企业的口诛笔伐已经达到了前所未有的轰轰烈烈。那么，这些企业是否属于真正的垄断呢？或者说是不是具有垄断的实质呢？从市场占有率来讲，这些企业达到了'垄断'的条件，但从垄断的实质来看，这些企业却没有或很少具有垄断的特征。"还有一篇网文用极简练的笔触揭示了"反垄断"的实质："在今日中国各种关于反垄断的言论中，其中有一些人目的是很明确的。那就是借反垄断之口，彻底摧毁中国的所有制结构，完全改变中国的所有制。从这意义上来说，这是一场异常严肃的社会斗争。"

应该充分肯定，中国处于重要行业和关键领域的国有大型企业是与人民的基本生活需要息息相关而且作出重要贡献的。例如，在国家税收中，国有大型企业上缴的税额长期占有很大的比重，而且，有一段时间其税负比私营企业高得多，既保证了社会稳定，又承担了一部分改革成本。对于平抑物价，它们是一个重要的稳定盘。中国近三十年经受过三次较大的物价波动和两次国际金融风波的冲击，但都得到了有效控制，其中国有大型企业是国家宏观调控的重要物质力量。30年来以不断改善人民生活为目的的产品和服务，如钢铁、有色金属、石油、电力、电网、铁路、民航、邮政、电信等，主要也是由大型国有企业提供的。在工程建设方面，除西气东输、南水北调、三峡水利枢纽工程、青藏铁路等世界闻名的特大工程由大型国有企业全力承担外，有许多与普通老百姓的日常生活密切相关、看起来并不那么引人注目的建设项目，如村村通公路、村村通电话、户户有电灯以及部分地区的居民饮水等，大型国有企业也作出了自己的贡献。

改革开放以来，党和政府始终坚持以公有制为主体、多种所有制共同发展的基本经济制度，人民生活得到很大改善。这固然是多种所有制经济共同努力的结果，但国有经济功不可没。如果新自由主义主张的全盘私有化在我们这样一个人口众多的发展中大国得逞，后果如何，殷鉴不远。苏联解体后，推行私有化的"休克疗法"，导致在其后的十几年内，经济每况愈下，国内生产总值只相当于苏联瓦解前的50%，工业生产减少64.5%，农业生产减少60.4%，物价上涨了5000多倍，人口呈下降趋势，人口平均寿命男性下降10岁，女性下降5岁。欧洲诸国情况类似。此外，拉丁美洲一些国家一度推行新自由主义也都遭遇大动荡、大挫折。历史的经验告诉我们，国内新自由主义的鼓吹者们，把国有经济同人民群众的根本利益对立起来，以反垄断为名，力图削弱以至消灭国有经济，如果他们意图得到实现，最终的受害者还是人民。

（五）于党相违

任何政党都有其一定的阶级基础，集中代表着一定的阶级利益。按照恩格斯的说法："国家权力""也是一种经济力量"。列宁也说过："政治是经济的集中表现。"这是一般的马克思主义常识。一个政党一旦成为执政党，它也必须有一定的经济力量。

社会主义制度是以生产资料公有制为基础的，在这个基础上建立起由工人阶级政党领导的无产阶级专政的政权。由此可知，一旦失去了公有经济，工人阶级政党和无产阶级专政的政权也就失去了存在的基础。

社会主义初级阶段已经开始进入社会主义社会，生产资料社会主义公有制依然是社会主义制度的经济基础。因此，即使是初级阶段，中国共产党也一贯坚持以公有经济为主体、国有经济为主导。江泽民在21世纪伊始的一次重要讲话中指出："在我国，中国共产党是执政党，领导人民行使国家权力。我们社会主义国家政权要有效运行，也必须掌握一定的经济和物质力量。新中国成立以来不断发展壮大的国有经济，是我们社会主义国家政权的重要基础。我国国有经济的发展，不仅对保证国民经济稳定发展、增强综合国力、实现最广大人民的根本利益具有重大意义，而且对巩固和发展社会主义制度、加强各族人民的大团结、保证党和国家长治久安具有重大意义。没有国有经济为核心的公有制经济，就没有社会主义的经济基础，也就没有我们共产党执政以及整个社会主义上层建筑的经济基础和强大物质手段。""我们这么重视搞好国有企业，就是要保证国有经济控制国民经济命脉，对经济发展起主导作用，就是要不断巩固和加强我们党执政和我们社会主义国家政权的经济基础。"我们体会，从巩固党的执政地位这样的高度来阐明发展国有经济的重大意义是非常深刻而且很有现实意义的。最近一位新自由主义鼓吹者的代表人物在一次演讲中说："我们一直说30年之后，国有控股企业在GDP中的比重降低到1/3的话，没有人会相信。现在仍然要预测未来20到30年控股比重在GDP中的比重会降到10%以内。我是比较乐观的。""国有企业与共产党的执政地位是没有关系的。中国的民营企业发展了，人民的生活提高了。就这么简单。国有企业与共产党的执政地位没有关系，共产党的执政地位是取决于人们的生活得到了根本的改善，这点必须认识到。""国有企业也与国家安全没有关系。世界上国家安全最脆弱的国家，都是国有企业占主导地位的。那些私有企业占主导地位的国家，国家安全搞得很好。而且不仅自己安全，还统治别人。"把这位先生的演讲同中国共产党对国有经济的一贯主张相比较，同江泽民的重要讲话相比较，对立是何等明显。从这种对立中我们可以更清楚地揭示出新自由主义的鼓吹者蓄意掀起"反垄断"逆流目的何在了。

三　正伪—正名—正道

正伪是为了正名，正名是为了正道，即国有经济沿着社会主义方向更好地向前发展。

正伪是为了正名，正名是为了正道，即国有经济沿着社会主义方向更好地向前发展。

前文已从五个方面揭示了新自由主义的鼓吹者们把关系国民经济命脉的重要行业和关键领域中的国有经济称为"垄断行业"、"垄断企业"是个伪命题，其目的在于削弱国有经济的控制力、影响力、带动力，为推行私有化扫除障碍。我们应该针锋相对，堂堂正正地为国有经济"正名"。"正名"绝不是一件可有可无的事情。我们现在常用的一个成语叫"名正言顺"。这个成语出自《论语》。孔子的弟子子路就政治问题向孔子请教。孔子回答说："必也正名乎？名不正则言不顺，言不顺则事不成。"可见"正名"的意义不可忽视。我们党对于概念、范畴的运用历来十分严谨。1993年第八届全国人民代表大会第一次会议通过的宪法修正案将原来的第七条"国营经济是社会主义全民所有制经济，是国民经济中的主导力量。国家保障国营经济的巩固与发展"，修改为"国有经济即全民所有制经济，是国民经济中的主导力量。国家保障国有经济的巩固与发展"。把"国营经济"改为"国有经济"一字之差包含着丰富的内容。前文已经指出，在重要行业和关键领域的国有经济与资本主义社会的"垄断"、"垄断企业"、"垄断行业资本主义"无论在形成历史上还是现实性质上都没有共同之处。在我国的《反垄断法》、《企业国有资产法》中也未出现"垄断行业"、"垄断企业"之类的称谓。一方面我们党再三强调要把关系国家安全和国民经济命脉的大型国有企业继续做大做强；另一方面在党和政府的正式文件上又屡屡出现"垄断行业"、"垄断企业"的称谓，这不是自相矛盾、授人以柄吗？影响所及，舆论工具上这样的称谓更为多见，新自由主义的鼓吹者们正是利用这一点掀起"反垄断"的高潮，诋毁国有企业，误导群众。有鉴于此，我们郑重建议为重要行业和关键领域的大型国有企业"正名"，不要再把它们所在的行业称做"垄断行业"，把它们称做"垄断企业"。对于上述行业似可称做"重要行业"，对于上述企业似可称做"关键领域的企业"。总之不能因为简称而把它们称做"垄断行业"、"垄断企业"。

关于今后如何坚持改革的社会主义方向，把关键领域的国有企业做大做强，对内更好地发挥控制力，对外更好地增强竞争力，这是一个涉及范围很广的问题。下面我们围绕这个中心提出三点意见。

（一）加强对国有经济优越性的正面宣传

目前党报党刊和其他舆论工具对国有经济的正面宣传很不够。讲到业绩，最常见的是销售收入增加多少，利润增加多少，国有资产增加多少，数量有多大，速度有多快；某些国有企业在科学技术创新方面的典型事例也能看到一些。给人们的印象是过分偏重于物的方面，而大型国有企业的2000万职工在抗震救灾中的突出表现，在承担社会责任方面的重要贡献，在勤勤恳恳为人民服务方面的成效，在传承大庆、鞍钢这些优秀企业的革命精神，加强民主管理方面的成功经验等等，在党报党刊及其他舆论工具上则很少见到。我们都知道，国有企业是先进生产关系的体现，它能够促进生产力的快速发展。这是国有企业最大的优势。我们应该从生产关系适合生产力性质这个高度，既见物又见人，把国有企业的成功经验和广阔发展前景向全社会广为宣传。

从国际国内的形势来看，生产力发展的大趋势是高科技的推进作用越来越强劲。新能源、新材料、信息技术的应用、经济结构的调整、节能减排、环境保护、低碳经济等等，对于各行各业的企业来说，都需要增加科研投入，推进技术创新，更新设备装置，引进高端的科技人才等等。而所有这些举措都需要企业有雄厚的经济实力，科学而严密的管理系统，知识和技术水平较高、执行力度强的职工队伍和先进的企业文化。在这些方面大型国有企业具有明显的优势。这表明社会主义生产关系能够适应生产力发展的要求，具有强大的生命力。从长远来看，国有经济绝不会像某些力图走资本主义道路的人所诅咒的那样越来越萎缩，而是前景无限光明。党报党刊加强对国有经济的正面宣传，既是对国有企业职工的鼓励和支持，又能让人民群众更全面地了解国有经济，加强公有经济为主体国有经济为主导的信心。

（二）在意识形态领域有破有立，破立结合

在当前国内形势下，加强对国有经济的正面宣传固然重要，但如果对新自由主义等错误思潮不给予有力的反击，听任它们误导群众，那么正面宣传的效果也会降低。前文我们引用的一些人的言论，其错误已很明显，在媒体上我们还可以看到可以说是反动的言论。对于这类言论，互联网上常有尖锐的批评，学术界的公开批评也还有一些。但是在党报党刊上则很少看到针锋相对的文章。不破不立，破的力度不够，实际上冲淡了立的效果。

（三）对国有经济的批评要从性质上加以区分

首先应该看到我国的大型国有企业并非处在真空之中，企业内部也不是世外桃源。贪腐之风已刮进企业的高层，最近揭露出的严重贪腐分子就是明证。此外，有些企业奢侈成风，有些企业职工的工资、福利待遇明显高于全国职工的平均水平；一些关系全国人民生活的大型特大型国有企业服务质量有待提高，特别是许多大型国有企业没有真正做到全心全意依靠工人阶级，职工代表大会也好，职工董事也好，没有真正起到民主监督、民主管理的作用等等。对于国有企业存在的缺点、错误，人民群众提出批评是行使监督的权力，最终目的是希望和督促国有企业改进工作，更好地发挥主导作用。这类批评应该同前文所列举的对国有经济、国有企业无中生有、颠倒黑白、恶意诽谤、必欲除之而后快的种种谬论在性质上是不同的。对前者应虚心接受，有则改之，无则加勉。而对于后者则应揭露其本质，坚决予以反击。

（来源：《毛泽东邓小平理论研究》2010 年第 3 期）

转变经济发展方式与国民收入分配结构调整

胡　钧　中国人民大学经济学院教授

深化收入分配制度改革，既是优化需求结构、促进经济发展方式转变的重要举措，又是保障和改善民生和促进经济按客观经济规律要求健康发展的重要途径。这是当前和今后一段时期我国深化经济改革的重点。

2010年8月3日，胡锦涛在省部级主要领导干部深入贯彻落实科学发展观、加快经济发展方式转变专题研讨班上的讲话中指出：要认真总结应对国际金融危机冲击的经验，深入研究后国际金融危机时期我国经济社会发展面临的理论与实践问题，完善推动科学发展、加快经济发展方式转变的思路和举措。他指出，国际金融危机对我国经济的冲击，表面上是对经济增长速度的冲击，实质上是对经济发展方式的冲击。改革开放以来，特殊的国际国内环境影响了我国的经济发展方式，其特点是重国际市场、轻国内市场需要，重低成本优势、轻自主创新能力提高，重物质投入、轻资源环境保护，重财富增长、轻社会福利水平提高。促进经济社会全面健康发展的要求，迫使党和政府必须实施加快经济发展方式转变的战略，为保持经济平稳较快发展增加推动力。如果不加快转变经济发展方式，经济发展将难以持续健康进行。由于金融危机的影响，经济发展难以很快恢复、外向发展难以持续、资源环境难以支撑和低端方向的发展难以提高国际竞争力，发展空间将快速缩小，我国人民的生活水平将难以提高，福利将难以增长。当前，广大人民群众热切盼望共享改革发展成果，解决收入分配问题，不仅限于解决日常的吃穿问题，而且还要求个人的全面发展，更多享受文化成果。

经济结构的战略性调整是加快转变经济发展方式的主攻方向。经济结构的调整包括积极调整内外需结构和投资消费结构，坚持扩大国内需求特别是消费需求的方针，促进经济增长由主要依靠投资、出口拉动向依靠消费、投资和出口协调拉动转变，由主要依靠第二产业带动向依靠第一、二、三产业协调带动转变，由主要依靠增加物资资源消费向主要依靠科技进步、劳动者素质提高和管理创新转变，使经济社会全面协调可持续发展。

胡锦涛在强调把调节经济结构作为转变经济发展方式的战略重点时，重点提出了按照优化需求结构、供给结构要素投入结构的方向和基本要求，加快调整国民收入分配结构问题。可见，深化收入分配制度改革，既是优化需求结构、促进经济发展方式转变的重要举措，又是保障和改善民生和促进经济按客观经济规律要求健康发展的重要途径。这是当前和今后一段时期我国深化经济改革的重点。

加快调整国民经济收入分配结构和深化收入分配制度改革的条件已经成熟。改革开放以来，我国社会生产力获得了飞速发展，社会物质财富也有了极大的增长。20 世纪 90 年代中期，我国已经摆脱了短缺经济，绝大部分商品由供不应求转变为供过于求，国内资金也由总体上不足转变为总体上剩余。与此同时，经济增长由过去主要受供给因素制约转变为主要受需求因素制约，不但社会总供求格局发生了根本性变化，而且需求的结构也发生了很大的变化，人民需求由过去对数量上的要求为主逐渐转变为以

提高消费品质量为主。特别是广大中低收入群众对医疗卫生、教育和社会
保障等公共产品和服务的需求大大提高，对满足个人全面自由发展的文化
产品的需求也在快速增长。在这种条件下，维持以追求数量和速度为主要
特征的粗放型增长方式，已经不符合经济发展的需要，必须转变现有的经
济发展方式。

关于国民收入分配方面的问题，已经讲了很多年，中央已经提出把提
高居民收入在国民收入中的比重和劳动报酬在初次分配中的比重作为国民
收入分配格局调整的重点。但在实践中，这方面调整的变化并不明显。

国民收入分配关系，实际上包括两个不同的方面：一是分配中国家和
企业支配的部分与直接分配给个人的部分两者的比例关系；一是在居民之
间收入数量的差距问题。前者是回答整个国家积累或投资与消费的关系，
后者则是回答正确处理个人之间的收入差别问题。两者的分配关系是否正
确，都关乎社会的稳定，影响到千家万户。但前者属于正确处理生产发展
与消费水平提高的关系，这些涉及长远发展与当前利益、国家整体利益与
居民个人利益之间的关系；后者则属于是否符合社会主义现阶段的按劳分
配为主体和生产要素按贡献参与分配的分配原则，也就是是否符合在这种
关系基础上形成的社会公平、公正等权利原则。

一　国家与个人在分配方面的关系

国家、企业与个人在国民收入分配上的占比问题，在社会主义条件下
实质上是一个投资与消费的比例关系问题，这两者之间的合理比例是经济
运行正常进行的客观要求。它还反映了经济发展的根本目的问题（经济发
展是以人为本，还是以物为本），对此应当加以科学分析。

对于国家与个人在分配方面的关系，当前谈论最多的是提高居民收入

在国民收入分配中的比重。这个问题已经讲了很多年，为什么没有很快得到解决呢？这个矛盾的实质是什么呢？从老百姓的直觉来说，都感觉到国民财富增加得很快，其主要表现在 GDP 的增长速度上，但居民同时也觉得个人收入和消费水平没有提高得那么快。这就是说，新创造的国民财富在政府、企业和居民中，三者没有按合理的比例增长。政府和企业支配的部分增长很快，而居民个人收入部分增长得相对要慢，因而所占的比重不断下降。

最近，中华全国总工会有关负责人透露：我国居民劳动报酬占 GDP 的比重持续下降。依据收入计算法计算：1993—2007 年，政府收入占 GDP 的比重由 11.68% 增至 14.81%，增加 3.13 个百分点，企业的资本收益由 38.83% 增至 45.45%，增加 6.62 个百分点；而居民的劳动报酬占 GDP 的比重由 49.49% 降低至 39.74%，下降 9.75 个百分点。按照资金流量表换算：1992—2006 年，政府收入增加 2.62 百分点，企业收入增加 5.01 个百分点；而居民收入则下降了 7.08 个百分点（《人民日报》2010 年 5 月 17 日第 18 版）。对于这种状况，群众的直接体验是："这些年，国家的财政收入高增长，企业的利润也是高增长，就是俺们的工资涨得慢。"

在现实中，上述情况与另一种分配差距扩大同时并存。在工资上涨赶不上企业利润的增长，广大工薪阶层可支配收入减少，随之带来消费能力下降的状况下，以工资为主要收入来源的中低收入人群与拥有投资收益的企业家、高管等高收入群体的收入差距进一步拉大，这必然强化矛盾的尖锐程度，对经济发展与社会稳定产生很大的负面影响。

应当注意的是，有些文章多少夸大了居民收入占比不断下降的现象。例如，有一种说法：西方市场经济国家中居民所得的占比是国民收入的 70% 以上，我国却只有不到 50%，就是因为政府在"蛋糕切分"中拿得太多。实际上，这种统计方法的结论有不实事求是的成分。如果从国家拿去多少来看，西方发达国家财政收入占 GDP 的比重在 40% 以上，发达国家

中的福利国家更是高达 50% 以上。国家财政部财政科学研究所所长贾康认
为："把不同参考系、不同口径和不同分配层次的数据放在一起，只会引
起认识上的混乱。"（《人民日报》2010 年 7 月 18 日第 13 版）此外，说我
国劳动报酬在国民收入中的占比低于其他发展中大国也不符合事实。从国
际口径统计结果看，从 1992 年到 2005 年，除了 2003 年低于 50% 外，我国
其他年份的劳动报酬占比均在 50% 以上。具体来看，印度、巴西和俄罗斯
的劳动报酬占比均在 40% 或以下；发达国家除澳大利亚接近 50% 外，其余
国家均在 50% 以上，最高的为美国，达 56.92%。由此可见，我国的劳动
报酬占比为 50.58%，处于中等偏上水平，高于金砖四国中的其他三国。
从数据看，中国的劳动收入占比与发达国家只差几个百分点，但为什么居
民的实际收入与发达国家居民却相差一大截？对此贾康认为，劳动收入占
比是指劳动收入占本国 GDP 的比重，虽然各国劳动收入在"占比"上相
差不多，但由于 GDP 的总量相差很大，人口数量相差很多，所以人均劳动
收入的差距也相当大。

但是，去掉过分夸张的劳动收入占比差距的因素，从总体上说，近十
年来，我国政府、企业分配份额呈现双增加态势，而居民分配份额则有所
下降，这是一个客观存在的事实，应当加以改变。

国家、企业与个人在国民收入分配上的占比问题，在社会主义条件下
实质上是一个投资与消费的比例关系问题，这两者之间的合理比例是经济
运行正常进行的客观要求。它还反映了经济发展的根本目的问题（经济发
展是以人为本，还是以物为本），对此应当加以科学分析。

改革开放以来，我们一再强调发展是硬道理，发展是党执政兴国的第
一要务，一切问题都只能在物质生产更快发展中得到解决。投资是经济增
长的驱动力和增效器，它从需要和供给两个方面对经济增长产生重大作
用。特别是在我国经济发展的现阶段，保持较高的投资率不仅是保证经济
较快增长所必需的，而且符合我国的基本国情和发展阶段的特征。但是，

我们应看到，如果脱离消费这个基础，投资过度膨胀，投资与个人消费的增长处于不合理比例的发展状态，投资就会表现为过剩状态，就会出现产能过剩；如果不能自觉从宏观上加以纠正，就会发生生产全面过剩，经济持续发展将成为不可能。

2000—2007 年，由于居民收入在国民收入分配中的比重持续下降，最终消费率从 65.5% 下降到 57.5%，下降 8 个百分点。储蓄率变化方面，1999—2007 年，我国总储蓄率从 37.1% 提高到 51.8%，提高 14.7 个百分点。其中，企业储蓄率从 14.6% 上升到 18.8%，政府储蓄率从 2.6% 上升到 10.8%，而居民家庭储蓄率从 19.9% 上升到 22.2%，仅提高 2.3 个百分点。这说明了投资率持续上升主要是政府和企业储蓄率上升的结果。因此，居民收入在国民收入分配中比重过低的根本问题是要纠正投资与消费的比例关系，即调整国民收入分配结构，这就要求提高劳动报酬在初次分配中的比重，改变企业"利润侵蚀工资"现象。具体办法包括完善最低工资标准制度，逐渐提高最低工资标准；落实企业工资指导线制度，健全企业职工工资随企业效益增长而增长的正常机制；及时发布劳动力市场工资指导价位，指导企业合理增长企业职工工资；探索落实工资集体协商制度，严格执行工资支付规定及国家的相关政策。

但我们也应看到，过度投资会造成经济波动。过度消费也同样会造成经济波动。虽然消费是生产的根本目的，但消费归根结底是由生产决定的，脱离生产发展的高消费是不可能实现的。我们说以人为本，决不能理解为在经济运行中，消费成为占首位的看法。我们提出科学发展观，强调第一要义是发展，没有生产的快速发展，提高人的消费就没有基础。但在我国的社会主义制度下，发展的核心是以人为本，即人的消费需要是我们发展生产的出发点和归宿点。我们既不能离开人的消费来谈发展生产，也不能离开生产发展谈提高人的消费。

因此，今天探讨调整国民收入分配结构和转变经济发展方式的问题，不是孤立地谈国民收入中劳动报酬在 GDP 中占比的高低问题。从经济科学的研究方面来说，实质上是回答积累（投资）与消费的比例关系问题，两者增长的比例怎样才是合理的？

积累（投资）与消费的比例关系是一个很复杂的问题。从理论上说，消费率是由积累率决定的。马克思曾经指出，积累率的决定没有客观规律，积累率"应当根据现有的物质和力量来确定，部分地应当根据概率计算来确定，但是这些扣除无论如何根据公平原则都是无法计算的。"（《马克思恩格斯选集》第 3 卷，第 303 页）这实际上是说，生产发展的速度决定消费增长的速度；同时，生产发展的速度又依赖于消费增长的速度。这是就两者的一般关系来说的。就我们社会主义制度国家来说，我们总体经济发展是由国家制定的长期规划和年度计划规定的，规划和计划都是以满足全体社会成员的物质文化需要为出发点和归宿点的。因此，在社会主义条件下，积累与消费的关系实际上是正确处理人民的长远利益和当前利益两者关系的问题。显然，按照怎样的比例，这里是没有客观规律可以遵循的。这就决定了矛盾解决的难度。毛主席在 1957 年发表的《关于正确处理人民内部矛盾的问题》一文中就指出，积累与消费的矛盾是属于人民内部矛盾，这是社会主义条件下最难以解决好的问题。因此，当前我国国民收入分配结构上存在的劳动报酬占比过低问题，主要不是以人为本还是以物为本二者孰轻孰重的问题，而是正确处理积累与消费的比例关系。这里也不是所谓实现社会公平正义的问题，而是要根据现实经济发展过程中出现的矛盾加以正确处理的问题。

前一时期，中国作为一个发展中国家处于工业化阶段，投资占比较大是必要的、适当的，否则就不能保证国家的必要发展速度，人民生活也得不到提高。当前，经过一段时期的快速发展后，出现了个人收入占国民收入的比例连续下降的情况，已经影响到经济的进一步发展，这就要求调整国民收入分配结构，逐步提高劳动收入在国民收入分配中的比重。

从这个意义上说，国民收入分配结构上存在的劳动报酬占比过低问题的矛盾的性质并不主要是关系社会的公平正义问题，而是一个正确处理积累与消费二者比例关系的问题。这个问题，在我国制订第一个五年计划时和第八次党代表大会上，就作为一个专门科学研究的问题提出了。长期以来，这个问题未能很好地解决，仍然需要继续深入研究，以得出科学的结论。

当前，为了正确处理投资与消费之间的比例关系，有必要提高个人收入在国民收入中的比例，制订提高工资水平的具体措施。此外，从政府方面来说，还应调整财政支出结构和政府投资结构，其主要可以从以下三个方面着手。一是政府储蓄应主要用于增加公共财政支出，缩小医疗卫生、教育等公共产品和服务的供给缺口，加速建立全民的基本社会保障体系。二是政府投资应主要转向公共事业领域，尤其是地方政府应减少生产建设投资。三是应适当提高中央国有企业利润上缴的比例。

二　国民收入分配格局中社会成员之间收入差距过大问题

决定收入是否合理、公平，不是依据所谓的社会公平、正义的抽象原则，而是依据是否适合一定的社会生产方式和是否适应社会生产力发展和物质财富增长的需要。我国是社会主义国家，目前还处于社会主义初级阶段，社会主义经济制度占主导地位，按劳分配是符合客观规律的分配关系。只有依据是否符合这种生产关系以及符合的程度，才能判断什么是公平、正义，什么是不公平、非正义。

关于居民之间收入差距的存在和大小问题也是一个复杂问题，是不容易解决的。应对这些差距的产生进行科学分析，弄清楚哪些差距是合理的，哪些是不合理的；哪些差距的扩大是不可避免的、有积极意义的，哪些差距是不合理的，只有消极作用；在这些不合理的差距中哪些是政策不当造成的，哪些是因管理缺位、工作失误造成的。

在社会主义阶段，特别是在社会主义初级阶段，人们之间收入存在差别是一种客观必然。有人说，社会主义的最高原则就是实现社会公平。这种表述只能说是一种人们的日常说法和普通话语。一般来说，广大群众也会理解其大致含义，但它不是一种科学认识的表达。因为公平、正义是一种伦理道德观念和法学方面的概念。这些概念从有人类以来，到资本主义的整个人类社会都始终存在，都受到人们的钟爱，并不断被许多人重复。但公平、正义本身只是一种日常观念或法律形式，往往没有显示它具体的社会内容。在不同社会制度下，它的内容是根本不同的。其内容完全是由与抽象的公平、正义观念不同的现存关系决定的。

马克思在讲到关于公平、正义时说："这种经济交易作为当事人的意志行为……表现在法律形式上，这些法律形式作为单纯的形式，是不能决定这个内容本身的。这些形式只是表现这个内容。这个内容只要与生产方式相适应和相一致，就是正义的；只要与生产方式相矛盾，就是非正义的。在资本主义生产方式的基础上，奴隶制是非正义的；在商品质量上弄虚作假也是非正义的。"（《资本论》第3卷，第379页）恩格斯也讲过："关于永恒公平的观念不仅因时因地而变，甚至也因人而异……一个人有一个人的理解。在日常生活中，需要加以判断的各种情况很简单，公正、不公正、公平和法理等这一类说法甚至应用于社会事务也不致引起什么误会，可是在经济关系方面的科学研究中，如我们所看到的，这些说法却会造成一种不可救药的混乱。"（《马克思恩格斯选集》第3卷，第212页）用这些理论审视那些把公平、正义作为依据来判断我国现阶段的个人收入差别的人的看法，不难看出，他们并没有给予正确看待这些差距的科学思维方法，不清楚怎样的差距是公平，怎样的差距是不公平。因此，公平、正义这样的抽象观念不能提供能够作为制定或理解党的分配政策的理论根据。

中国现阶段居民收入差距的原因大体有以下五类。第一类是因个人诚实劳动的努力程度和辛苦程度不同，或者因个人禀赋或能力不同，这些都属于劳动贡献上的差别。第二类是因对生产要素占有上的差别，如掌握有用于投资的资本数量不同。第三类是因分配制度不健全。例如，一些垄断性行业职工的收入明显高于非垄断性行业职工的收入。第四类是因制度法规不规范，即人们称之为灰色收入。第五类是因贪污腐败或不法行为而获得的非法收入，这被称之为黑色收入。这些形成居民收入差距的原因，显然不能简单地用是否公平、正义来作出准确判断，而只能依赖于分析各自对生产方式的作用加以断定。

中国是社会主义国家，目前还处于社会主义初级阶段，社会主义经济制度即公有制占主导地位，按劳分配是符合客观规律的分配关系。只有依据是否符合这种生产关系以及符合的程度，才能判断什么是公平、正义，什么是不公平、非正义。

由此看来，上述第一类的收入差别，应被认为是公平、正义的。在现实中，有些差距会逐步缩小，有些还会需要扩大。第二类收入差别，也应视为是公平的、正义的。因为在社会主义初级阶段，多种所有制经济共同发展是我们现阶段的基本经济制度，生产要素的所有者按其投入社会中的有益的活动的资本量获取收入，是适合现阶段生产力发展需要的。尽管它还包含剥削关系，也应视为是公平的、正义的，应当坚持的。第三类收入差别的判断复杂一些。在资本主义条件下，私有制占支配地位，不同企业，不管是垄断性的，还是非垄断性的，决定职工的收入水平是企业的权利，无论收入水平规定得多高，都是合法的，也被认为是公平的。而在我国社会主义公有制条件下，国有企业属于全民所有制，这就决定了任何全民企业的职工收入都必须遵循按劳分配的原则，保证全国国企的职工都平等地按照其劳动贡献获取报酬。一些垄断性企业职工的过高收入，是不符合按劳分配原则的,因而是不公平的,应当加以纠正。第四类被称之为灰色收入的非法收入。由于既不是因为付出更多劳动,也不是因为付出了更多的生产要素,因而多得的收入应被认为是不公平的,必须通过整改加以取消。第五类的黑色收入,已经属于犯罪,理所当然地应认为是不公平、非正义的,应坚决加以取缔、惩处。

从以上分析可以看出,这里决定收入是否合理、公平,不是依据所谓的社会公平、正义的抽象原则,而是依据是否适合一定的社会生产方式和是否适应社会生产力发展和物质财富增长的需要。在国民收入分配结构的调整和分配体制改革以及经济发展方式的转变中,一定要遵循马克思主义历史唯物主义的基本原理来判定分配关系的改革和调整。所谓社会公平正义抽象原则不可能给我们提供任何理论依据。至于具体的差距应当是多大,除了依据劳动贡献这一规律性原则外,具体如何操作,不是理论问题,而是实践问题,要依据现实的经济社会条件和实践结果进行具体研究及实际操作。

(来源:《改革与战略》2010 年第 11 期)

关于两极分化问题的几点思考

周新城　中国人民大学马克思主义学院教授

必须坚持公有制为主体，注意不要使两极分化现象普遍化、严重化。在公有制占主体地位的条件下发展非公有制经济，那么在分配领域就可以坚持以按劳分配为主、多种分配方式相结合的原则，两极分化就可以控制在允许的范围内，从而保证改革沿着社会主义方向健康地发展。发展公有制经济、巩固公有制的主体地位，是防止两极分化的根本措施。

当前，思想理论界有关两极分化问题的讨论十分热烈，看法很不一样。尽管有少数学者否认两极分化现象的存在，但大多数学者认为我国两极分化已经十分严重。他们指出，1978 年我国基尼系数仅为 0.16，而 2003 年上升为 0.458，目前我国基尼系数已达到 0.53 或 0.54，大大超过国际上公认的基尼系数为 0.3—0.4 的"社会失衡临界点"，接近"社会动荡临界点"。他们大声疾呼，解决两极分化问题已经迫在眉睫。

问题的焦点是，两极分化是怎么产生的，怎样才能消除两极分化现象？有的学者提出，国有经济是两极分化的根源。他们说，国有企业是垄断企业，收入高，所以引起两极分化。仿佛只要取消了国有经济，就可以消除两极分化。这是一种反对国有经济、主张私有化的论调，必须认真对待。

从现象上看，两极分化是分配问题：有的人收入多，生活富裕；有的人收入少，生活困顿。但是，并不是所有的收入差距都叫两极分化，两极分化是特定生产关系的反映。按照马克思主义的观点，在任何一个社会里，分配方式都不是人们主观的选择，不是随意地确定的，而是由生产方式客观地决定的。马克思指出："分配本身是生产的产物，不仅就对象而言是如此，就形式而言也是如此。就对象而言，能分配的只是生产的成果，就形式而言，参与生产的一定方式决定分配的特殊形式，决定参与分配的形式。"社会产品如何进行分配，是具有客观必然性的，人们可以改变分配的具体做法，但分配的性质和方式却是事先由生产方式决定了的。"消费资料的任何一种分配，都不过是生产条件本身分配的结果；而生产条件的分配，则表现生产方式本身的性质。"我们研究两极分化问题，不能停留在分配关系的表面现象上，而应该深入到决定分配方式的生产方式中进行分析。

一 两极分化是马克思分析资本主义积累一般规律时提出的论断

两极分化是以资本与劳动的对立为基础的资本主义生产关系的产物，是资本主义积累的一般规律的表现。只要存在资本与劳动的对立，两极分化就是不可避免的。

一般来讲，人们在使用"两极分化"这一概念时，指的是这样一种社会现象：一极是财富的积累，另一极是贫困的积累。马克思最早科学地分析了这种社会现象的根源。马克思指出："社会的财富即执行职能的资本越大，它的增长的规模和能力越大，产业后备军也就越大"，"这种后备军越大，常备的过剩人口也就越来越多，他们的贫困同他们所受的劳动折磨成正比。最后，工人阶级中贫苦阶层和产业后备军越大，官方认为需要救济的贫民也就越多。这就是资本主义积累的绝对的、一般的规律。""这一规律制约着同资本积累相适应的贫困积累。因此，在一极是财富的积累，同时在另一极，即在把自己的产品作为资本来生产的阶级方面，是贫困、劳动折磨、受奴役、无知、粗野和道德堕落的积累。"

从马克思对资本主义积累一般规律的分析中可以看出，两极分化是资本与劳动对立所产生的社会现象，因而它本质上是资本主义生产关系的反映。马克思指出："无产和有产的对立，只要还没有把它理解为劳动和资本的对立，它还是一种无关紧要的对立，一种没有从它的能动关系上，它的内在关系上来理解的对立，还没有作为矛盾来理解的对立。"

资本和劳动的两极对立是资本主义经济关系的本质，财富与贫困的两极对立则是资本与劳动对立的表现形式。因此，只有从分析资本与劳动的对立入手，即只有分析资本主义经济关系，才能把握两极分化的实质。

资本与劳动的对立，根源于生产资料占有的不平等。在封建社会末期，随着商品经济的发展，价值规律的作用使得商品生产者发生分化，形成了一极占有生产资料，另一极丧失生产资料的局面。资本原始积累大大加快了这种分化的进程。15世纪的地理大发现以后，新兴资产阶级通过暴力手段剥夺直接生产者，使生产资料和货币财富迅速集中到少数资本家手里，而广大劳动者被剥夺得除了劳动力外，别无其他。这种少数人占有生产资料、大多数生产者丧失生产资料两极的出现，是产生资本与劳动对立的基础。

生产资料占有的不平等是在私有制基础上出现的，因而两极分化是以私有制的存在为前提的。没有私有制，就不会有两极分化。而在资本主义生产方式下，两极分化被大大加剧。在资本主义私有制下，一方面，资本追逐价值的增值，而价值是无差别的，价值的增值没有任何界限，使得作为资本人格化的资本家就有榨取剩余价值的无限的冲动，他不断地把剩余价值转化为资本，以获取更多的剩余价值。这就造成财富越来越多地集中在资本家手里。另一方面，随着资本有机构成的提高，形成了产业后备军。大量产业后备军的存在，使得资本家有可能压低工人的工资，加强对工人的剥削，从而造成贫困在劳动者一极积累起来。这两方面相辅相成、互相促进。工人创造的剩余价值转化为资本，而资本的积累又加强了对工人的剥削，从而造成财富与贫困两极分化越来越加剧。

可以说，两极分化是以资本与劳动的对立为基础的资本主义生产关系的产物，是资本主义积累的一般规律的表现。只要存在资本与劳动的对立，两极分化就是不可避免的。两极分化必然导致无产阶级与资产阶级之间阶级矛盾的尖锐化。资产阶级学者从为资本主义制度辩护的需要出发，不能也不愿意揭示两极分化背后的阶级对立。因此，往往用收入的差距、生活富裕程度的差异（例如基尼系数）来说明两极分化这种社会现象。无疑，像基尼系数这类指标在一定程度上是可以反映社会上贫富悬殊的状况的。但是，第一，它只是停留在现象的描述上，而没有透过这种现象揭示出问题的本质，没有找出产生这种现象的根源；第二，这类指标没有阶级分析，把在社会经济关系中处于不同地位的不同阶级混淆在一起，从而掩盖了阶级矛盾。所以，我们可以运用基尼系数来观察社会上的两极分化现象，但必须注意到这一指标的局限性。从本质上讲，我们还是应该根据马克思主义的资本积累一般规律来分析两极分化问题。

在资本主义社会里，两极分化现象激化了阶级矛盾，威胁到资产阶级的政治统治。为了缓和阶级矛盾，资本主义国家采取一系列措施来限制、缓解两极分化。例如，对高收入者的收入实行累进所得税，对生活困难者发放各种补贴，普遍实行社会保障等等。然而资本主义国家的社会福利政策，是在维护资本对劳动的剥削的前提下推行的，它并没有消灭资产阶级私有制和雇佣劳动制度。劳动人民得到的"社会福利"，并不是资产阶级恩赐的，它实际上是劳动者自己的劳动成果。社会福利政策的实施，只是表明"雇佣工人为自己铸造的金锁链已经够长够重，容许把它略微放松一点"而已。资本主义国家的大量事实证明，这种福利政策没有也不可能解决财富在一极积累，贫困在另一极积累的问题，恰恰相反，随着资本的积累和集中，两极分化现象更加严重了。按照发达资本主义国家的经济水平及其拥有的物质财富，是具备消灭贫困的条件的，然而正如西方的一些学者指出的，资本主义不是不能消除贫困，而是这一制度需要贫困。消除两极分化，必须消除资本与劳动的对立，舍此别无他途。

二　建立生产资料公有制才能为消除两极分化奠定基础

资本主义生产关系是两极分化的根源，因此只有消灭资产阶级私有制，建立社会主义公有制，才有可能消除两极分化这种社会现象。

资本主义生产关系是两极分化的根源，因此只有消灭资产阶级私有制，建立社会主义公有制，才有可能消除两极分化这种社会现象。

在公有制的条件下，生产资料归劳动者共同所有，在生产资料占有方面劳动者都是平等的所有者。像列宁说的那样："全体公民在同整个社会的生产资料的关系上处于同等的地位，这就是说，全体公民都有利用公共的生产资料、公共的土地、公共的工厂等进行劳动的同等的权利。"这就排除了任何个人凭借生产资料所有权无偿地占有他人剩余劳动产品的可能。生产资料的公有制，一方面使得人们向社会提供的除了自己的劳动外，谁都不能提供其他任何东西，另一方面，除了个人的消费资料外，没有任何东西可以转为个人的财产。人们不能不劳而获，只能依靠自己的劳动从社会领得消费品。

在社会主义条件下，由于生产力还不够发达，因而还不可能实行按需分配原则。加上社会主义是"刚刚从资本主义脱胎出来的在各方面还带着旧社会痕迹的"社会，旧的分工依然存在，城市与乡村之间、脑力劳动与体力劳动之间、复杂劳动与简单劳动之间的差别还没有消灭，劳动还不能成为人们生活的第一需要，而仅仅是谋生的手段。在这种条件下，劳动者取得物质生活资料的多少，同他们付出的劳动之间，必然具有内在的数量依存关系，要以劳动为尺度来分配个人消费品，实行按劳分配。

可见，社会主义公有制决定的按劳分配原则的主要含义是，任何人只能凭借劳动取得生活资料。在公有制占统治地位的社会主义社会里，社会所生产的总产品，在扣除了用来补偿消耗掉的生产资料的部分，用来扩大生产的追加部分，用来应付不幸事故、自然灾害等的后备基金或保险基金以后，全部按照劳动的数量和质量在劳动者之间进行分配。这是同私有制基础上的尤其同资本主义的分配方式根本不同之处。这种由公有制决定的分配方式，具有不以人的意志为转移的客观必然性。当然，在社会主义的不同发展阶段上，根据不同国家的具体国情，按劳分配的具体实现形式是会有区别的，但在公有制范围内必须也只能实行按劳分配原则，这一点是不会改变的。

实行按劳分配，虽然由于劳动能力不一样、赡养人口不一样，人们的生活还会有一定的差别，但是由于排除了生产资料参与分配，就不会出现一极财富积累另一极贫困积累的现象，这是消除两极分化的根本条件。

理论与实践都表明，公有制以及由它决定的分配方式，为消灭剥削、消除两极分化奠定了基础。那些把公有制当做两极分化的根源，认为取消国有经济、实行私有化才能消除两极分化的观点，岂不是同现实完全背道而驰了吗？

不可否认，当前我国国有企业内部的分配制度存在许多不合理之处，不能完全体现按劳分配的原则。这是需要在实际工作中通过改革加以解决的。但绝不能利用国有企业工资制度中不完善、需要改革的具体问题，来否定国有企业分配制度的根本性质，更不能把这些具体问题上纲为两极分化进而否定国有经济。

三　在社会主义初级阶段如何对待两极分化

在公有制占主体地位的条件下发展非公有制经济，那么在分配领域就可以坚持以按劳分配为主、多种分配方式相结合的原则，两极分化就可以控制在允许的范围内，从而保证改革沿着社会主义方向健康地发展。发展公有制经济、巩固公有制的主体地位，是防止两极分化的根本措施。

改革开放以来，人们收入来源逐渐多样化，中国社会各个阶层收入差距逐渐扩大，出现了富裕程度不均甚至贫富悬殊的现象。舆论界对两极分化问题议论纷纷，正是对这种现象的反映。

有人认为，两极分化问题，只要在分配政策上采取一些措施缩小贫富差别就可以解决。然而生活资料占有的差距，即生活富裕程度的差距，只是浮在社会表面的现象。两极分化现象背后的本质是生产资料占有不平等，是资本与劳动的对立，不是分配领域的问题。经济学的任务是揭示产生这种现象的根源，从而为消除这种现象找到正确的途径。马克思对两极分化的分析，不是停留在对这种现象进行谴责、表达义愤上，而是科学地指出，两极分化是在资产阶级私有制基础上的资本主义积累一般规律的表现。只有消灭资产阶级私有制以及由此产生的资本与劳动的对立，才能从根本上解决两极分化问题。

中国正处在社会主义初级阶段。中国的所有制结构是复杂的，既有占主体地位的公有制，又有个体经济、私营企业、三资企业等非公有制经济。非公有制经济已经成为社会主义市场经济的重要组成部分。不同的所有制形式决定不同的分配方式。在国有企业、集体企业里，生产资料公有制决定了分配领域实行按劳分配原则，消灭了剥削和两极分化根源，为实现共同富裕奠定了基础。毫无疑问，在贯彻按劳分配原则时，既可能出现平均主义的倾向，也可能出现差别过大的现象，但这都只是实际工作中的问题，完全可以通过调整政策加以纠正。在私有制范围内，情况就根本不同。生产资料私有制决定的分配方式只能是按要素分配。在我国，私有制有多种形式，性质不一样，分配方式也不完全一样。就私营企业、外资独资企业以及合资企业中的非公有部分而言，它们具有资本主义性质。毫无疑问，与资本主义社会相比较，在中国共产党领导和公有制为主体的政治经济条件下，这些资本主义性质的经济受到社会主义"普照之光"的影响，其经营的外部环境、经济运行的具体条件显然不同，因而具有自己的特点。但是，决定其性质的内部经济关系，却没有发生本质的变化。在这些经济成分中，生产资料归资本家私人所有，他们雇佣工人进行劳动，并无偿地占有工人所创造的剩余价值。这种经济关系仍然存在资本与劳动的对立，资本积累的一般规律仍然在起作用（尽管其作用范围受到很大限制，作用的形式也有很大变化），因而在这些经济成分的范围内，两极分化现象是难以避免的。

有人担心，承认在一定范围内存在两极分化，会不会影响改革开放的形象？的确，邓小平曾经说过："社会主义的目的就是要全国人民共同富裕，不是两极分化。如果我们的政策导致两极分化，我们就失败了……"我认为，这一论断，第一是就发展趋势而言的，第二是就社会整体而言的。如果我们的改革导致两极分化越来越严重，以致成为社会的主流现象，这种改革就违背了"消除两极分化"这一社会主义本质的要求，从改革的社会政治方向来说，改革当然是失败的了。这一论断并不意味着不允许在一定范围内存在两极分化现象。我们根据社会主义初级阶段生产力发展的要求，不仅允许，而且鼓励和支持非公有制经济的存在和发展，那么就应该承认由资本与劳动的对立所决定的两极分化也是一种客观的存在，毋庸讳言。邓小平晚年根据社会实际情况，就明确指出："我们讲要防止两极分化，实际上两极分化自然出现。要利用各种手段、各种方法、各种方案来解决这些问题。"邓小平关于两极分化的论断只是告诫我们，改革必须坚持社会主义方向，必须坚持公有制为主体，注意不要使两极分化现象普遍化、严重化。在公有制占主体地位的条件下发展非公有制经济，那么在分配领域就可以坚持以按劳分配为主、多种分配方式相结合的原则，两极分化就可以控制在允许的范围内，从而保证改革沿着社会主义方向健康地发展。发展公有制经济、巩固公有制的主体地位，是防止两极分化的根本措施。正如邓小平所指出的："只要我国经济中公有制占主体地位，就可以避免两极分化。"

在社会主义初级阶段，我们应该如何对待两极分化呢？

应该按照历史唯物主义关于生产关系与生产力的相互关系的原理来理解和对待两极分化；应该采取措施，缓和两极分化带来的社会矛盾；应该明确，我们的最终目的是在消灭私有制基础上彻底消灭剥削、消除两极分化现象。但是，这一目的需要随着条件的成熟逐步实现。

第一，应该按照历史唯物主义关于生产关系与生产力的相互关系的原理来理解和对待两极分化。既然两极分化是资本主义经济关系必然产生的社会现象，那么评价两极分化实质上就是评价资本主义生产关系的历史作用。从道义上讲，共产党人是要谴责两极分化的，我们搞社会主义就是要消除两极分化。但对我国在一定范围内存在的两极分化现象，应采取历史唯物主义的态度。在社会主义初级阶段，具有资本主义性质的私营企业、外资企业，对国民经济的发展起着积极作用，因而我们对在此基础上产生的两极分化现象是允许存在的。我们对两极分化的政策，不能从道德观念、思想感情出发，而应该立足于在我国当前历史条件下是否有利于生产力发展这一价值判断。

第二，应该采取措施，缓和两极分化带来的社会矛盾。虽然在目前条件下，两极分化在一定范围内难以避免，但是必须看到，两极分化现象如果听任其发展是会激化社会矛盾，引起社会不稳定，甚至导致政局动荡的。因此，在允许存在两极分化的同时，应该采取措施。一方面要通过积极发展公有经济、增强公有制的主体地位把两极分化控制在一定范围内；另一方面要限制两极分化带来的消极影响，缓和社会矛盾。在初次分配领域，应该严格贯彻《劳动法》，并在非公有制企业里建立党组织和工会组织，切实保障工人的权益，保证工人在市场上能按照劳动力价值出卖劳动力，不仅保证满足再生产劳动力的生理要求，而且力争实现再生产劳动力的社会历史因素的要求。借口"改善投资环境"而人为地压低工人工资、从而扩大两极分化现象的做法是不可取的。在再分配领域，除了严厉打击偷税漏税、侵吞国有资产、行贿等违法行为外，还需要通过征收个人收入的累进所得税、扩大社会保障等办法缩小贫富差距。在第三次分配领域，应大力提倡和鼓励富裕群体捐资慈善事业。总之，要在分配的各个领域采取有力措施，尽可能缩小两极分化带来的消极影响，缓和社会矛盾。

第三，应该明确，我们的最终目的是在消灭私有制基础上彻底消灭剥削、消除两极分化现象。但是，这一目的需要随着条件的成熟逐步实现。目前允许剥削、两极分化在一定范围的存在，并不是我们的目的，在分配领域采取一些缩小收入差距的措施，也不是共产党所追求的公平的标志。我们是利用资本主义性质经济的积极作用，发展生产力，为将来消灭资本主义，最终消除剥削、两极分化创造条件。当然，这是一个十分漫长的历史过程。消灭剥削、消除两极分化，是社会主义的本质要求，也是我们党的一切工作的长远目标。忘记了党的最终奋斗目标，不把当前的一切工作看做是朝最终目标前进的一步，不是合格的共产党员。

（来源：《国企》2011 年第 8 期）

中国个人收入分配的主要问题与对策

郭　飞　对外经济贸易大学中国经济发展研究中心主任、国际经贸学院教授

王　飞　对外经济贸易大学国际经贸学院副教授

切实理顺个人收入分配关系，构建效率与公平相统一的橄榄型个人收入分配新格局，促进社会和谐稳定，是我们在建设社会主义现代化强国进程中长期面临的一项艰巨复杂的重要任务。

改革开放以来，中国的个人收入分配状况发生了巨大而深刻的变化。一方面，传统经济体制下的平均主义分配被逐步破除，广大居民的收入水平和生活状况得到显著改善；另一方面，权力寻租、部分垄断性行业不合理的高收入、利润侵蚀工资、贫富悬殊等问题也愈益突出，引起了广大群众的强烈不满和整个社会的高度关注。切实理顺个人收入分配关系，构建效率与公平相统一的橄榄型个人收入分配新格局，促进社会和谐稳定，是我们在建设社会主义现代化强国进程中长期面临的一项艰巨复杂的重要任务。

一　中国当前个人收入分配存在的主要问题

中国当前个人收入分配主要存在四大问题：权力寻租较为猖獗，黑色收入屡打不绝；部分垄断性行业不合理的高收入问题相当突出；利润侵蚀工资，劳动报酬在国民收入初次分配中占比过低；个人收入差距持续显著扩大，全国的基尼系数逼近（或进入）危险区，部分社会成员贫富悬殊。

笔者认为，中国当前个人收入分配主要存在四大问题。

（一）权力寻租较为猖獗，黑色收入屡打不绝

寻租的经济学本义是指为维护既得经济利益，设法取得或维持垄断经济利益，或是对既得经济利益进行再分配的非生产性活动。权力寻租在此是指握有行政、经济等权力的官员或工作人员通过非法或不正当途径获取经济利益的行为。近些年来，尽管我国不断出台新的法律法规进行治理，但权力寻租行为却有增无减，愈演愈烈，且呈现出如下特点：

1. 权力寻租者的范围越来越广。"部门权力利益化，部门利益个人化，个人利益商品（货币）化"，已成为权力寻租者的"潜规则"。权力寻租者不仅包括某些握有行政、经济权力的政府官员和企事业单位负责人，甚至连某些握有非行政、经济权力的记者、编辑、教师和医生等也深陷其中，后者利用其特殊权力向需求方公开或变相索要"版面费"、"赞助费"、"红包"等黑色收入。

2. 权力寻租者中官员的行政级别越来越高。2003—2007 年，我国司法机关就查处因权力寻租涉嫌犯罪的省部级以上干部 35 人。原上海市委书记、政治局委员陈良宇是新中国成立以来因滥用职权、收受贿赂而被查处的最高级别的官员之一。他违规挪用社保基金 10 亿元，违规擅自决定某国有企业低价转让股权（给企业造成直接经济损失 3.2 亿元），违规为其弟

陈良军征用土地（给国家造成直接经济损失 3441 万元，间接经济损失
1.18 亿元），他本人则从中索取或受贿 239 万元。

3. 权力寻租的租金规模越来越大。中国石油化工集团原总经理、中国
石油化工股份有限公司原董事长陈同海，从 1999 年到 2007 年 6 月，利用
职务之便在企业经营、转让土地、承揽工程等方面为他人谋取利益，收受
贿赂折合人民币 1.9573 亿元。在我国国有或集体企业改制的过程中，不少
企业负责人内外勾结，大肆侵吞公有资产，导致了公有资产大量流失。

4. 权力寻租的方式越来越隐蔽。其重要方式之一是某些握有重要权力
的政府官员和企事业单位负责人的间接寻租，主要表现形式有三：一是，
权力寻租者作为甲方满足或实现了乙方提出的某种要求，乙方则通过丙方
对甲方给予某种方式的"回报"；二是，权力寻租者并非掌权者本人，而
是掌权者的亲属或其身边工作人员，后者利用与掌权人的特殊关系获取了
大量"租金"，有些人甚至变成了"超级富豪"；三是，权力寻租者获得的
非法收入由于规避查处等原因，大多落到了其亲属的名下。

权力寻租者攫取的非法收入，是我国当今社会中黑色收入的主体。此
外，我国还有"黄"（经营色情行业）、"蓝"（海上走私）、"白"（贩卖
毒品）、"黑"（组织生产假冒伪劣商品与制造、贩卖假币、开设赌场及偷
漏骗税）等几种人，通过种种非法途径攫取了大量的黑色收入。

（二）部分垄断性行业不合理的高收入问题相当突出

本文在此所指的部分垄断性行业，是指我国广播电视、烟草、军工等
某些带有浓厚行政垄断色彩的高收入行业和金融、铁路、邮政、水电、电
信、石油、石化等某些兼具自然垄断与行政垄断性质的高收入行业。这些
垄断性行业的高收入在较大程度上不是取决于其自身的贡献或绩效，而是
取决于其对资源、市场的垄断与国家的政策保护。这些垄断性行业不合理
的高收入，其主要表现有二：

1. 行业平均收入明显偏高。2008 年，我国证券、银行和保险业职工平

均工资分别为 172123 元、62254 元和 41190 元，是当年全国各行业职工平均工资 29229 元的 5.89 倍、2.13 倍和 1.41 倍。有学者根据调查数据撰文指出，2005 年，我国电力、电信、石油、金融、水电、烟草等垄断性行业的职工约为 833 万人，尚不足全国职工总数的 8%；但其行业工资和工资外收入总额估算为 1.07 万亿元，相当于当年全国职工工资总额的 55%。

2. 行业内企业高管收入畸高。2008 年，中国银行信贷风险总监詹伟坚的薪酬为 1181.1 万元。而作为非国企的中国平安保险公司董事长兼 CEO 马明哲，在 2007 年则领取了总计为 6621.1 万元的薪酬（含税前工资 489.1 万元和奖金 6132 万元），创下当年金融企业高管薪酬之最。必须指出，企业高管薪酬，通常只是其实际收入的一部分；企业高管掌控的金额较大的职务消费，通常也有相当数量通过各种形式转化为其实际收入。

（三）利润侵蚀工资，劳动报酬在国民收入初次分配中占比过低

利润侵蚀工资主要有两种表现：

1. 压低职工（特别是农民工）工资，克扣和拖欠工资。压低职工工资在非国有企业特别是在非公有制企业中较为常见，而把工资压得最低的乃是农民工工资。农民工工资普遍偏低的主要表现是：（1）工资标准较低。（2）同工不同酬的现象较为普遍。在不少单位中，农民工在同样岗位上工作，其工资仅为城镇职工工资的一半。（3）工资增长缓慢。20 世纪 90 年代以来，珠三角生产总值年均增速超过 20%，但当地农民工月工资在 12 年中仅增长 68 元。如果扣除物价上涨因素，实际工资很可能是负增长。（4）不少企业不给农民工缴纳"三险一金"（基本养老、医疗、失业保险金和住房公积金）。（5）农民工劳动时间普遍明显超过《劳动法》的相关规定，并且得不到相应补偿。

2. 最低工资标准偏低。首先，我国制定的最低工资标准没有涵盖"三险一金"。其次，我国最低工资标准与社会平均工资的比例明显低于世界平均水平。世界上大部分实行最低工资制度的国家，其最低工资标准与社会平均工资的比例一般在 40%—60% 之间。2008 年，我国的最低工资标准则仅占社会平均工资的 26.35%。最后，最低工资标准在实践中往往成为不少企业特别是某些私营企业对一般员工工资的执行标准，防止利润侵蚀工资的工具被扭曲利用为利润侵蚀工资的工具。

利润侵蚀工资的直接后果就是劳动报酬在国民收入初次分配中的占比偏低。2000—2007 年，我国劳动者报酬在国民收入初次分配中的比重从 51.4% 降至 39.7%。从全局和长远来看，劳动报酬在国民收入初次分配中占比过低对我国经济与社会发展极为不利。一是它表明劳动者的经济地位相对下降，从而弱化了按劳分配方式的主体地位，这与我国社会主义制度的基本性质是相悖的；二是它必然引起居民消费占 GDP 比重的下降，从而导致消费与投资的比例失调，不利于扩大国内消费需求和优化产业结构；三是它不利于国民经济持续平稳较快发展与构建社会主义和谐社会。

（四）个人收入差距持续显著扩大，全国的基尼系数逼近（或进入）危险区，部分社会成员贫富悬殊

改革开放以来，特别是 20 世纪 90 年代以来，我国个人收入差距总体上呈现显著扩大的态势。一是不同所有制经济单位职工工资差距明显扩大。1978 年，国有单位职工平均工资为 644 元，城镇集体单位职工平均工资为 506 元，两者的比例为 1.27：1；2008 年，国有单位和城镇集体单位职工的平均工资分别为 30287 元和 18103 元，两者的比例扩大到 1.67：1。二是不同行业职工工资差距显著扩大。1978 年，我国工资最高的行业为地质普查和勘探业，职工平均工资为 809 元；工资最低的行业为农、林、牧、渔、水利业，职工平均工资为 486 元，两者的比例为 1.66：1。2008 年，我国工资最高的行业为金融业，职工平均工资为 61841 元；工资最低的行业为农、林、牧、渔业，职工平均工资为 12958 元，两者的比例扩大到 4.77：1。三是不同地区个人收入差距持续扩大。其主要表现为各地区城镇居民人均收入差距、各地区农村居民人均纯收入差距和城乡居民收入差距均有明显扩大。就城乡居民收入差距而言，1978 年，城镇居民人均可支配收入为 343.4 元，农村居民人均纯收入为 133.6 元，两者的比例为 2.57：1；2009 年，城镇居民人均可支配收入为 17175 元，农村居民人均纯收入为 5153 元，两者的比例扩大为 3.33：1。四是不同群体个人收入差距急剧扩大。从微观来看，非公有制经济中私营企业和三资企业中的雇主和雇工的收入差距十分悬殊，某些公有制企业中的高管人员薪酬与普通职工工资也相差几十倍甚至上百倍。从宏观来看，畸高收入群体与贫困群体的收入差距非常悬殊。根据《2009 福布斯中国富豪榜》公布的数据，位居榜首的大陆富豪王传福的个人资产总值高达 396 亿元。而 2009 年末，我国有 2347.7 万城市居民得到政府最低生活保障，有 4759.3 万农村居民得到政府最低生活保障，总计有 7107 万人生活在贫困线之下，约占全国总人口的 5.3%。

国际上通常采用基尼系数作为衡量个人收入分配差距是否适当的基本指标。国内外学者普遍认为我国十余年来基尼系数不断攀升，明显偏高。著名经济学家赵人伟指出：对于全国的基尼系数，概括起来可以分为以下三种不同的估计，即低估为 0.4 左右，中估为 0.45 左右，高估为 0.5 左右。如果撇开计算方法的差异，三种不同估计的差别是：第一种估计主要考虑货币收入，而较少考虑实物收入特别是补贴收入；第二种估计则是较多地考虑了货币收入和实物收入；第三种估计则不仅考虑了货币收入和实物收入，也考虑了非法收入和非正常收入。笔者认为，尽管近年来我国在建立农村居民低保制度、提高低收入者工资和健全社会公共福利等方面采取了一些新举措，使我国最低收入群体的收入水平有所提高，但我国最高收入群体的收入则主要由于财产性收入和经营性收入的双重叠加而增速更快。因此，赵人伟的上述概括仍较符合我国当前个人收入分配差距的实际状况。换言之，我国当前的基尼系数，若不考虑非法非正常收入，则是逼近了危险区（0.5）；若考虑非法非正常收入，则已经进入了危险区。

在此，笔者有必要强调四点。一是中国在经济体制转轨的过程中个人收入差距持续显著扩大，既有合法和合理的因素在发生作用，也有非法和不合理的因素在发生作用，并不能一概否定，否则就可能导致退回到平均主义分配的传统经济体制。二是中国自 20 世纪 90 年代以来个人收入差距扩大的速度特别是部分社会成员之间贫富悬殊的程度是超乎寻常的。其所以超乎寻常，主要源于权钱交易、侵吞公有资产、非法经营、偷漏骗税等违法行为和经济体制转轨中的缝隙、漏洞与摩擦。三是中国当前个人收入分配差距过大，在世界上已高居前列。根据世界银行提供的数据，我国的基尼系数 2001 年为 0.447，在其所列的 134 个国家或地区的基尼系数中高居第 35 位。我国的基尼系数不仅高于所有发达资本主义国家的基尼系数（例如，美国 2000 年为 0.408，英国 1999 年为 0.360，日本 1993 年为 0.249，德国 2000 年为 0.283，法国 1995 年为 0.327），也高于印度（1999—2000 年为 0.325）、越南（1998 年为 0.361）等发展中国家的基尼系数。四是中国正处于社会主义初级阶段，力争在 21 世纪中叶将本国建设成为富强、民主、文明、和谐的社会主义现代化强国。如果不从根本上理顺个人收入分配关系，扭转或遏制个人收入差距显著扩大的势头，则必然会对中国经济与社会的全面、协调和可持续发展与第三步宏伟战略目标的实现构成巨大威胁。

二 改善中国个人收入分配的基本对策

正确处理效率与公平的相互关系，保困、提低、扩中、调高、打非，显著提高劳动报酬在国民收入初次分配中的比重和居民收入在国民收入中的比重，努力构建"两头小、中间大"的收入分配新格局。

正确处理效率与公平的相互关系，保困、提低、扩中、调高、打非，显著提高劳动报酬在国民收入初次分配中的比重和居民收入在国民收入中的比重，努力构建"两头小、中间大"的收入分配新格局，切实维护社会和谐稳定，是我们长期面临的一项艰巨复杂的系统工程。笔者认为，应主要采取四项基本对策。

（一）以科学发展观为指导，又好又快地发展中国经济

发展是硬道理。把中国经济的蛋糕做好做大，是我国在初次分配中不断增加居民收入和在再分配中逐步缩小居民收入差距的物质基础。为此，一要加快转变经济发展方式，推动产业结构优化升级。要促进经济发展实现三个转变，即由主要依靠投资、出口拉动向依靠消费、投资、出口协调拉动转变，由主要依靠第二产业带动向依靠第一、二、三产业协同带动转变，由主要依靠增加物质资源消耗向主要依靠科技进步、劳动者素质提高和管理创新转变，更加注重提高经济增长的质量和效益。二要大力加强自主创新，逐步提升中国经济在国际分工价值链中的地位。国际经济竞争通常区分为三个层次：第一层次为商品（或服务）质量与价格的竞争，第二层次为专利技术的竞争，第三层次为国际通行的技术标准的竞争。改革开放以来，中国经济虽然获得了迅猛发展，但在国际经济竞争的层次格局中仍处于相当不利的境地。在第三层次的经济竞争中，中国企业基本上无法涉足。在第二层次的竞争中，我国企业基本上是贴牌生产。中国纺织服装出口虽占世界纺织服装贸易总额的24%，但自主品牌不足1%，且没有一个世界名牌。中国彩电、手机、台式计算机等产品的产量虽居世界第一，但关键芯片依赖进口。我国企业不得不将每部手机售价的20%、计算机售价的30%、数控机床售价的20%—40%支付给国外专利持有者。在第一层次的竞争中，中国主要凭借劳动力成本低的比较优势，并且付出了高能耗、高物耗、高污染的巨大代价。可见，中国经济在国际分工价值链中基本处于低端的位置。为从根本上改变这种局面，我们必须大力实施自主创新战略，走中国特色自主创新道路，把增强自主创新能力贯彻到现代化建设的各个方面。三要继续实行扩大内需特别是扩大消费需求、稳定并提升外需等重大举措，促进我国经济持续平稳较快发展。

（二）深化与完善个人收入分配及相关领域的经济体制改革

1. 深化与完善企事业单位工资制度改革

（1）显著提高最低工资标准，全面落实最低工资制度。首先，应把"三险一金"纳入最低工资标准的涵盖范围。其次，应根据劳动生产率增长水平、消费品价格上升指数与社会平均工资增长率等因素，将各地最低工资标准年均提高15%左右。这样，我国最低工资标准与社会平均工资的比例在10年后大体可增至40%左右（即达到国际平均比例的下限）。最后，应加大最低工资标准的执法力度。对那些拒不执行最低工资标准的企业负责人，应依法追究其法律责任。

（2）健全与完善企业职工工资的正常增长机制与支付保障机制。应使公有制企业特别是国有企业职工工资增长水平不低于企业经济效益的增长速度，非公有制企业在正常经营条件下职工工资增长速度明显高于消费品价格增长速度。

（3）进一步规范国企高管的薪酬标准和职务消费。2009年9月，人保部、财政部、国资委等部委联合下发了《关于进一步规范中央企业负责人薪酬管理的指导意见》（以下简称《意见》），明确规定了央企负责人薪酬管理的基本原则和薪酬结构，应认真贯彻执行。笔者认为，除《意见》中明确规定的央企高管基本年薪与上年度央企在岗职工平均工资相联系、绩效年薪与实际经营业绩紧密挂钩之外，还应对央企高管薪酬的上限作出明确规定，并与上年度国企职工年均工资保持适当的比例关系。其一，央企高管本质上仍是国有企业的员工，与一般员工不同的是其受托担任央企高级管理者的角色。其二，央企高管薪酬可以显著高于本企业职工平均工资水平和国企职工平均工资水平，但也不能高得"离谱"。2004—2007年，国资委监管的央企高管年均薪酬分别为35万元、43万元、47.8万元和55

万元。2008 年，我国国有企业职工平均工资为 30780 元。若央企高管年最高薪酬定为 100 万元，则相当于 2008 年国有企业职工年均工资的 32.5 倍，收入差距已经相当之大。其三，不能将中国央企高管薪酬标准与发达资本主义国家著名大企业高管薪酬标准作简单比较。按照马克思的经济理论，不同国家的工资差异，除制度、历史、道德等因素之外，劳动生产率差异也是极为重要的因素。中国某些国有大型企业虽已跻身世界 500 强，但职工人均劳动生产率与创利水平一般仅为发达资本主义国家著名大企业的几分之一乃至几十分之一。以人均创利水平为例。2006 年，新日本制铁和宝钢集团人均税后利润额分别为 6.35 万美元和 1.78 万美元，相差 2.57 倍；丰田汽车公司与中国一汽集团人均税后利润额分别为 4.69 万美元和 0.05 万美元，相差约 93 倍。笔者认为，从中国国情出发，兼顾效率与公平的原则，央企高管薪酬上限在近期内以每年不超过 80 万—100 万元为宜。此外，还应从严控制国企高管的职务消费，并按国家有关规定规范国企高管的补充保险。

（4）深化事业单位工资制度改革。一是应在全国高校、科研机构中设置文科专业技术人员一级岗位。条件从严掌握，报经教育部、中国社会科学院和人社部审批。二是扎实稳妥地推进事业单位绩效工资改革。搞好我国事业单位绩效工资改革，关键是在切实提高公益服务水平的前提下，突破一些政策和操作上的难点。国家有关部门应在事业单位绩效工资改革中先行试点，摸索经验，待条件成熟后再加以推广。此外，笔者建议事业单位目前按不同职务（或职称）发放的物价补贴不宜并入单位绩效工资总额再作二次分配；中央和地方财政应对中国社会科学院和各省社会科学院等公益性强、创收能力弱的事业单位实行绩效工资改革给予必要的补贴。

2. 深化与完善财税体制改革

（1）进一步完善个人所得税。中国目前的个人所得税存在两大弊端。一是实行分类征收，容易造成税源流失。二是中低收入者成为税源主体。

有关数据显示，我国中低收入者贡献了全部个人所得税的 65%；而在美国，占纳税人 5% 的富人则贡献了联邦个人所得税的 57.1%。对此，中国应将个人所得税制由分类所得税制逐步转变为综合与分类相结合的所得税制，大幅调高个人所得税的起征点，调整个人所得税的税率级距与税负水平，重点向高收入者征税。

（2）抓紧制定并适时开征物业税、遗产税和赠与税。在我国当今的税制体系中，真正意义上的财产税严重缺位。2003 年 10 月，党的十六届三中全会通过的《关于完善社会主义市场经济体制若干问题的决定》中明确提出：在条件具备时对不动产开征统一规范的物业税。然而，中国迄今尚未开征物业税。笔者认为，物业税作为一种在世界上许多成熟市场经济国家业已实行多年的对财产存量课税的重要税种，不仅具有调节贫富差距的功能，也是国家税收稳定而重要的来源，应创造条件尽早开征。中国还应择机开征世界各国的通用税种——遗产税和赠与税。与此同时，中国应适当下调企业所得税税率，以妥善处理国家、企业与个人之间的分配关系。

（3）对部分垄断性行业的垄断收益征收特殊行业税。中国某些垄断性行业凭借其垄断地位获取超额利润，并将其相当大的一部分转化为经营者和职工不合理的高收入。对此，要引进竞争机制，打破经营垄断，强化政府对其产品和服务的价格监管，并通过征收特殊行业税等途径将其由非企业贡献因素获得的超额利润收归国有。

3. 深化与完善社会保障制度改革

（1）通过变现部分国有资产、提高国家预算中社会保障支出比重等多种方式充实社会保障基金，特别是应把企业职工基本养老保险的个人账户做实。

（2）积极稳妥地推进国家机关、事业单位基本养老保险制度改革。前一时期，我国正在广东、上海等五省（市）进行事业单位职工养老金改革试点，其重要内容之一是将国家财政拨付的事业单位新退休人员的基本养老金明显下调，拟与企业退休人员的基本养老金水平保持一致。这种做法在约有 3000 万职工的我国事业单位中已引起较大反响，笔者也有不同看法。一是根据物质利益规律和一般情况，基本养老金上调，当事人皆大欢喜；基本养老金下调，当事人恐怕谁都不愿意。二是事业单位已退休职工的基本养老金不下调，新退休和将退休职工的基本养老金下调，势必导致事业单位新老退休人员的矛盾和事业单位部分职工对政府制定的相关政策产生不满情绪。三是与国家机关退休人员相比，事业单位退休人员的基本养老金明显偏低，本应上调；而国家机关退休人员的基本养老金又不在下调的"改革"之列，则必然导致已退休、新退休和未退休的事业单位人员心态严重失衡。四是我国近年来财政收入快速增长（2009 年我国财政收入已高达近 7 万亿元），又拿出上万亿美元的外汇储备购买西方国家国债，恐怕每年决不差上百亿元来填补事业单位退休人员基本养老金的"缺口"。总体来看，我国事业单位退休人员的基本养老金有上调的必要，无下调的依据。我国企业退休人员的基本养老金明显偏低，成因较为复杂。从 2005 年起，我国已连续六年提高企业退休人员的基本养老金标准，目前人均每月基本养老金 1350 余元。今后，应适当加大提高企业退休人员基本养老金的力度，使其与国家机关和事业单位退休人员基本养老金的差距逐步缩小。与此同时，要积极推进农村养老保险制度改革，不断完善城乡基本医疗保险制度。

（3）逐步较大幅度地提高城乡居民最低生活保障标准，切实保障贫困群体的基本生活。

（4）健全与完善多层次的住房保障体系，特别是应增加对城镇廉租房建设和棚户区改造的资金投入，完善城镇经济适用房、限价房、廉价房、廉租房制度，重点解决城市低收入家庭和农民工的住房困难。

此外，要增加资金投入，大力发展教育事业，特别是要加快发展以社会需求为导向的高等教育与职业教育，逐步将城乡义务教育年限由九年制增至十二年制，不断提升全民族的科学文化和思想道德素质；要继续改革与完善我国劳动就业体制和户籍制度，实行更为积极的就业政策，广辟就业渠道，增加就业岗位，重点帮扶城市零就业家庭、失地农民工和未找到工作的大学生解决就业问题；要认真贯彻《企业国有资产法》及其相关规定，健全国有资产监管体系，防止国有资产流失；要严格执行国务院关于国家机关、事业单位、国有企业不设"小金库"的有关规定，杜绝国有资金"体外循环"，进一步铲除滋生腐败和收入分配不公的土壤；要加大财政向农村和中西部地区转移支付的力度，促进其经济发展和我国基本公共服务均等化；要积极倡导与发展第三次分配（即慈善捐赠），充分发挥其对我国缩小个人收入分配差距、促进社会公平分配与和谐发展的重要作用。

（三）加强法制和党风廉政建设，强化管理与监督，坚决取缔非法收入

第一，健全与完善相关法律法规，加大惩戒力度。一要抓紧制定并出台《财产申报法》、《监督法》等法律法规。作为在全民实施《财产申报法》的先导和反腐倡廉的重大步骤，可率先制定《官员财产申报法》，实施官员财产申报制度。当然，实施官员财产申报制度，还须与金融资产实名制、不动产登记制和公开制、官员违反财产申报制度的处罚制等相关制度协调配套。二要加大对经济犯罪的惩戒力度。有关研究表明，在中国和美国进行同等数额的商业贿赂，美国给予的处罚是中国的100倍；中国腐败官员"平均只有3%的可能性入狱"，这使得腐败成为"一项十分有利可图且风险极小的活动"。为进一步预防和打击经济犯罪，完善相关法制法规、加大惩戒力度势在必行。三要强化税收征管，特别要强化对畸高收入群体个人所得税的征管，对造假账、报假数、开假票据的会计人员和幕后操纵者要依法惩处，严厉打击权钱交易、侵吞公有资产、非法经营、偷漏骗税等违法行为。

第二，加强党风廉政建设，深入持久地开展反腐败斗争。要继续坚持标本兼治、综合治理、惩防并举、注重预防的方针，完善惩治和预防腐败体系，拓展从源头上防治腐败的工作领域，牢牢抓住防止谋取非法利益这个重点，着力建立健全防治腐败的长效机制。反腐倡廉，重点是领导干部。要深入贯彻党的十七届四中全会精神和胡锦涛总书记在十七届中央纪委五次全会上重要讲话精神，树立法律面前人人平等、制度面前没有特权、制度约束没有例外的意识，严肃查办领导干部中的滥用职权、贪污贿赂等案件，严肃查办严重侵害群众利益案件，严肃查办群体性事件和重大责任事故背后的腐败案件。要深入治理领导干部违规收受现金、有价证券、支付凭证、干股与违规违法收受房屋以及以赌博和交易等形式收受财物等腐败行为。对领导干部在购买公有住房中的以权谋私行为，也应采取有力措施加以纠正。

第三，强化个人收入分配的制约与监督机制。要完善党政主要领导干部和国有企事业领导人员经济责任审计，加强对财政资金和重大投资项目的审计，健全党内监督与党外监督相结合、专门机关监督和群众监督相结合的个人收入分配监督体系，充分发挥舆论监督作用。

（四）不断巩固和发展社会主义公有制经济，大力弘扬社会主义意识形态

邓小平指出："社会主义有两个非常重要的方面。一是以公有制为基础，二是不搞两极分化。"从传统的计划经济体制转变为社会主义市场经济体制，由于多种所有制经济共同发展和多种分配方式并存，个人收入差距在一定时期内明显扩大是不可避免的。笔者认为，从经济制度角度分析，社会主义公有制基础上与市场经济相结合的按劳分配，不会导致两极分化；而市场经济条件下的资本主义分配方式和自劳自得等分配方式，则必然趋向两极分化。税收政策、国家预算支出等宏观经济调控手段，只能调节市场经济条件下由非公有制因素导致的两极分化的速度和规模，并不能改变其两极分化的发展趋势。要避免整个社会出现两极分化，最终实现共同富裕，最根本的途径就是坚持社会主义公有制的主体地位，不断巩固和发展社会主义经济。为此，应重点抓好两项工作。一是充分发挥国有经济的主导作用。既要继续进行公司制、股份制改革，加快国有企业健全与完善现代企业制度的步伐，又要打造一批拥有自主知识产权和知名品牌、具有较强国际竞争力的国有（或国有控股）大型企业或企业集团，使其真正在关系国家安全和国民经济命脉的重要行业和关键领域占控制（包括完全控制、绝对控制和相对控制三种基本类型）地位。二是长期坚持农村基本经营制度，坚持农村土地的集体所有制性质。应从我国农村的实际情况出发，按照依法自愿有偿原则，健全土地承包经营权流转市场，适度发展多种形式的规模经营，积极探索农村集体经济的有效实现形式。决不容许以深化农村土地所有制改革为名，行土地私有化之实，将中国广大农民再次拖入两极分化的苦海。

与此同时，要大力弘扬社会主义意识形态。应以发展的马克思主义为核心，以社会主义、集体主义、爱国主义为主线，以"八荣八耻"的社会主义荣辱观为重点，切实加强社会主义精神文明建设，使广大人民进一步树立正确的世界观、人生观和价值观，为改善我国个人收入分配创造良好的思想文化氛围。

（来源：《马克思主义研究》2010 年第 3 期）

从生产条件分配看我国收入分配的差距及调节政策

陈享光　中国人民大学经济学院教授

收入分配是生产条件分配的结果，脱离生产条件的分配就不可能对收入分配作出合理的解释。在我国市场化过程中出现的收入分配问题，很大程度上是由生产条件的分配引起的，解决收入分配问题，必须同解决生产条件分配存在的问题结合起来，才能达到良好的效果。

当前，中国社会中不同群体居民的收入差距日趋扩大，收入分配不公平问题日渐凸显。收入分配不公平问题不解决，中国社会稳定的基础将受到严重威胁。本文从理论经济学范畴的生产条件分配的研究入手，探讨我国市场化过程中出现的收入分配问题的解决途径。

一

微观收入分配过程中，收入或产品的分配与生产条件的分配是联系在一起的，并且是生产条件分配的结果。

　　社会主义市场经济条件下，收入分配过程包括微观收入分配过程和宏观收入调节过程。微观收入分配过程中，收入或产品的分配与生产条件的分配是联系在一起的，并且是生产条件分配的结果。这里的生产条件包括生产的物质条件，即客观生产条件和生产的劳动力条件或主观生产条件。

　　生产条件在不同社会成员之间的分配和不同生产部门之间的分配共同决定和影响着收入分配的结果。生产条件在不同社会成员之间的分配是通过一定的制度安排确定的，并随着制度安排的改变而改变。客观生产条件在不同社会成员之间的分配主要是通过所有制和产权制度实现的，所有制和产权制度的调整和改革直接影响生产条件在不同社会成员之间的分配，进而影响收入在不同社会成员之间的分配。主观生产条件的分配似乎不存在在不同社会成员之间分配的问题，其实不然。从历史上看，奴隶社会，奴隶主不仅占有客观生产条件，而且占有奴隶本身，从而剥夺了奴隶对其劳动力的支配权，在这种条件下奴隶不可能以劳动力所有者身份参与收入或产品的分配。而到了资本主义社会，劳动者摆脱了人身依附关系，获得了自由，从而成为劳动力商品的出卖者，并通过劳动力的出卖获得劳动力价值。由此看来，主观生产条件总是以一定的社会形式为社会成员所控制和支配，并通过相应的形式与客观生产条件结合进行现实生产，这与客观生产条件的分配共同规定收入在社会成员之间的分配。马克思在分析资本主义生产条件分配与收入分配之间的关系时指出："资本主义生产方式的基础就在于：物质的生产条件以资本和地产的形式掌握在非劳动者手中；而人民大众所有的只是生产的人身条件，即劳动力。既然生产的要素是这样分配的，那么，自然就产生现在这样的消费资料的分配。"

　　不仅生产条件在不同社会成员之间的分配决定和影响收入分配，而且生产条件在不同生产部门之间分配也决定和影响着收入分配的结果。生产条件总要通过一定的渠道和机制分配于不同的生产部门和领域，在这一分配过程中，收入分配不仅受生产条件分配机制的影响，而且更重要的是受生产条件在不同部门或领域的分配状况的影响。生产条件在不同生产部门之间分配是否均衡，显然直接影响不同部门生产条件所有者之间的收入分配的结果。市场经济条件下，生产条件在各部门之间的分配是通过市场机制实现的，市场机制把生产条件的分配与收入的分配紧密联系在一起。在这一过程，各种生产要素都有了自己的价格，从而使人们的收入与要素价格相联系。显然，只有在均衡价格下把生产要素按一定比例分配于不同生产部门，才能确保各生产部门之间进而不同生产部门要素所有者收入分配的均衡。

通过市场机制实现生产条件和收入在各部门之间的分配和再分配的过程，也是一个竞争的过程，这里的竞争不仅包括部门内部的竞争，也包括部门之间的竞争。部门内部的竞争调节着生产条件在不同产品生产上的分配和收入在不同生产者之间的分配；部门之间的竞争调节着生产条件和收入在不同部门之间的分配。与此同时，竞争引起的优胜劣汰也将引起生产条件在不同社会成员之间的分配和再分配，并由此引起收入在不同社会成员之间的分配和再分配。因此，市场机制所影响的不仅是生产条件和收入在不同生产部门之间的分配和再分配，而且影响生产条件在不同社会成员之间的分配和再分配，并通过这种生产条件的分配和再分配影响收入的分配和再分配。

二

中国的市场化改革使得生产条件的分配与收入分配越来越密切联系在一起，特别是微观领域生产条件的分配直接决定和影响着收入分配的结果。

中国的市场化改革使得生产条件的分配与收入分配越来越密切联系在一起，特别是微观领域生产条件的分配直接决定和影响着收入分配的结果。通过市场机制把生产条件的分配与收入分配越来越密切地联系在一起，强化了生产条件和收入分配过程中的竞争和激励，激发了我国经济活力。我国收入分配差距迅速扩大，无论是城乡之间、地区之间，还是部门之间、个人之间，收入差距都呈扩大之势。这种收入差距的扩大，有的与我国生产条件分配的调整与改革有关，而有的则与我国生产条件两方面的分配扭曲造成的失衡、失序有关，正是生产条件分配出现的扭曲、失衡和失序导致了国民收入在不同生产部门之间、同一生产部门内部、不同要素所有者之间、城乡之间的收入差距的快速扩大，导致了严重的收入分配不公。

中国市场经济是伴随生产条件在社会成员之间的分配格局改变的基础上发展起来的，并且生产条件的再分配与市场机制对生产条件在不同部门之间的分配结合在一起。在这一过程中，出现了两种分离，即公有制经济客观生产条件与主观生产条件的市场化分离，伴随非公有制经济发展出现的客观生产条件与劳动者的经济分离。生产条件的市场化配置又不断地加剧了这种分离的趋势，这自然会导致初次分配中收入分配差距的扩大。

中国市场经济发展过程中，公有客观生产条件通过委托代理制实现这种市场化分离。公有生产条件采取了公有资本的形式，公有资本又通过不同的委托代理制进行资本化运作，从而获得了独立的资本收入形式。这种分离虽然不同于私有制意义上的分离，但由于劳动者在这一过程中难以成为现实的所有者，从而使其代理者得以控制客观生产条件及其收入。由于行政性委托代理制度下，各层次代理者易于形成对公有资本及收益的垄断性控制，公有资本的收益，甚至生产条件本身都可能成为各级代理者的囊中之物。同时，代理人与行政性机构存在千丝万缕的联系，他们通常能够获得行政性授权形成所在领域的垄断，造成进入障碍，从中获得垄断性收入。

我国公有客观生产条件与主观生产条件的市场化分离和经济性分离是同步进行的，并且两种分离相互交织在一起。在这两种分离过程中，一部分社会成员由于这两种分离而失去其客观生产条件，最为典型的是失去土地的农民和国有企业改革中下岗的职工，他们的收入不再与客观生产条件相联系，他们脱离了原有的生产条件，因而不可能再享有生产条件带来的收入和利益；公有制范围内由于一些劳动者被分离出去，人均占有的公有生产条件相对增加，未被分离出去的成员有的成为不同层次的代理者进而分享公有生产条件带来的收益。这事实上使得生产条件在社会范围内进行了再分配，这种再分配不仅造成生产条件在一些社会成员、部门、领域的集中和垄断，造成社会成员之间、城乡之间、部门之间客观生产条件的巨大差异，造成一些社会成员、部门和领域利用客观生产条件形成的优势或对客观生产条件的垄断来限制其他成员、部门和企业的进入而获取垄断性收入。

传统体制下，城市职工可以享受就业、工资、劳动保障和福利保障等权利和待遇，干部则在一般城市职工之上享有种种特殊权利和利益，而农民则不享受城市职工的一般性国民待遇，更不享受干部享有的超国民待遇，他们没有国家保障的工资、医疗保障、住房保障、教育服务和其他公共服务。我们原来把计划经济体制下的分配用平均主义来概括，这不全面、不准确，平均主义只是对同一身份、同一等级上的社会成员而言的，对于不同身份和不同等级的社会成员不是什么平均主义，而是存在由身份等级决定的巨大差别。改革中我们打破平均主义，而对等级制、身份制没有给予足够的重视，结果是平均主义迅速打破了，而身份等级制依然保留了下来。这必然造成不同社会成员分配中不应有的差距扩大。

通过市场机制进行的初次分配是建立在市场交易基础上的，这种交易可能是劳动交换，如不同使用价值之间的交换，也可能是非劳动形式交换，如产权或生产条件拥有者之间进行的产权或权利交换。虽然两种交换形式都遵循等价交换的原则，但非劳动形式的交换对收入分配结果产生不同于劳动交换的结果，非劳动形式的交换对收入分配结果的影响取决于两个因素：一是不同交换主体拥有的权利，二是不同社会力量的对比。显然，在非劳动形式交换的情况下，即便是交易双方的权利是平等的，如果没有形成均衡的社会力量，国民收入分配将会发生倾斜。可以断言，如果主观生产条件拥有者缺乏个人和集体讨价还价的能力，他们的收入不可能与客观生产条件拥有者的收入同步增长，结果国民收入分配中他们的份额就会下降，从而使国民收入分配发生倾斜。中国近些年来，工资在国民收入中份额下降，就是这种情况的反映，也是收入分配状况恶化的体现。

由于通过市场进行的微观收入分配和生产条件的分配是联系在一起的，生产条件的分配决定和影响着收入分配，而收入的分配也影响生产条件的分配，并通过生产条件的分配再反过来影响收入分配。例如城乡之间，城乡生产条件分配状况如果不能得到改善，缩小城乡收入差距只能是一种善良的愿望。

三

中国生产条件分配和收入分配存在的问题，应采取有效措施加以解决，如控制过度的市场化分离和经济性分离，确保公有剩余的合理分配和使用。

中国生产条件分配和收入分配存在的问题，应采取有效措施加以解决，这主要包括以下方面：

1. 控制过度的市场化分离和经济性分离，确保公有剩余的合理分配和使用

在中国市场化改革过程中，客观生产条件与主观生产条件的分配出现了明显的市场化分离和经济性分离，引起生产条件在社会成员之间的过度非均衡分配，这种过度非均衡分配自然会引起收入分配的过分悬殊和严重的收入分配不公。为此，需要防止过度的市场化分离和经济性分离，当前尤其要避免市场化分离中各种代理人控制公有生产条件进而控制公有剩余，要通过制度创新，确保公有剩余的合理分配和使用，使公有剩余的使用和分配真正惠及社会和集体劳动者。尽可能避免客观生产条件与主观生产条件的经济性分离，确保公有生产条件及其产生的收益能够增进广大劳动者的福利。

2. 破除垄断和要素流动性障碍，促进生产条件和收入在不同部门之间的均衡分配

由于存在人为因素或制度性障碍，阻碍了要素在不同部门之间的流动，造成生产条件在不同部门之间的过度非均衡分配，这已成为我国收入分配悬殊的重要原因。解决这一问题，需要进行相应的改革和政策调整，如破除垄断，实施反垄断政策，消除部门间过多的进入障碍；消除与主观生产条件相联系的身份制、等级制，扩大社会成员选择的社会空间和选择的自由，促进生产要素的自由流动；消除劳动力市场存在的各种歧视性政策和城乡劳动力流动的制度障碍，促进各种要素合理流动和配置等。通过这些方面改革和相应的政策调整，促进生产条件在不同部门之间均衡分配，进而促进收入在不同部门、不同社会成员之间的均衡分配，从而实现公平和效率的统一。

3. 统一国民待遇

国民待遇意味着全体公民在社会生产和生活中享有同等权利、机会、自由和公共产品。国民待遇应当对本国公民一视同仁，这是国民待遇的一

个基本原则。但统一的国民待遇原则在现实中并没有得到贯彻，特别是中国城乡居民在身份、税负、就业、教育、医疗、保障、公共产品供给等方面存在很大的制度性差别，造成对一部分成员的制度性或政策性歧视，这不仅严重影响微观收入分配，造成微观层面的收入分配不公，而且也直接影响宏观收入分配的调节，造成宏观收入调节的障碍和不公。为此，要改变差别性国民待遇，实行统一的国民待遇，使社会成员特别是农民能够平等地参与社会经济生活和竞争，并能运用宪法赋予的权利来争取和保护自己的利益。因此，需要在户籍管理、迁徙自由、市场准入、义务教育、劳动就业、公共物品使用、民主参与等诸多领域，统一制度安排，使社会成员享有同等的权利和义务。

4. 强化对公权力的控制和监督

市场经济遵循产权规则，配置资源的权利与掌握的资源相联系。公权力的滥用不仅破坏产权规则，而且导致生产条件和收入分配的扭曲和不公。应加强对公权力的控制和监督，防止公权力的滥用，防止政府官员权力寻租，避免收入分配向一些特权部门和特殊利益集团倾斜。

（来源：《学习与探索》2011 年第 1 期）

收入分配差距扩大的市场因素分析

谷亚光　中央民族大学当代中国经济研究所研究员、《中国改革报》理论部资深编辑

从市场的理想状态与实然状态的比较中，寻找导致收入分配差距扩大的相关因素及其互动关系，为解决收入差距扩大问题提供参考。

新古典经济学认为，每个社会都面临着生产什么、如何生产和为谁生产的问题，解决这些问题既可以用计划的方法，也可以用市场的方法。经过国内外市场经济发展的实践证明，市场的方法在解决上述三个问题上要优于计划，这也是市场经济在当今世界大行其道的原因所在。目前，市场在中国资源配置中的基础性作用已经显现，但与此相伴而生的是，收入分配差距扩大问题越来越严重。对此，有人认为收入分配差距扩大是市场造成的，也有人认为是泛市场、非市场、反市场因素造成的。本文从市场的理想状态与实然状态的比较中，寻找导致收入分配差距扩大的相关因素及其互动关系，为解决收入差距扩大问题提供参考。

一　对市场及其运行的再认识

虽然理想状态的市场运行会带来收入分配差距的扩大，但同时它也带来了秩序，具有稳定、可靠、可预期的特征，能为再分配提供一个客观的基础。

（一）市场有效运行的前提条件

第一，清晰而完整的产权界定。产权界定的意义在于使人在交易中能够形成合理预期。人类活动的目的是赚取收益，而收益的多少首先取决于投入要素的数量界限。在市场经济条件下，由于不同的要素需要通过市场的融合才能发挥作用，所以归属清晰的产权就成为要素通过市场实现配置的基本前提。没有明晰产权，即使交易能够进行，交易者事后的分配也会产生混乱。如果产权界定不完全，其某些属性就会处于公共领域，一些人就会以此来攫取财富，并给产权的实施带来两种后果：一个是产权残缺，即一种资源的控制权与资源的收益权相分离状态，一个是产权被稀释，即对产权施加的约束绕过价格机制而分配资源。

第二，不存在强制交易。对于市场主体来说，交易双方应是自愿的，且不存在欺骗性，主要表现为：一是市场主体有选择的自由。市场主体作为自由的、在法律上平等的人，既可以自由地把自己的商品出售给任何一个需求者，也可以向任何一个供给者购买自己所需要的商品。二是市场主体的身份是平等的。市场主体在市场规则和法律面前人人平等，没有身份上的高低贵贱。如果没有交易前的自由选择和身份平等，那么在交易过程中就会出现强制和掠夺现象。

第三，交易成本为零。新古典经济学的市场是在"无摩擦"的状态下运行的，但真实世界中市场运行是存在交易成本的。交易成本之所以重要，是因为在现实经济运行中，交易成本是最重要的约束变量之一。交易成本是指被交易物品的成本和实施合约的成本，如产权的界定和保护、市场监管等都需要付出成本。生产成本反映的是人与物的关系，而交易成本反映的是人与人的关系。交易成本是影响市场运行效率从而影响收入分配的一个重要变量。

（二）市场有效运行应以价格机制作为协调工具

首先，要通过价格信号来决定生产什么。市场配置资源就是各产权主体通过市场进行各类要素之间的交易的过程，这一过程是通过价格信号来协调个人和企业的各种活动，并将市场中数不清的不同要求的个人知识和活动汇集在一起。"看不见的手"会引导企业提供那些价高、利丰的商品和服务，离开利润低或亏损的行业。影响价格信息准确传递的因素主要有：垄断和政府干预扭曲了价格信息。

其次，通过价格的激励和约束来决定如何生产。价格机制运行就是通过盛衰交替的变化即优胜劣汰的方式来为生产要素的所有者提供激励和约束。奖励和惩罚用金钱来衡量，上升和下降的意思就是赚钱和亏本。没有差异（包括产量、品种、价格等方面的差距）就不会有人花费时间、精力和金钱去搜索信息；没有差异，就不会有人去冒险进行生产性的科学研究。可见，差异可以看做利润的另一种表现。激励的作用就是在竞争环境下使稀缺资源的所有者有寻求最大化收益的动机和结果。但是，个人收益最大化行为的结果并不必然与社会收益一致，即可能存在负外部性，如空气和水的污染、矿区的裸露、危险的排废行为、不安全的物品和食品、放射性物质以及由人的机会主义行为引起的坑蒙拐骗、制假贩假等危害社会的行为。

最后，通过供给与需求的均衡来决定收入分配。供给与需求的均衡决定了工资、地租、利息和利润的水平。在完全竞争条件下，各类生产要素的不同价格受多种因素影响：一是要素的稀缺程度决定了竞争力的大小，从而决定了价格的高低。就要素的供给来说，各种资源都是稀缺的，仅仅是因为相对稀缺性的不同而使其市价不同。二是可替代程度的高低。那些容易被替代的要素价格没有竞争力，那些不易被替代的要素在短期内还会以"短缺"为要挟取得高价格。替代增加了潜在的威胁，提高了竞争的赌注，同时迫使人们通过各种途径提高个人的"筹码"，以形成一种垄断地位。

总之，收入分配决定是价格机制运行的结果，但这种结果在于资源的配置效率而不是收入分配的公平。"市场并不必然带来公平的收入分配。市场经济可能产生令人难以接受的收入水平和消费水平的巨大差异。"虽然理想状态的市场运行会带来收入分配差距的扩大，但同时它也带来了秩序，具有稳定、可靠、可预期的特征，能为再分配提供一个客观的基础。

二 我国收入分配差距扩大的市场因素分析

影响中国收入分配差距扩大的市场因素主要有：第一，产权界定不完全；第二，资源配置存在不平衡性；第三，契约执行中存在机会主义行为；第四，管理型交易成本的上升降低了市场运行效率。

（一）产权界定不完全

首先，物质生产条件的产权界定不完全。马克思经济学认为，收入分配上的差距可以追溯到生产条件分配上的差距；生产条件的分配决定产品的分配，而生产条件包括物质的生产条件和人自身的生产条件。改革开放30多年来的一个突出现象，就是谁占有或垄断了物质生产条件，而不管这种生产条件的产权属于国家或集体，谁就可以迅速致富。这在改革开放之初国家和人民普遍贫穷的状态下，为鼓励部分地区和个人先富起来，以迅速开发资源、实现"有水快流"方面具有某些合理性。但是这种生产条件初始分配上的不公平、不合理并没有因为其造成收入分配上的巨大差距，以及资源和环境的巨大破坏而得到纠正。地产、矿产等自然资源的产权属于国家，在实际运行中由国家委托各级代理人行使产权权利，这就造成实际行使中产权的残缺或被稀释。应该属于国家的收益被矿产经营者所占有，突出表现为资源价格成本构成不完全。目前，资源开采企业的成本一般只包括资源的直接开采成本，并不包括资源矿业权取得成本、环境治理和生态恢复成本等。在这种情况下，谁取得开采权就意味着谁就可以暴富。另外，中国农村的土地制度具有产权被稀释的典型特征。尽管中国赋予土地长期而稳定的承包经营权，也规定了继承权，但农村土地一旦进入市场，其交易就会绕过价格机制而进行分配。农民的土地往往被低价"征用"后用于商业目的，一些地方政府和商人坐收渔利。这是造成农民财产流失从而收入分配差距拉大的一个重要因素。

其次，劳动力产权界定分割，劳动力的产权收益受到了一定程度的影响。城乡劳动力市场的分割导致劳动力价格的差异，这为攫取劳动力的产权收益提供了便利。中国规模以上工业企业工资只占总产值的6.52%，而发达国家工资占企业运营成本的50%左右。美国公司利润占总产值的6%，而中国企业盈余要占31.29%。

最后，全民财产界定不完全致使少数垄断行业员工侵占全民资产收益，这是收入分配差距悬殊、收入分配秩序混乱的一个重要根源。中国最高与最低行业平均工资比，1990年为1.29∶1，1995年为2.23∶1，2003年为2.99∶1，2007年达到4.46∶1，2009年达到了4.7∶1。近些年，一些国有企业在改制过程中，通过自卖自买、吃里爬外、贪污受贿等手段绕过价格机制而哄抢国家资源。这是典型的"稀释"产权行为。可见，国有产权界定的不完全致使谁在交易中实际占有、使用和控制国有资源，谁就是事实上的所有者，谁就会获得这一产权的相关收益。与私有产权不同，国有产权的经营管理者们只是在分配上占优，却不负亏损的连带责任。这就既不遵循按劳分配为主体的原则，也不实行按要素贡献分配的原则，而是按特权分配，从而造成了收入分配差距的扩大。

（二）资源配置存在不平衡性

首先，投资呈现地区间的不平衡性。一个普遍的现象是，投资呈现从大城市、中等城市到小城镇的递减趋势。2002 年，北京市人均固定资产投资为 15905 元、省会城市为 9223 元、地级城市为 5137 元、县级城市为 590 元。人均投资额具有明显的不平衡性。而且固定资产投资格局也没有因为中央提出科学发展、统筹城乡和区域发展而有所改变。2008 年，北京市人均固定资产投资为 22505 元，职工平均工资为 56328 元；河北省人均固定资产投资为 12686 元，职工平均工资为 24756 元；涿鹿县（毗邻北京的河北省一个中等偏下水平的县）人均固定资产投资为 5018 元，职工平均工资为 17279 元。2000 年到 2010 年，城镇固定资产投资额占比由 79.66% 上升为 86.8%；同期，农村固定资产投资额占比由 20.82% 下降为 13.2%。尽管我们提出工业反哺农业、城市支持农村的号召，但农村仍然没有得到与其人口成比例的资源占有量。如果把投资看做是生产条件的分配，那么这种生产条件的分配必然会影响中国的贫富格局，因为"消费资料的任何一种分配都不过是生产条件本身分配的结果"。

其次，价格机制的双轨制运行。价格机制的双轨制会导致很多问题，其中劳动用工双轨制带来的问题尤为突出。企业基于劳动者的不同身份给予不同的报酬，特别是垄断行业更是靠压低劳务派遣工的价格而获得丰厚的利润。在中国，电力、银行、电信这些垄断行业的二元劳动力市场普遍存在，如，电信行业的劳务派遣工收入只有同岗正式工的1/3。即使在同一企业，收入也因身份不同而产生巨大差距。

（三）契约执行中存在机会主义行为

价格机制的顺利运行需要规范的市场秩序，需要通过强有力的执法来推动契约的实施。契约的作用在于最小化事前投资的扭曲，因为这种扭曲会影响当事人可能获得的盈余大小。因此，契约不仅是促进当事人投资的激励工具，而且是一种必须允许当事人为了从交易中获取好处而进行的迅速而廉价的事后适应工具。为此，当事人双方必须要遵守契约，或当一方违约时，法院或仲裁机构能够廉价而公正地维护契约的实施。但现实世界中"赢了官司输了钱"的诉讼博弈结果说明，即使履约也是通过加大交易成本来实现的。过高的交易成本导致违约合算而履约不合算，其结果就是破坏了市场秩序，致使走私贩私、偷税漏税、内幕交易、操纵股市、制假售假、骗贷骗汇等破坏市场秩序的经济犯罪不断出现。这种市场环境会改变人的预期和行为，使人们从中吸取经验教训，学习如何在新的环境下用最小的投入获取最大的产出。如果制度框架反映了私人性和再分配行为，那么学习将采取"学习海盗如何做得更出色"的形式。

（四）管理型交易成本的上升降低了市场运行效率

首先，组织运行的成本过高。中国政府机构臃肿、人浮于事等问题影响了信息的及时、快速传递，便捷高档的交通通信工具和电子化的办公设施并没有提高办事效率，反而成为提高成本的耗材。我国行政运行成本不仅高于欧美的发达国家，而且比世界平均水平还高25%。行政运行成本的增加减缓了居民收入的增加速度，间接地拉大了收入分配差距。

其次，利用行政许可收费或直接参与牟利活动造成市场运行成本上升。全世界70%的收费公路在中国，而公路收费要占运输企业成本的1/3。据计算，1公斤货物从上海运到美国西海岸需运费1.5—2元，而从上海运到昆明则需6—8元。可见，中国这种不合理的收费一定程度地提高了物流成本，进而推动了市场运行成本的上升，也加大了公路等垄断行业与其他非垄断行业间的收入分配差距。

最后，"三公消费"加大了市场主体的交易成本。公款吃喝无论在富裕地区还是在贫困地区都呈现出变本加厉的趋势，公车消费不管如何改革，其成本只是上升而没有下降，公费出国的规模越控越大，等等。所有这些并非免费午餐，而是由纳税人来埋单，推动了我国收入分配差距进一步扩大。

三 结论与对策建议

要解决收入分配差距扩大问题需要政府确立生产条件公平分配的产权制度；需要承担起改变劳动者弱势地位的责任，而不是任凭市场或强势集团的摆布。

市场的有效运行和市场失灵都不能解决收入分配差距扩大问题，而政府矫正市场失灵所采取的对策以及政府本身的浪费也不利于收入分配差距的缩小，而且导致了政府失灵，三者的叠加使中国收入差距扩大的趋势难以扭转。为此，需要采取以下对策：

（一）确立生产条件公平分配的产权制度

对产权的界定和保护不仅能对富人产生投资激励，更是弱者防止权利残缺和被稀释的保障。因此，对劳动力所有权以及私有财产的界定和保护（如农民的土地和房屋以及城市居民的房产等）要进一步加强。保护和界定产权的方式是使产权的表述方式、产权的权能得到完整无缺的体现。也只有做到这一点，才能使低收入者的劳动和财产也转化为资本。同时，建立和完善资源矿业权定价制度，改变国家资源矿业权低价或无偿出让的做法，使其价格能够反映资源稀缺性、环境损害程度等在内的完全成本。

（二）规范市场秩序

城乡、区域、行业和社会成员之间收入分配差距扩大的趋势没有得到有效扭转，这与收入分配秩序不规范密切相关，而坚持和完善按劳分配为主体、多种分配方式并存的分配制度的实施，有赖于一个规范有序的市场制度。第一，应进一步深化垄断行业改革，引入竞争机制。要对垄断行业及其企业进行分类改革。对寡头垄断行业采用扩大竞争的方法，打破进入壁垒，降低进入门槛，以形成有效的竞争机制。对自然垄断行业采用管制的方法，在价格管理、听证、仲裁、市场许可、奖惩等方面加强监管，不允许借"亏损"之名通过乱涨价使个人或小集团获利。第二，进一步培育和健全竞争市场体系。加快形成统一开放、竞争有序的现代市场体系，健全土地、资本、劳动力、技术、信息等要素市场，完善反映市场供求关系、资源稀缺程度、环境损害成本的生产要素和资源价格形成机制，营造各种所有制经济依法平等使用生产要素、公平参与市场竞争、同等受到法律保护的市场制度环境。第三，应加强信用制度建设。市场中各主体之间的交易就是一系列的契约联结，是人与人之间实现合作时就利益分配问题达成的协议。如果契约得不到广泛的尊重和实施，那么市场运行就会无序和混乱。契约的实施必须依赖国家的强制力，以契约的强制力保障市场的自由交易。这就需要司法机关的公正执法、高效率执法，使契约能够顺利实施，使违约得到应有的惩处，从而形成一个遵守契约、敬畏契约的环境。要营造尊重诚信的舆论氛围，增强全社会的信用意识。党政机关公务员和市场监管者要率先讲诚信，以自己的诚信服务带动全社会的诚信建设。要促进有关信誉信息的自由流动，使诚实守信者得到经营便利，信誉不良者受到制裁。要长期对经营者进行诚信教育，宣传那些信誉好的典型，形成讲信誉的环境。如果每个人都能通过诚实劳动和合法经营获取收入，那么收入分配的良好秩序就会建立，解决收入分配差距过大的问题就有了真实的信息基础。

（三）提高劳动者报酬，有效保护劳动者的权益

一是坚守最低工资标准这条底线。最低工资标准是政府宏观调控操作性比较强的指标之一，它是减少雇主对工资控制的有效措施，对提高低收入劳动者收入效果明显。因此，必须坚守最低工资标准，并随着整体工资水平的增长进行调整。目前，建议把最低工资调整为平均工资的50%—

60%。二是保护体力劳动者权益。在存在工资争议的情况下，雇主往往处于有利地位，劳动者常常处于不利地位。对此，国家需要承担起改变劳动者弱势地位的责任，而不是任凭市场或强势集团的摆布。国家有责任确定一个针对改善劳动者地位的司法框架，并由此保障自由经济的先决条件，即以各方之间的平等为前提，避免其中一方处于支配地位，而另一方处于从属地位。政府要充分履行劳动监察责任，查处企业损害劳动者权益的行为。真正落实《劳动法》、《工会法》、《劳动合同法》的规定，使有关劳动报酬的政策得到真正落实。

（四）加快政府改革，降低市场交易成本

市场的存在并非否定政府的必要性。政府存在的意义在于，它是"竞争规则"的制定者，也是解释和强制执行这些规则的裁判者。产权的界定和保护、市场秩序的维护、契约实施的保障都需要政府的监督执行。政府有能力以低于私人组织的成本进行某些活动，但政府行政机制运行本身同样会产生庞大的成本。新制度经济学的一个重大发现就是，交易成本是区分富国与穷国的重要指标，同样一笔交易，高收入国家所需成本一般较低，而低收入国家所需成本一般则较高。中国已经是中等收入国家，进一步富国裕民迫切需要把政府的交易成本降下来，以使交易主体得到更多便利而不是支付更多的交易成本。对此，一是建立廉价政府。要精简政府机构和人员，降低组织的运行成本。要限制政府部门的支出额度，压缩政府在采购、出国、招待等方面的支出。二是建立廉洁政府。深入进行反腐败斗争，彻底查处干部任用、工程招标、项目审批、国企改制、土地出让、矿产开发等领域设租、寻租的行为。在监管、税收等环节严禁乱收费、乱罚款，严肃处理吃拿卡要等劣迹。三是建立简洁政府。减少审批程序和时间，降低收费标准。削减各种会议、文件和评比活动，进一步降低服务成本。

（来源：《经济纵横》2011 年第 12 期）

"过度市场化"，还是"民生导向的社会主义化"？
——浅议现阶段居民收入分配问题的解决思路

周　宇　山东经济学院副教授

在如何解决当前的居民收入分配问题上，一些学者倡导的继续市场化改革的思路是不可取的。这种观点有三个方面的谬误：首先，无视市场经济本身所造成的贫富分化现象；其次，存在着明显的"市场迷信"倾向；第三，提出的是因噎废食式的政策主张。从现阶段看，这种观点要求的实际是"过度市场化"，这是一条错误的路径。在现阶段，"民生导向的社会主义化"才是解决收入分配问题的正确道路。

一　中国现阶段的居民收入分配问题与理论界争论的焦点

中国当前的居民收入分配问题主要是因分配不公而造成的居民收入差距在不断扩大。围绕着当前分配领域存在的种种不公和居民收入差距不断拉大的问题，理论界有两派观点：一派观点认为，单纯的市场化是造成分配领域诸多问题的主要原因。另一派观点则认为，目前的分配不公和收入差距过大不是市场化改革造成的,而是由于在市场化进程中,政府的干预太多,造成了市场的扭曲。

（一）我国现阶段居民收入分配问题概况

根据现有的讨论,对于中国当前的居民收入分配问题,如果用最简练的语言来概括,那就是:因分配不公而造成的居民收入差距在不断扩大。而论者的观察范围,也主要集中在两个方面:一是分配领域的种种不公现象,二是居民间的收入差距。研究者普遍关注的分配不公现象,包括诸如:(1)当前中国居民收入在国民收入分配中的比例偏低。国家统计局的有关数据显示,近年来中国居民在国民收入分配中的比重呈逐年下降趋势。2007年,居民收入占国民可支配收入比重为57.5%,比1992年下降10.8个百分点,而政府收入和企业收入却呈快速上升趋势。(2)普通劳动者收入偏低。根据收入法GDP核算资料,我国劳动者报酬在初次分配中所占比重由1996年的53.4%下降到2006年的40.6%,10年间累计下降12.8个百分点。即使考虑到统计口径变化的影响,总体而言我国劳动报酬占比仍是呈逐年下降的趋势。(3)部分国有企业高管阶层的薪酬和福利水平畸高,过高的收入水平与获得者作出的贡献及企业的真实业绩并不相符,也不合乎世界各国在处理国有企业职工、国有事业单位职工和公务员三类群体收入差距的通用做法。(4)一些不合理收入没有得到有效规范。比如一些单位私设"小金库",巧立名目滥发津贴补贴、非货币性福利等;一些行业乱收费、乱罚款、乱摊派、乱涨价;一些行业人员收受红包、回扣、出场费等。这些被统称为"灰色收入"或"隐性收入"。(5)因违反国家分配政策而造成的某些群体收入偏低。比如,一些地方的最低工资标准调整不及时,与经济发展和物价水平不相符;一些企业不执行国家最低工资标准,不按规定给工人缴纳各种社会保险,随意压低、克扣工人工资,特别是农民工工资拖欠问题久治不绝,等等。

在不少人看来,正是由于分配领域存在的种种不公,导致了中国居民群体之间的收入差距不断扩大。一方面，高收入阶层财富拥有量迅速增长，中国已成为世界第二大奢侈品消费国。在另一方面，中国绝对贫困人口超过 4000 万人，低收入人口还有 2.7 亿。研究者通常使用基尼系数来表示个人收入分配差距，据来自国家统计局的数据显示，自 2000 年开始中国的基尼系数即已越过 0.4（这还是一个相对适中的估算），并逐年上升，至 2004 年逼近 0.47。而按照国际流行的观点：基尼系数超过 0.4，即已表明收入分配过度集中，社会处于比较危险状态；若基尼系数达到 0.6，则表明社会已处在两极分化之中，可能发生社会动乱。

（二）国内理论界在居民收入分配问题上的争论焦点

围绕着当前分配领域存在的种种不公和居民收入差距不断拉大的问题，理论界进行了激烈的交锋，争论的焦点无疑指向了市场化所扮演的角色上。有两派观点是截然对立的。

一派观点认为，单纯的市场化是造成分配领域诸多问题的主要原因。强调由于我们在建设社会主义市场经济的过程中，遵循的是效率优先的指导思想，在很大程度上忽视了公平，结果偏离了社会主义方向，变成了单纯的市场化。在这个进程中，社会贫富分化日益严重。广大人民尤其是工人、农民利益受到严重侵害，国企职工已经从主人翁地位沦为雇佣工人，许多农民因农田被征用而一夜间流离失所，农民工则连最基本的权利都得不到保证。普通群众的看病难、上学难、就业难等问题看不到解决的希望。与此同时，一部分人却通过不合法的手段迅速暴富，国有企业的管理者收购圈走了国家财富，没有增加就业，反而制造了几千万职工下岗的局面。这派学者呼吁应终止这种单纯的市场化，主张通过加强社会主义公有制经济来解决分配不公和收入差距过大的问题。另一派观点则认为，目前的分配不公和收入差距过大不是市场化改革造成的，而是由于在市场化进程中，政府的干预太多，造成了市场的扭曲。政府的权力部门就利用这种扭曲来为自己谋求私利，他们与商人之间的权力资本勾结造成了分配不公和收入差距过大。由此，这派学者得出结论：收入差距扩大的根本原因在于中国的经济体制不是完全的市场经济体制，而是一种权力经济。如果实行竞争的市场经济，收入差距会有所缩小，而不是扩大。所以，现在的问题在于市场改革还不配套，还不到位，还不完善。因此，政府政策的目标不是要放慢市场化改革，而是要加快，要继续通过市场化改革来削弱行政权力的空间，减少权力导致的市场扭曲。

当然，在两派观点之外，还有一类观点，大致属于居中调和型的。即主张接受现实，强调理论界及媒体不应过度渲染目前的收入差距问题，而应该对与我国收入分配相关的问题进行"冷思考"，要寻求实现贫富同舟共济，促进社会和谐。

二 对市场化改革能否解决现阶段收入分配问题的思考

市场化改革是否真的如某些人所言那样能解决现阶段的收入分配问题？在他们看来，以市场化"把社会资源的使用权从那些垄断部门解放出来"。对此，笔者不敢苟同。

理论界的这场交锋究竟孰是孰非？有学者强调要对有关问题进行"冷思考"，这无疑是正确的。那么在"冷思考"下，可以先来考虑这样一个问题，即：市场化改革是否真的如某些人所言那样能解决现阶段的收入分配问题？

（一）市场机制作用下贫富分化的必然性

即使是坚持市场化方向的学者也认为，在市场机制的作用下，出现收入分配差距是必然的。因为市场经济的要求是按生产要素（产权）进行分配，各人占有生产要素状况不同，分配所得必然不同。若进一步分析，按要素分配，如果任由市场机制发挥作用，也就意味着马克思在《资本论》

中对于资本积累的这些描述会成为现实，即伴随着资本积累和资本有机构成的不断提高，必然导致：一方面，平均利润率不断下降，资本家之间的竞争加剧，推动了资本的积聚和集中。另一方面，则是社会中相对过剩人口的不断增加。由于资本有机构成的提高导致了工资总额的相对减少，使就业岗位减少，或者使雇佣劳动者的工资水平降低，这意味着工人阶级的整体贫困化。最终的结果，就是社会的两极分化：一极是资本家的财富积累，一极则是工人阶级的贫困积累。马克思称此为资本主义积累的绝对的、一般的规律。如果要搞单纯的市场化，这种情况就必然出现。

由此导致的贫富分化能达到什么样的程度，看看18、19世纪工业化时期的英国就能体会到。这一时期的英国，因首先完成了工业化而成为世界上最富有、最强大的国家。由于工业化带来的财富太多，其国内社会的贫富差距也比世界上任何其他地方都更为鲜明。有研究者在文中谈到，在1801年，英国1.1%最富有的人取得国民收入的25%；1848年，1.2%的最富有者就取得35%的国民收入；到1867年，2%的最富有者所聚敛的财富占国民收入的40%。相反，体力劳动者在国民收入中所占比例却从1803年的42%下降到1867年的39%。对于社会中的贫富分化，后来成为英国首相的本杰明·迪斯雷利曾这样说："英国可以分为两个民族——穷人和富人，他们之间拥有一条巨大的鸿沟。"

而西方主流经济学者也承认，市场机制对于缩小社会中的贫富差距无能为力，在此问题上"市场失灵"。由此看来，即使如一些人所言，当前国内收入分配问题的形成就是由于政府权力的影响，腐败是造成收入不公的首要因素，所以要引进市场竞争来削弱行政权力的空间，减少权力导致的市场扭曲。但这样做的实质，打一个比方，不成了反对盗窃，而鼓励抢劫吗？减少了一种类型的贫富分化，带来了另外一种类型的贫富分化，有什么意义呢？何以见得市场竞争之下的贫富分化，就小于非市场竞争之下的贫富分化。所以，坚持以市场化改革来减少分配不公、缩小收入差距的学者，其真正的关注点实际不在社会的贫富差距，而在于要捍卫他们心目中的公平。这个公平也不是广义的公平，而仅限于机会平等。机会平等之下的贫富差距在他们看来是理所当然的，是可以接受的。至于出现的部分人极端贫穷问题，那是可以通过社会二次分配、三次分配来解决的，西方发达国家就是这么做的嘛。

（二）为寻求机会平等而引入市场竞争的逻辑

为了寻求机会平等，而要引入市场竞争。对于这种思想逻辑，我们可以参考美国经济学家阿瑟·奥肯的《平等与效率——重大的抉择》一书。此书通常被认为是"公平与效率负相关说"的始作俑者。奥肯在其中倡导机会平等，但他也承认这是很难把握的，生活中清晰可见的是机会不平等，所以他着力于讨论的是纠正那些机会不平等现象，比如工作机会中的歧视、获得资本方面的歧视等。在他看来，纠正机会不平等将带来这样的结果：更大的收入平等和更大的一代又一代的社会变动性。而促进机会均等的努力，自然会接受一种个人主义的、成就导向的、必不可少的竞争经济，在这种经济中将继续存在奖励的获得与等级的变动。奥肯虽有此说，但实际上连他他自己都对在市场经济条件下保障人与人之间的机会平等没有信心，所以他在分析的最后，强调有必要在社会中形成金钱收入以外的、多元的衡量成功的标准，因为这种标准越多，就越有益于保持人的自尊。

客观来讲，不管什么样的市场经济，其市场主体由于各种先天和后天因素的影响，都很难站在同一条起跑线上进行竞争——按奥肯的说法，"很难找到这个起跑线"。所谓机会平等，我们只能接近而不能完全实现。把机会平等与市场竞争画等号，源自"市场迷信"。正如马克思指出的，市场交换中，买卖双方"彼此只是作为商品的代表即商品所有者而存在"，"商品是天生的平等派"，这决定了买卖双方具有平等的地位。由此，市场经济通常被认为是平等竞争。但这只是它的理想状态，现实中的市场经济并不能够完全做到。流行于西方经济学界的"市场迷信"实际上是带有很强的预设主义情结的。现代科学哲学的预设主义认为，在科学发展中存在某种预设的、超历史的、不变的、不可违背的方法、基本假设、推理原则和"元科学"概念。西方经济学家曾长期把市场看做是完全竞争的、无摩擦的状态，直到20世纪二三十年代"大萧条"时期，才开始承认市场是有缺陷的。但在不少人那里，对完美市场的迷恋依旧，正如他们所说的："先验的理论并不是来自经验。"这不就是鲜明的预设主义的观点吗？而近年来，西方经济学说体系在中国公众中广泛传播。在现实生活中，某些垄断行业的从业人员的高收入亦激起了公众的不满。有人提出在这些行业引入市场竞争以消除既有的分配不公，这是一种寻求解决问题的探索，但在这种思路的背后，是否就有"市场迷信"的因素在里面呢？恐怕是有的。

（三）防范权力利用市场牟取私利

倡导继续市场化改革以解决收入分配问题的学者，认为当前政府财政收入占国民收入比重过大，特权与腐败收入膨胀，以及国有垄断企业高管和员工收入过高，和我们现行的政治体制和政府职能密切相关。政府掌握了过多的经济资源，在资源配置方面还发挥着巨大的作用，尤其是政府依靠固定资产投资拉动经济增长的模式不但没有改变，反而有不断强化的趋势。官员的许多特权利益在不断固化和强化，致使腐败上升的势头得不到有效遏制，设租寻租行为司空见惯。在他们看来，政治体制改革滞后和政府职能错位，是造成现阶段诸多分配不公的制度根源。而他们开出的药方就是实行市场化。以市场化"把社会资源的使用权从那些垄断部门解放出来"。因为"寻租的前提是行政权力对微观经济活动的干预和对社会资源的垄断，没有了这种行政干预和权力，垄断就没有了寻租的可能性。所以，寻租问题只有靠实现法治基础上的市场化才能解决"。对此，笔者不敢苟同。市场机制的运行原理，以亚当·斯密"看不见的手"来概括是很贴切的。显然，市场机制的运行是以人的利己本性为基础的。但是现实中的人，不仅唯有利己倾向，还有利他倾向。对人而言，受何种倾向主导，则取决于相应的制度环境。作为公权力的掌握者，也就是公权力的人格化，虽然公权力的运用应以为公众服务，即以利他为宗旨，但当面对以利己为价值取向的制度环境，如市场环境时，掌权者的利己本性就会被激发、膨胀，膨胀到一定程度就会压制住自身所具有的利他本性，这个时候权钱交易等腐败寻租行为就会发生。这种情况就实质而言，是权力在利用市场，利用市场为掌权者的利己本性服务。由此来看今天的许多分配不公，就是权力利用市场牟私利的产物。要抑制公权力掌握者利己倾向的膨胀，防止权力利用市场牟私利，可取的途径是营造相应的制度环境，而不应寄希望于权力退出，以市场运作代替权力运作。因为政府的存在取决于其财政基础，有较高行动能力的政府其背后必然是财力充沛，所以讲到底，政府权力涉足营利领域是为了保障自身的行动能力。公权力掌握者利用这种机会进行寻租，我们的解决办法不是针对这些掌握权力的人，而是要让公权力退出有关经济领域，这不是因噎废食吗？当然，在政府的存在方式上，可以有"小政府"、"大政府"的选择，但这不是问题的关键，关键是对于防范腐败的路径选择出现错误，这可能是致命的。处理得不好，苏联废党解国的命运就离我们不远了。

要营造防止权力利用市场以牟私利的制度，西方发达国家的经验教训都是要借鉴的。它们是在市场化氛围，即利己的社会氛围中寻找出路的，办法就是政党制衡制度，也就是让利己者相互制衡。但这种制衡的成本必然是相当高昂的，且不说三权分立形式下的相互扯皮，政党的竞选费用也是浩大的。更糟糕的是它造成了政府行动能力低下的后果，这一点，我们只要对比中国政府在"汶川大地震"中的动员能力和日本政府在处理"福岛核泄漏"事故中的表现，就不难看到了。在笔者看来，作为最优的选择，应该是营造一种利他的社会氛围。从新中国成立后的一个时期的情况来看，这并不是不可能的。

三　应弃"过度市场化"而择
"民生导向的社会主义化"的解决思路

寻求以市场化改革来解决收入分配问题就纯粹是一种肤浅的皮相之说。只有坚持社会主义道路，即社会主义化才能真正解决问题。

（一）"继续市场化改革"实为"过度市场化"

根据前述分析，显然，那种寻求以继续市场化改革来解决我国现阶段收入分配问题的思路是不可取的。如果根据当前的现实，来对这种思路做一个贴切的界定的话，那毋宁说是"过度市场化"。虽然走建设社会主义市场经济的道路，对尚处在社会主义初级阶段的中国而言，是不二的选择。但是，这里有一个基本的前提条件，就是不能偏离社会主义的方向。社会主义的目标是实现共同富裕，公有制经济是社会主义最直接、最根本的体现，基于公有制经济还不能覆盖全社会，必须以非公有制经济作为补充的现实，国家制定了"坚持公有制为主体，多种所有制经济共同发展的基本经济制度"的国策。由于我们是在摸索中建设社会主义市场经济，出现某些偏差在所难免。在前些年打着市场化改革旗号而进行的"民进""国退"中，大量的国有经济、集体经济企业通过诸如"经理层购买（MBO）"、拍卖等各种方式纷纷转化为私有经济体。结果，一时间公有经济成分迅速降低，私有经济成分大幅增长。从客观上看，目前的居民收入分配差距过大，其根源就是私有制经济的迅速增长。这从道理上讲实际是很明显的：目前社会中的贫富两极，极富者群体中，既有私人企业主，又有国企高管、政府官员。其中，私人企业主的高收入来自资本积累，国企高管的过高收入是政府政策给予的，极少数政府官员的过高收入往往是贪污受贿来的。再来看极贫者群体，从便比较和从机会平等的比较原则出发，我们只观察城镇中有收入的劳动者，既然哪一派的研究者都承认国企职工的收入水平大大高于私企职工，那就是说处在极贫者这一端的，除了无收入者之外，主要就是私有经济中的劳动者。是什么造成了他们的低收入呢？不就是私企老板对工人剥削压榨的结果吗？他们的贫穷积累和大资本家的财富积累，已足以在这个社会中划分出贫富两极。有无国企高管的过高收入和政府官员的寻租暴富等现象，对这种贫富分化的格局都不会有多大的影响，只是加强了分化的程度而已。这样来看，说前些年的市场化改革造成了私有经济所占比重过高，是导致今天收入分配问题的主要原因，是没有错的，在一定程度上就是改革偏离了社会主义方向。

而今天主张继续市场化改革的学者则是基本无视已造成的危害，反而愈行愈远。他们根据近年来西方发达资本主义国家国有经济的比重最高约占 GDP 的 15% 左右，最低在 5% 以下，提出我国国有经济的比重还是太高，应该维持在 20% 左右就够了。这些学者打着"反垄断"的旗号，目标直指我国一些重要行业和关键领域的国有企业。还有人以资本主义国家国有企业大部分集中在公共产品和公共服务行业为依据，主张我国国有经济应退出所有非公共事业领域，并使之私有化。如果这样做了，那已不是偏离社会主义方向的问题了，而是要彻底颠覆中国的社会主义制度。从当初建设社会主义市场经济的目的来看，这样的市场化改革，就是"过度市场化"。

（二）"民生导向的社会主义化"是解决现阶段收入分配问题的正确思路

从理论上讲，在分配问题上，所有制是最终决定因素。也就是说，要真正解决收入分配问题，必须回到所有制这个根源上。这是由生产与分配之间的辩证关系决定的。生产决定分配，因此在分配的顺序上，生产要素分配决定收入分配，也就是所有制决定收入分配。这是马克思主义的分配观，也是对分配问题本质的科学分析。站在这个立场上来看，寻求以市场化改革来解决收入分配问题就纯粹是一种肤浅的皮相之说。只有坚持社会主义道路，即社会主义化才能真正解决问题。

社会主义的本质特征是以公有制为主体和实现共同富裕，其中，前者是后者的基础和前提。从解决收入分配问题的角度考虑，在当前不仅不应缩小，反而要积极扩大公有制经济在国民经济中所占的比重，这样才能从根源上彻底扭转收入分配差距不断拉大的局面，确立共同富裕的前进方向。在如何看待国企职工收入上，正如中国社会科学院余斌教授所说的，"国企职工的收入原本就比私企职工的高"，这是"劳动者是主人翁（尽管在国企中劳动者的主人翁地位已经受到了严重的削弱，但还没有等于无）还是（马克思所说的）雇佣奴隶的问题。显然，主人翁的工资怎么能与雇佣奴隶的工资相同呢？因此，不是国企的或垄断行业的工资高了，而是私企的工资低了。这是根本的问题"。

当前，对于积极发展公有制经济，坚持共同富裕的奋斗方向，特别需要在改善民生这个论题下把握其重要意义。在党的十七大报告中，将"加快推进以改善民生为重点的社会建设"单列一章来详加阐述，这预示着改革开放30年后，我们党已将民生问题提高到一个新的战略高度来加以统筹考虑了。在报告中，对于如何保障和改善民生，分别从教育、就业、收入分配、社会保障、医疗卫生、社会安全这六个领域进行了阐述。不难看出，这六个领域之间，实际又存在着相互影响、相互制约的关系，换言之，民生问题是"一盘棋"，需要通盘考虑。要从根本上保障民生，或者在最大限度上改善民生，就必然要走社会主义的道路，必然要坚持在国民经济中以公有制为主体，以实现全社会共同富裕为奋斗目标。这一点，从近年来出现的被称做中国式社会主义3.0版本的"重庆模式"中，就得到直接的反映。

重庆市在1997年成为中央直辖市。这个集大城市、大农村、大山区、大库区于一体的城市，简直就是中国的缩影：城市富人、贫苦农民、山区穷人、库区移民交错生活，城乡二元结构、贫富差距明显。而就在这座城市中，近几年来却在发生令中外瞩目的巨大变化。美国哈佛大学商学院教授、"中美国"命题的发明人尼亚尔·佛戈森到重庆后感慨道："中国没有任何城市能跟重庆的飞速扩张相提并论。我最近来中国访问，看到长江上游的重庆成为世界上发展最快的城市。我早先来中国访问，看到过上海和深圳的建设奇迹。但是，重庆建设速度超出想象。云雾中的重庆上空无数的塔式大楼、盘旋在半山腰的大吊车、流光四射的高速公路、崭新的企业新区让人惊羡不止。我在目睹一场类似早年西方城市里发生的又一场工业革命。而重庆最令世人瞩目的却不是它的发展速度之快，而是它在社会主义改革和建设道路上形成了自己的特色。"

这几年来，重庆市一方面通过不断壮大国有经济，发展非公经济，实现多种经济成分共同发展，达到了"国民共进"的效果；另一方面，又积极探索以民生为导向的发展道路，彻底转变以 GDP 为核心的传统发展模式，通过其规划的民生幸福指数——"五个重庆"、十件民生大事，正在努力改变既有的城乡差距大、贫富悬殊的局面，同时也形成了以解决民生为着力点，依靠民生型内需消费促进经济增长的新的模式。这两个方面相互促进，使当地经济获得迅猛发展，经济总量一年跨上一个千亿级台阶，今天重庆已成为中国经济发展最为迅速的城市。与此同时，重庆也在把自己转变成"一座拥抱农民的城市"、"一座为下层社会建房的城市"、"一座关爱留守儿童的城市"、"一座关注市民幸福感的城市"。可以说，"民生导向的社会主义"在重庆已逐步成为现实。在这个基础上，重庆人就有了这样的自信：他们在全国率先将缩小基尼系数写入"十二五"规划，明确提出，到2015 年，将基尼系数由 0.42 降到 0.35，城乡收入差距缩小到2.5：1左右，以人均地区生产总值衡量的主城区与边远区县差距缩小到2：1左右。重庆要以"民生导向的社会主义化"来解决收入分配难题，他们能做到吗？应该能。

（来源：《马克思主义研究》2011 年第 7 期）

B 方

垄断、

腐败、

政府不作为等是导致收入差距不断扩大的重要原因，

主张加强市场分配机制的功能，

通过市场化改革来解决收入分配问题。

缩小收入差距不能单靠再分配

吴敬琏　国务院发展研究中心研究员

只有在形成较为合理的初次分配结构的基础上，辅之以合适的再分配措施，才有可能实现收入分配改革的预期目标。因此，分配改革不能止于政府抑富扶贫的零散措施，而应是一整套完善经济和社会体制的系统化努力。

改革开放30多年来中国经济持续高速增长，已成为全球第二大经济体，人均收入水平较之改革开放前也有相当程度提高。然而，居民收入差距却一直呈扩大趋势。

据世界银行的报告，目前中国1%的家庭掌握了全国41.4%的财富，而劳动者收入占国民收入的比重已经从1980年的65%下降到了2007年的39.7%，大大低于世界平均水平。反映分配不平等程度的基尼系数继续攀升，目前已经达到接近0.5的畸高程度。

在目前条件下，资本主要掌握在国有企业手中。由于产权并未落实到户，农用土地转为城市国有土地时的差价收益也由各级政府和相关企业获得，由此形成了在政府、企业和居民三者中，政府和企业特别是国有企业收入在国民收入中的占比愈来愈高，而劳动者报酬的占比却每况愈下的格局。

针对这种情况，为了缩小收入分配差距，政府必须改变经济增长模式，从资源投入支撑的增长转变为技术进步和效率提高支撑的增长。只有这样，才能达到"提高劳动报酬在国民收入初次分配中的比重"和"扩大中等收入者的比重，提高低收入者收入水平"，到2020年实现"中等收入者占多数"的目标。

此外，对初次分配造成扭曲的原因还有以不受约束的权力为背景的地方行政垄断、寻租腐败。而恰恰为民众痛恨的，正是这种权力干扰造成机会不平等，进而造成贫富分化。

地方政府过大的支配资源和干预微观经济的权力为寻租活动创造了巨大空间。贪腐官员非法设定行政许可和不合理的市场准入条件，使中国的租金总额达到天文数字，设租的贪腐官员和寻租的"红顶商人"大发横财，同时又使没有权力倚靠的弱势企业和弱势群体失去获取合法收入的机会，乃至丧失生存空间。

另外，在许多重要经济领域存在的行政垄断也是败坏中国经济环境的毒瘤。近十多年来，政府一再重申大部分产业和市场领域要对私有企业开放，并给予平等保护，但实际进展并不大。这就使得那些拥有行政垄断地位的企业能够利用自己对市场或公共资源的垄断权力取得高额收入。在这些部门中，腐败大案频发。有数据表明，2008年，垄断行业员工只占全国就业人群的8%，工资却占全国工资总额的50%。最高行业平均收入与最低行业平均收入的差距高达15倍，创了世界纪录。因此，我们要理顺分配关系，就必须全面推进市场化改革，取消各种形式的行政垄断，铲除寻租的体制基础。否则，单靠政府的再分配措施矫正扭曲的基本分配关系，虽然能够在某种程度上抚慰缓解由贫富悬殊、贪腐横行引起的大众愤懑，但其消极后果也不可小觑。

首先，政府大量提供补贴必然造成大幅度增加财政收入的需要，由此引致的税负增加和货币超发会妨碍经济发展和导致"蛋糕做小"。而由此引发的通货膨胀会对工薪阶层的工作积极性造成很大的损害。所有这些，到头来都会不利于收入差距的缩小和共同富裕的实现。其次，过度使用财政税收手段来"拉平"地区之间的收入差距，还会由于价值创造和价值获得的地区分离，损害各地增收节支以及为社会努力创造财富的积极性。

一些国家的经验也表明，与采用完善劳动市场、消除就业障碍和为中小企业创造更大发展空间和更好经营环境的办法来促进就业和提高工资的手段相比，用对工资实施行政干预的办法提高低收入职工收入水平弊多利少。他们的经验和教训值得我们认真总结和汲取。

从以上的分析可见，只有在形成较为合理的初次分配结构的基础上，辅之以合适的再分配措施，才有可能实现收入分配改革的预期目标。因此，分配改革不能止于政府抑富扶贫的零散措施，而应是一整套完善经济和社会体制的系统化努力。

这个系统化努力的方向之一是首先要改变粗放经济发展模式，转而依靠知识、技术创新和劳动效率。这样，劳动者的收入水涨船高，促进消费，扩大内需，形成良性循环，并保证政府能够依法行政，取缔非法设立的行政许可和行政审批，铲除寻租的制度基础。

政府一定要下决心破除特权既得利益阶层和传统意识形态的阻碍，继续推进国有经济的改革，把被少数人和少数企业占用的社会资源从垄断部门的行政垄断下解放出来，通过企业之间的平等竞争实现有效配置，为社会大众创造财富。

此外，完善财税体制，为社会低成本提供公共物品和实现公共服务的均等化；建立能够持续运转的社会保障体系，为全民提供基本的医疗、养老等保障；改善教育体系，使每一个要求上进的公民都有通过学习提高自己的知识和能力的机会等，都是这个系统应包含的内容。

（来源：《IT 时代周刊》2011 年 8 月 5 日）

市场化改革与收入分配

张维迎　北京大学光华管理学院原院长、教授

如何在不损害 GDP 增长的同时，最大限度地减少收入分配差和收入不公？关键是提高经济的市场化程度，减少政府行为所导致的不确定性。

收入分配机制转变的基本方向应该是：加强市场分配机制的功能，削弱政府在初次收入分配领域中的支配作用，用市场机制解决效率问题，用政府分配解决公平问题。

现在，有关收入分配的争论越来越多，涉及怎么评价我们的改革成就。发展还是不是硬道理？"效率优先，兼顾公平"的政策是否正确？市场化改革的方向是不是应该坚持？本文力图回答这些问题。

任何一个制度从某种意义上讲都是收入的分配制度，也就是说，社会成员以什么样的方式获得收入和财富。因为收入和财富总是人们追求的目标，所以收入分配制度实质上也是一个激励制度、创造社会财富的制度。一个体制的改革也是一个收入分配制度的改革。

谈中国改革开放 30 年，就不能不谈收入分配。在 1978 年之前，中国实行计划经济，从收入分配的角度看有两个特点：第一是追求高积累和平

等分配为主要的目标；第二是所有的分配杠杆都控制在政府的手里政府直接进入了初次分配。没有市场，没有要素价格。所以在那个时候，当涨工资的时候，我们首先要感谢政府，因为工资是政府决定的，我们觉得所有的收入是政府给我们的。

在市场经济中，生产要素和产品的价格是由市场供求决定的。这个定价过程同时决定了资源配置和收入分配，或者说，财富的创造和收入的分配是同时决定的。

中国的改革可以说从一个政府主导收入分配到市场主导收入分配的变革。截止目前，政府仍在资源的分配中起着非常重要的作用而市场在收入的分配方面起着重要的作用。这两个机制结合起来，就表现出现在收入分配中存在的诸多令人不满的问题。

一 改革以来收入分配思路的变化

在改革的初期我们的主要目的是引进激励机制，打破大锅饭、平均主义。到了1984年至1986年的时候，社会上出现了有关收入分配的争议，那时候叫"红眼病"。有关收入分配的争论一直持续到1993年十四届三中全会。十四届三中全会正式确立了"效率优先，兼顾公平"的原则。到了十五大的时候不仅强调了"按劳分配"而且承认了"按生产要素分配"。

在改革的初期我们的主要目的是引进激励机制，打破大锅饭、平均主义。

在20世纪70年代末期和80年代早期，中国经济学家发表了大量文章为"按劳分配"正名。因为"文化大革命"期间我们连"按劳分配"都不承认，在今天这已经不是一个问题，但那个时候是一个大问题。随着国有企业利润和个人奖金政策的引入，不同企业之间职工的收入差距开始拉大；非国有部门也开始发展，一部分人因为从事个体商业活动富起来了。不同行业、不同企业之间个人收入差别引起了很多的社会矛盾，到了 1984 年至 1986 年的时候，社会上出现了有关收入分配的争议，那时候叫"红眼病"。当时流行的一个说法是"拿起筷子吃肉，放下筷子骂娘"。政府应对收入差距的办法是提高"奖金税"。

有关收入分配的争论一直持续到 1993 年十四届三中全会。十四届三中全会正式确立了"效率优先，兼顾公平"的原则，争论算告一段落。到了十五大的时候不仅强调了"按劳分配"而且承认了"按生产要素分配"，江泽民总书记在十五大报告中讲，把按劳分配与按生产要素分配结合起来，鼓励资本技术等生产要素参与收益分配，这就是我们整个收入分配思路的变化过程。

中国经济改革中一些重要指导思想和政策的确立，都凝聚了许多经济学家的贡献。收入分配也是我本人一直关注的问题。上面谈到 1984 年至 1986 年的"红眼病"，正是在这个背景下，1986 年初我在《管理世界》第一期上发表了《新时期收入分配政策研究》一文提出："新时期收入分配政策的基本目标可以概括为在优先考虑刺激效率、平衡资源和资本积累的前提下兼顾公平分配和物价稳定。""收入分配机制转变的基本方向应该是：加强市场分配机制的功能，削弱政府在初次收入分配领域中的支配作用，用市场机制解决效率问题用政府分配解决公平问题。""工资改革的根本方向……是将市场机制引入工资决定。"

二　贫困人口减少　收入差距扩大

因为发展快，中国社会的绝对贫困问题应该说基本解决了。在人均收入大幅度增长、几乎每个人的生活水平都在大幅度高的同时，收入差距扩大了。

经过 30 年的改革中国经济的效率大大提高了，人均 GDP 大幅度上升，不到 10 年人均 GDP 就翻一番，这在人类的历史上应该是一个奇迹。在过去 200 年来，美国是每 40 年人均 GDP 翻一番，但中国还是落后，因为我们发展市场经济起步太晚。

因为发展快，中国社会的绝对贫困问题应该说基本解决了。以世界银行的统计来看，无论按照老标准还是新标准，贫困人口的比例大幅度下降，农村贫困人口的比例按老的标准，1980 年是 40.7%，2002 年降到 4.8%；按新标准，分别是 75.7% 和 12.5%。全部人口中贫困人口的比例，按老标准 1981 年是 23%，到 2001 年是 3%；按新标准，1981 年是 52.8%，2001 年降到 7.8%，我们发现，贫困人口比例的降低，与每个省的 GDP 增长有显著的关系。GDP 增长越快的地区，贫困人口减少的速度越快，这印证了邓小平的一句话"发展是硬道理"。

当然，不可否认的是，在人均收入大幅度增长、几乎每个人的生活水平都在大幅度高的同时，收入差距扩大了。无论是农村还是城市，基尼系数按照现在统计都是上升了。按照世界银行的计算，全中国的基尼系数 2001 年接近 0.45，但如果城乡分别计算，城市是 0.37，农村是 0.33，无论是农村还是城市，都远低于 0.4。其中，即使全部人口的基尼系数，如果把生活费用的差异考虑进去，也不到 0.4。

三　收入的流动性大大提高

现在有一个新的说法是"改革的成果全民分享"。这里有个需要回答的问题是过去 30 年的改革成果是不是全民分享了？我个人的答案：是的，但分享的程度有所不同。

现在有一个新的说法是"改革的成果全民分享。"这里有个需要回答的问题是过去 30 年的改革成果是不是全民分享了？我个人的答案：是的，但分享的程度有所不同。我认为，尽管改革 30 年不同人之间的收入差距是扩大了，但中国社会的公平程度大大提高了。我讲的是公平程度包括机会均等。衡量社会公平的指标之一是收入的流动性，也就是不同收入人群是如何随着时间而变化的。根据斯坦福大学蓬卡沃（Pencavel）教授的研究，中国收入的流动性大大提高了。如果把城市人群按收入划为五个组我们发现，1990 年最高收入的人群在 1995 年只有 43.9% 仍然属于最高收入的人群，而有近 5% 落入最低收入人群；1990 年最低收入的人群也只有 49.6% 的人到 1995 年的时候仍然属于最低收入人群，其他 50.4% 的人都已经跳出最低收入阶层，其中 2.1% 的人进入最高收入人群。这意味着机会均等大大提高了，收入差距扩大并不是富人总是越来越富穷人总是越来越穷。

对比一下美国，美国在 1993 年处于最低收入的人，1998 年仍处于最低收入的是 70.4%，而 1993 年处于最高收入的人 1998 年仍然属于最高收入人群的比例是 50.1%。这两个数字都远远高于中国的数字，说明中国收入的流动性比美国还高。

四 关于收入差距与收入分配的五个困惑

在收入差距与收入分配方面存在着五个困惑：第一个困惑是有关 GDP 的增长与收入差距之间的关系；第二个困惑是国有经济规模与收入差距的关系；第三个困惑是政府支出与收入差距的关系；第四个困惑是利润与收入分配的关系；第五个困惑是经济的市场化程度与收入分配的关系。

现在有关收入分配的争论越来越多，涉及到怎么评价我们的改革成就。发展还是不是硬道理？"效率优先，兼顾公平"的政策是否正确？市场化改革的方向是不是应该坚持？这些都是摆在我们面前重要的问题。要回答这些问题，必须回答从跨地区数据中得到的几个困惑。

第一个困惑是有关 GDP 的增长与收入差距之间的关系。中国基尼系数的扩大是伴随着收入水平的增长而来的。那么收入差距是不是都是为了实现 GDP 增长而必须付出的代价？从跨地区的数据看，不完全是这样。如果用横坐标代表各省人均 GDP，纵坐标代表 2001 年的基尼系数，就会发现人均 GDP 水平越高的地区，平均的收入差距反而是越小。如果从人均 GDP 的增长率来看也是一样的。平均而言，人均 GDP 增长率高的地区，收入分配的差距反倒是比较小，特别是浙江、福建、广东这些省份；而那些人均 GDP 增长率比较低的地区，收入分配的差距反倒比较大。

第二个困惑是国有经济规模与收入差距的关系。因为国有企业更接近于按平均劳动生产率支付工资，所以员工之间的收入差距是相对小；而私有企业是按照个人的边际生产率支付报酬，收入差距比较大。一个自然的推论是，国有部门占经济总量比例大的地区，收入差距应该比较小。但我们看到的数字给我们得出的结论恰恰相反。如果横坐标代表一个省所有的就业人员当中国有部门的比例，纵坐标代表基尼系数，可以发现，平均而言，国有经济比重越高的地区，收入差距越大。

第三个困惑是政府支出与收入差距的关系。政府转移支付的目的是缩小收入分配的差距降低贫富悬殊，所以理论上讲，如果政府收入占 GDP 比重高的话，这个地方的收入差距应该小一些才是，但跨地区的数据也给出了完全不一样的结论。如果用横坐标代表政府花的钱占这个地方的 GDP 的比重，纵坐标代表基尼系数，可以看到，政府花钱占 GDP 比重越高的地方，基尼系数也大，也就是说收入分配的差距越大。

第四个困惑是利润与收入分配的关系。在计划经济下，个人在初次分配中获得的收入只有劳动所得。在市场经济下不仅有劳动者所得也有资本所得企业家赚取的是利润。改革开放后个人收入来源多元化了，利润甚至成为一些人的主要的收入来源。我们自然会想到说如果利润在 GDP 中的比重高的话，这个社会的收入差距自然会更大一点，但我们发现跨地区数据不支持这个结论。按照国家统计局公布数据，我算出各地区 GDP 中劳动所得、利润、生产税和折旧四部分的比例。大体上讲剔除了税收和折旧之后全国劳动所得占 GDP 是 2/3，利润占 1/3。但各地区的差距很大，我们的第一个发现是利润占 GDP 比重越高的地方，人均收入越高，收入增长的速度也越快。这一点并不奇怪，因为利润可以刺激投资和经济活动。奇怪的是，平均而言，利润在 GDP 总量当中比重越高的地方，收入差距反倒越小；而利润占 GDP 比重越低的地方，基尼系数越大。

第五个困惑是经济的市场化程度与收入分配的关系。如果说市场化导致了贫富差距的扩大，那么，市场化程度越低的地方，政府主导作用越强的地区，收入差距应该越小。事实上，结果却相反。使用中国经济体制改革基金会樊纲等提供的 2001 年各省市场化指数和世界银行提供的同一年各省的基尼系数，我发现一个有意思的现象：平均而言，市场化程度越高的地区，收入差距反倒越小而不是越大。

这就是我总结的五个困惑。我们怎么解决这些困惑？

自改革开放以来收入差距的扩大与效率的提升是相伴随的。收入差距有一部分是合理的。所谓合理的差距是指为了经济成长和效率的提高必须付出的代价，另一部分可能是不合理的。也就是说，不需要付出这个代价仍然可以维持同样的经济效率和收入增长。当然我们是不是愿意追求这样的效率和收入增长，那是一个价值判断问题。从经济学上来讲，我们关心的是，经济是不是处在增长和收入差距的有效边界上？

五　不确定性影响收入分配

有一个重要的经济学理论是不确定性影响收入分配。在中国改革开放的 30 年中，从事商业活动面临的最大不确定性是体制的不确定性、政策的不确定性、政府行为的不确定性。这种体制的不确定性，来自政府对资源的配置和政府行为的随意性。

有一个重要的经济学理论是不确定性影响收入分配。不确定性越高收入分配差距越大。因为有不确定性，才有了作为剩余收入的利润，才有了企业家。这一点对理解收入差距有重要的含义。

在中国改革开放的 30 年中，从事商业活动面临的最大不确定性是体制的不确定性、政策的不确定性、政府行为的不确定性。这种体制的不确定性，来自政府对资源的配置和政府行为的随意性。对中国企业家来说，最难以预测和把握的可能不是市场的不确定性，不是技术的不确定性，而是政府部门行为的不确定性，是政府政策的不确定性。在这种情况下，做企业仅有通常意义上的企业家能力是不够的，关系、背景可能更重要。只有有政府关系、有政府背景的人才敢去做企业，否则就不敢去做企业，并且政策和政府行为的不确定性越大，需要的关系和背景就越高。这样，我们就可以为前面讲到的五个困惑提供一个理论解释，尽管体制的不确定性是普遍现象，但中国不同地区之间制度环境、政策、政府行为的不确定性是有很大差异的。效率与收入平等的关系在不同地区有不同的表现，不同地区走了不同的发展路径。（见图，编者略）

如果用横坐标代表 GDP 增长率，纵坐标代表基尼系数，增长率与基尼系数的关系应该是向上倾斜的，但不同地区增长率与基尼系数关系的斜率是不一样的。体制的不确定性越高的地区斜率越陡。

这是因为，一个市场化程度低、政策的不确定性高的地区做生意非常的难，只有少数人敢做生意，但因为竞争相对不那么激烈，所以能获得超额利润；而一个市场化程度高、体制的不确定性相对低的地区，许多企业家能力相对一般、没有很强政府关系背景的人也可以做生意，所以利润率较低。在前一类地区，私营企业数量少，经济增长率低利润总量少但利润集中在少数人手中，所以收入差距大；在后一类地区，私营企业数量多经济增长快利润总量大，但利润的分布比较均匀。为了获得同样的经济增长，前一类地区要比后一类地区付出更高的收入差距的代价。我们前面刚才看的跨地区统计数字表明，恰恰是那些高增长的地区，收入分配更平等一点。这条向下倾斜的增长率与基尼系数之间的关系曲线事实上是由不同地区的向上倾斜的曲线上的点组成的。如果这个结论对的话，它对下一步的改革就具有重要的政策含义。

六　提高经济的市场化程度　减少政府行为导致的不确定性

如何在不损害 GDP 增长的同时，最大限度地减少收入分配差和收入不公？关键是提高经济的市场化程度，减少政府行为所导致的不确定性。

如何在不损害 GDP 增长的同时，最大限度地减少收入分配差和收入不公？关键是提高经济的市场化程度，减少政府行为所导致的不确定性。如果我们能够把全中国经济的市场化程度或者说政府的行为方式，推进到浙江这样的省的水平，那么我们既可以保持高的增长率同时又可以大大减少收入分配的不平等。

与此相关政治体制改革就变得非常重要。政治体制改革最重要的是用法律把政府约束起来，让各级政府在法律边界内行事，这样就可以减少政府行为的不确定性，建立一个真正的市场经济。如果政府能按照规则去办事的话，无论生意人还是普通老百姓都可以更好地预测政府的行为把握自己行为的后果。在这种情况下，极高的垄断性利润、少数人赚大钱的机会就会大大减少。由此司法的独立性则非常关键。如果没有司法独立，要建立法治经济是无法想象的。

我们还要减少政府对资源的控制和对市场准入的限制。如果政府仍在配置大量资源，而我们又让市场决定个人收入分配的话，结果一定是大量的资源价格以利润的形式变成了少数个人的收入，收入分配不可能真正的公平。政府对资源的控制不仅损害了效率，而且也损害了公平，政府对市场准入的限制，很多事情只有一部分人能做，一部分人不能做，保护了垄断利润，也导致了收入差距的扩大。我们不要以为效率和公平的关系一定是负相关的。如果按照正确的方向改革体制，既可以增加效率，又可以增加公平。

还有重要的一点是，政府对教育投入的增加对降低收入差距非常重要。最近大量的研究证明现在个人的收入越来越与其教育程度相关。教育程度越高的人收入增长越快。如果政府想帮助那些低收入人群的话，最好的办法是提高这些人的受教育水平。全民义务教育无疑是政府的责任，政府也应该加大对高等教育的投入，同时要把竞争机制引入大学教育，要给大学更多的自主权允许大学自主确定学费，向高收入阶层收取较高的学费以便有财力向低收入家庭的学生提供全额奖学金。

前面已经证明，用财政转移支付减少收入分配差距是不成功的，不如用市场的手段减少收入分配差距更有效。我们仍然要坚持"发展是硬道理"，尤其是全球化的时代对中国而言，离开了发展，不可能解决公平问题。如果把创业的人吓住了，没有人愿意做企业了，贫困问题就会重新出现。我要特别提到一点，新的《劳动合同法》的一些条款可能对中国未来经济的发展有致命性的伤害。这个法律出发点也许是对的，为了帮助低收入阶层，为了帮助工人群体，但最后的结果可能是这个法律带来最大的伤害的是低收入群体，包括农民工以及城市的一些普通工人。

（来源：《资本市场》2008 年第 3 期）

收入分配改革要解放思想和科学研究

周天勇　中共中央党校国际战略研究所副所长、教授

　　未来要较好地解决分配不公问题，要富裕人民群众，重要的是要解放思想，即分析问题和思考办法要从传统的思维定式中解放出来。过去一提起解决收入分配不公、城乡差距过大、地区发展不平衡等问题，思路总是在公有与私有、计划与市场、政府与社会、公平与效率这样一些关系上绕圈子，最后得出的方略和对策，要么意识形态味道太浓，原则性太强，在实践中无法操作；要么没有大的和综合性的思路，在小范围和局部点上做文章；要么被误导，没有认清关键性问题，没有针对主要和重要的方面去解决问题。

　　未来要较好地解决分配不公问题，要富裕人民群众，重要的是要解放思想，即分析问题和思考办法要从传统的思维定式中解放出来。过去一提起解决收入分配不公、城乡差距过大、地区发展不平衡等问题，思路总是在公有与私有、计划与市场、政府与社会、公平与效率这样一些关系上绕圈子，最后得出的方略和对策，要么意识形态味道太浓，原则性太强，在实践中无法操作；要么没有大的和综合性的思路，在小范围和局部点上做

文章；要么被误导，没有认清关键性问题，没有针对主要和重要的方面去解决问题。

一　要解放思想

要从"公要多一些，私要少一些"；"计划要多一些，市场要少一些"；"公平重一些，效率轻一些"；"片面认为公平主要由政府来调节，并且需要政府包"的思维定式中解放出来。

第一，要从"公要多一些，私要少一些"的思维定式中解放出来。有学者，甚至舆论界也想当然地认为，在所有制结构上，公有经济的成分多一些，社会就会公平一些；而私有经济的成分多一些，社会分配就会不公平。这种看法是错误的。以我从数据入手对东亚与拉美的比较，对国内各地区之间的比较看：国外，越是国有经济比重高和人民群众创业不足的国家和地区，其基尼系数越高，收入分配越不公平；反之，基尼系数越低，收入分配越公平。国内，越是国有经济比重高和人民群众创业不足的省区，如贵州、甘肃等省，城乡居民收入差距越大，基尼系数越高；越是创业活跃和个体私营经济比重大的省区，如浙江、江苏等地，城乡居民收入差距越小，基尼系数越低。

第二，要从"计划要多一些，市场要少一些"的思维定式上解放出来。一些学者认为，是过分的市场经济导致了社会分配的不公，因此，解决公平需要加大国家计划筹集资源的力量，要用计划的手段对财富进行再分配，进而实现分配的公平。这也是一种错误的看法。从国际比较看，曾经实行计划经济体制的苏联等国家，财富向权力阶层分配和集中，不但没有较多地创造财富，也没有公平地分配财富。而从国内各地区的比较看，凡是市场经济发展较为成熟的省区，如浙江、江苏等地，城乡居民收入差距小，基尼系数低；而凡是政府管理方式受计划经济体制影响较深、市场化程度不高的省区，如东北、西部等一些省区，城乡居民收入差距就大，基尼系数就高。

第三，要从"公平重一些，效率轻一些"的思维定式中解放出来。一些学者认为，在发展到一定阶段时，解决收入分配公平问题，要放弃效率优先的指导思想，要偏重于公平。这绝对是错误的看法。我们不能牺牲效率去追求公平，一个不讲求效率的社会，必将没有公平分配财富的基础。从下面的分析看，从公平的基础看，关键是加大劳动参与创造和参与分配GDP力量，增加中等收入人口，减少因失业而贫困的人口等等，这要从鼓励创业，调整就业的产业结构，发展劳动密集型小企业等等入手。这些解决公平问题的重大的战略举措，成败在于高度重视创业、企业、劳动和政府管理的效率，而不是反其道而行之，去轻视效率。另外，公平比效率要重一些，如何重呢？如果是政府不鼓励创业，不鼓励人民群众去办企业，如果不鼓励劳动者去努力寻找工作岗位和勤奋劳动，主要依靠国家去给予，结果会似拉美国家一样，福利压力很大，国家债台高筑，金融体系脆弱，基尼系数反而居高不下。

第四，要从"片面认为公平主要由政府来调节，并且需要政府包"的思维定式中解放出来。一些专家认为，效率由市场来促进，实现公平主要依靠政府来调节和再分配。这种看法容易使政府不顾生产力发展水平、脱离财力实际去分配财富，而居民越来越依赖于政府来满足自己的生活需要，忽视了社会自我动力促进公平的积极性。我认为，和谐社会的划分可分为两类：一种是积极的和谐社会。即公民都去积极地创业和创造，都去勤奋地工作，中等收入人口越来越多，因失业而贫困的人口越来越少，在此基础上，政府对高收入人群进行征税，对低收入人群进行补助，进而实现收入分配的公平。另一种是消极的和谐社会。公民去创业和创造的积极性不高，失业率很高，国家对企业和勤奋工作的人课以重税，然后去补贴大量的不积极创业和创造的人群，这样的社会，结果必将是创业和企业艰难、财政赤字巨大、债务高企，最终难以为继。"拉美陷阱"的特征之一，就是政府不顾生产力发展水平，不顾国家财力可能，对选民过度承诺福利，最后由于财力不支，赤字过高，借债过多，导致财政金融和经济动荡和危机，使国民经济跌入了1981—2000年长达20年的负增长和低速增长状态。

简言之，上述表面上看起来正确，其实是错误的一些理论和思维方式，如果不对其进行深入的分析，不对其反思，如果长期在上述定性的争论上纠缠不休，如不是从经济和社会的内在规律方面务实地认识问题和解决问题，我们在"十二五"期间解决分配不公问题和富裕百姓的思路又会陷入传统思维的怪圈之中，结果又会误导解决问题的方向，贻误几年时机，可能使GDP居民分配比例下降趋势不能被控制，并且使城乡和居民间收入分配差距越拉越大，地区间发展越来越不平衡，问题不仅得不到解决，还会越来越严重，导致社会越来越不稳定。

二 要科学分析和研究对策

通过科学和全面地讨论，基本上搞清楚中国许多年来，形成收入分配问题原因的内在性和多方面性，对于我们对症下药，解决收入分配问题，有着重要的意义。

收入分配及财富分布差距的形成，是一个非常复杂的事情。通过科学和全面地讨论，基本上搞清楚中国许多年来，形成收入分配问题原因的内在性和多方面性，对于我们对症下药，解决收入分配问题，有着重要的意义。有时，搞清问题的形成原因，比没有搞清楚之前，就着手解决问题，显得更为重要。

从理论和实践上深入认识收入分配问题的形成原因，从经济学方法看，需要从诸多的方面观察：如需要就现代经济学的要素投入与分配角度，从一个国家要素创造财富的结构与各种要素被利用程度的关系上考察；需要就产业经济学的角度，从生产结构与就业结构之间的关系观察；需要就发展经济学的角度，从城乡人口变动与城乡创造分配财富的关系，以及农业非农业生产结构与就业及人口结构的关系上考察；需要就价值形成和时间经济学角度，从财富的增值、积累和马太效应等方面考察；需要就公共经济学、福利经济学、制度经济学角度，从调节收入分配，防止收入分配漏损的方面考察。

因此，在理论和政策研究界，我们需要对过去分析收入分配问题原因的一些思维方式进行调整。一是要从收入分配问题的一元原因论，调整到综合原因思路方面。如收入分配问题单纯是由工资过低造成，或者由腐败和灰色收入造成，或者由公共服务和社会福利不到位造成等等，都可能是片面的。比如，不扩大就业，仅提高工资，就会因企业用机器替代人力，而使失业增加；或者在不减少企业税负的情况下，硬性增加工资，可能使一批企业倒闭，使失业劳动者增加，从而使收入分配问题趋于更加严重。再比如，如果仅从反腐败和规范灰色收入入手解决收入分配不公，而剩余在农业中的大量的人口和劳动力，分配日益下降的农业增加值，反腐败再严厉，也解决不了因结构失衡导致的城乡收入分配差距问题。二是要用多学科综合的经济学方法，从浅层次原因讨论，到深层次的内在原因的分析。比如，浅层次认为收入分配就是一个政府再分配的问题，不鼓励创业，不使劳动力充分利用，使劳动在创造财富的同时，分配财富，全部依靠政府来解决收入分配不公问题，将会形成一个无效率，并且福利成本很高的国家；只是往农村投入，但是，不将农村剩余的人口和劳动力转移出来，相对过多的人口分配日益下降的农村和农业增加值，城乡差距永远也不会缩小；结构调整对改善收入分配非常重要，仅仅依靠发展容纳就业越

究 想革 收
和要入
科解分
学放配
研思改

157

来越少的工业，而忽视能大量容纳劳动力就业和获得收入的服务业的发展，可能重工业、重资本、重大企业的经济结构，本身就是导致收入分配不公的一个发展模式。

因此，从上述科学和综合分析的造成收入分配的原因看，解决问题，需要从转变发展方式，调整城乡和产业结构，进一步深化国有企业和金融体制改革，建立工资协商机制，完善财富流动和分配的调节体系，打击腐败，规范收入秩序，防止财富的灰色收入流动和漏损等方面，综合治理，才能从根本上抑制和解决中国收入分配差距过大的问题。

（来源：《学习时报》2011 年 3 月 1 日）

我国当前分配不公的成因和对策

蔡继明　清华大学人文社会科学学院政治经济学研究中心主任、教授

化解收入分配不公应遵循五项基本原则：继续坚持"效率优先，兼顾平等"；调整政府和居民在财富分配中的比重；强化和改变个人所得税的征收方式；大幅提高劳动收入在财富分配中的比重；加快城市化进程。

一　中国当前国民收入分配不公的表现

中国当前的收入分配不公，主要表现在以下几个方面：国民收入初次分配中政府财政收入与居民可支配收入的比例畸重畸轻；居民总体收入高度不平等，贫富差距悬殊；劳动收入占比下降，最低工资过低；行业收入差距过大，垄断行业收入过高；城乡居民收入差距过大。

分析收入分配公平与否，首先要把公平与平等区分开来。平等是指收入均等，这是一个实证概念，可以用基尼系数等指标来衡量；公平是对收入平等或不平等状况所作出的一种价值判断。从初次分配的角度看，市场经济通行的公平分配原则是报酬与贡献相一致。这里所说的贡献并非单指

劳动贡献，而是包括劳动、资本、技术、管理、土地在内的各种生产要素的贡献。根据本文对公平分配的理解，我认为，我国当前的收入分配不公，主要表现在以下几个方面。

（一）国民收入初次分配中政府财政收入与居民可支配收入的比例畸重畸轻

20 年来，GDP 和城乡居民收入都仅仅保持了 1 位数的增长，而政府的财政收入却保持了两位数的增长，中国财政收入在 20 年里增长了 30 倍，年均增长率 19.5%，远远高于 GDP 的增速。这必然造成"国富民穷"，国内居民消费在 GDP 中的比重不断下降，从而造成国内消费需求不足。

而政府的财政支出中，自己花掉的部分即行政性开支占了 20% 左右，仅"三公"（公款吃喝、公车私用、公费旅游）支出就高达数千亿元，真正用于老百姓住房、医疗、教育等民生方面支出所占比例很小。据财政部长谢旭人介绍，2007 年政府在直接涉及老百姓的医疗卫生、社会保障和就业福利上的开支，总共约 6000 亿元，相当于财政总开支的 15%，为全年 GDP 的 2.4%，分到 13 亿人身上，人均 461 元（相当于城镇居民人均可支配收入的 3%）。而在没有国有经济的美国，同年在同样三项上的开支约为 15000 亿美元，相当于联邦政府总开支的 61%，为美国 GDP 的 11.5%，分到 3 亿美国人身上，人均 5000 美元（相当于美国人均可支配收入的 18%）。

目前中国公务人员包括公务员、民主党派、工妇青群、编外人员、没有市场化的事业单位人员（发达国家没有"事业单位"，每个单位要么是政府机构，要么是市场主体）总数在 6000 万人左右，并且每年还在以至少 100 万人的速度增加；零点公司在哈佛大学肯尼迪学院指导下完成的《中国居民评价政府及政府公共服务报告》显示，近七成的民众认为目前政府公务员的总量应该减少；按照公务员与 GDP 的比例指标分析，中国公务员数量大大超过发达国家，中国公务员"超标"近 20 倍（《中国青年报》，2006 年 3 月 30 日）。

（二）居民总体收入高度不平等，贫富差距悬殊

据国家发改委宏观经济研究院有关研究，2007 年我国基尼系数达到 0.454，据世行 2008 年公布的数据，中国居民收入的基尼系数已由改革开放前的 0.16 上升到目前的 0.47，超过美国、俄罗斯，更超过印度的 0.36，已经接近拉美国家的平均水平。按照亚洲开发银行 2007 年的一项研究，收入最高的 20% 人口的平均收入与收入最低的 20% 人口的平均收入的比率，中国是 11.37 倍，远远高于印度以及印度尼西亚的 5.52 倍和菲律宾的 9.11 倍。

按照 2007 年 11 月 1 日《福布斯》中文版发布的 2007 年中国内地富豪排行榜，上榜的 400 位中国富豪的财富总和为 2800 亿美元，比 2006 年增加了 1640 亿美元。《福布斯》由此得出结论称，目前中国已经成为全球亿万富豪最多的国家之一。

2009 年 3 月招商银行联合贝恩管理顾问公司对外发布了《2009 中国私人财富报告》，到 2008 年末，中国内地高净值人群达到了约 30 万人，而这里所说的高净值人群就是指个人可投资资产在 1000 万元人民币以上的。到 2009 年底，高净值人群将达 32 万人，同比增长 6%；其持有的可投资资产规模将超过 9 万亿元。而所谓"可投资资产"包括个人持有的：现金、存款、股票（指上市公司流动股和非流通股）、基金、债券、银行理财产品、保险（寿险）、投资性房产、离岸资金及其他（如期货、黄金等）；不包括未上市企业股权、自住用房产、耐用消费品、艺术收藏品等。掌握 9 万亿可投资资产的人，仅有 30 万，只相当于中国总人口的 0.2‰，却持有"可投资资产 9 万亿"，相当于全国城乡居民存款余额 20 万亿的近一半。

（三）劳动收入占比下降，最低工资过低

首先，我国劳动收入在 GDP 中的比重逐年下降。1997—2007 年，政府财政收入在 GDP 的比重从 10.95% 上升到 20.57%，企业盈余从 21.23%

升至 31.29%，劳动者报酬却从 53.4% 降至 39.74%。

其次，我国的最低工资标准过低。中国的最低年收入不到世界平均水平的 15%，全球排名 159 位，最低工资占国内生产总值 GDP 的比例同样为 159 位，最低工资甚至低于 32 个非洲国家。中国最低工资是人均 GDP 的 25%，世界平均为 58%；中国最低工资是平均工资的 21%，世界平均为 50%。（刘世荣，2010）

（四）行业收入差距过大，垄断行业收入过高

2008 年 20 个行业门类收入差距为 4.77 倍，有的高达 10 倍。最高与最低行业平均工资之比为 11∶1。我国行业间工资差距中，约 1/3 是垄断因素造成的。

垄断行业收入过高的问题已成为收入分配改革讨论中的"众矢之的"。不久前，一则"某电厂抄表工一天抄四次电表就可领取十万年薪"的新闻再次引发对垄断行业，尤其是电力行业高工资高福利的争议。据统计，垄断企业工资可能是全国平均工资的 3 至 4 倍，与此同时，电信、水力、电力、石油等垄断企业近年来频频喊涨价，更使得民怨沸腾。

8 家 A 股上市银行 2006 年年报披露，银行高管年薪均在百万元以上。从经济学角度分析，国有商业银行高管收入奇高，是不合理的。如果高收入者的收入是合法收入，应该鼓励创富；但问题是国有商业银行高管的获得，是由分配体制中存在的不合理因素借助权力、垄断和不平等竞争手段而获得的。这种收入差距，既不体现效率原则，又严重损害社会公平。长此以往，社会的产出会从生产可能性边界上移至边界之内，经济会处于低效率。（贾品荣，2007）

中国 12 家赢利能力最强的国有公司去年支付给雇员的平均工资为 7 万元人民币（8760 美元）。而根据中国央行的数据说，中国去年城镇职工平均收入为 1.84 万元人民币。这 12 家国有公司被民众称为"央企豪门"，并遭到媒体的广泛批评。

目前行业差距拉大的原因，主要是由于长期行政性的行业垄断和管制造成的高收入，而行政性的垄断所造成的行业工资差异是有争议的。争议最大的是电力、煤气及水的生产和供应业的工资收入。这三个行业的职工平均收入仅次于金融业。研究显示，这三个行业的从业者并没有投入更多人力资本，行业劳动生产率也并不显著地高于其他行业。高工资的唯一原因是这些企业享有政府维持的垄断地位，从而导致这些企业获得了不正常的垄断利润。这些行业的高收入，是靠垄断支撑的。这部分收入是不符合市场经济规律的不合理的高收入。

（五）城乡居民收入差距过大

根据国家统计局的数据，2009 年我国城乡居民收入的差距为 3.33 倍。而按照世界银行的有关报告，世界上多数国家城乡收入的比率为 1.5∶1，这一比率超过 2 的极为罕见。国际劳工组织发表的 1995 年 36 个国家的相关资料中介绍，中国是城乡收入差距超过 2∶1 的仅有的 3 个国家之一。

不仅如此，中国城乡居民收入差距还存在着进一步扩大的趋势。《中共中央关于推进农村改革发展若干重大问题的决定》（2008 年）提出，到 2020 年，农民人均纯收入要比 2008 年翻一番。其实，农民人均纯收入只要每年保持 6.9% 的增长速度，上述目标就能实现；而只要城市居民的人均可支配收入的年均增值率大于上述比率（这些年的经验数据就是如此），未来 10 年中，城乡居民的收入差距肯定会进一步扩大。

二 中国当前分配不公的成因

中国当前分配不公的成因主要包括：产品市场不完善；要素市场不健全；城市化进程严重滞后；二次分配负福利效应；政治体制改革滞后，政府职能错位。

（一）产品市场不完善

如前所述，中国虽然进行了长达30余年的市场化取向的改革，但在铁路、航空、电力、石油、电信、金融、保险、房地产等领域，还存在着严重的行政垄断（央企垄断），正是这种政府的行政垄断，成为行业收入差距过大的主要原因。

（二）要素市场不健全

首先，中国尚未形成城乡统筹的劳动就业市场，政府关注的只是城镇登记失业率，农村大量剩余劳动力的就业并没有纳入政府就业政策考虑的范围，政府机构和企事业单位在招聘员工时对本市与非本市户口以及本地与外地户口存在着明显的歧视。

其次，政府垄断着土地一级市场，农村集体的农地要变成城市建设用地，只能通过政府征收为国有土地，而政府支付给农民的征地补偿费又过低，既不能反映被征土地的机会成本，也不能反映被征土地的未来预期收益，这是改革开放以来城乡居民收入差距扩大的一个重要原因。不仅如此，农村集体建设用地与城市国有建设用地既不同权也不同价，农村居民的宅基地（使用权）既不能买卖，也不能出租和抵押，农民的家庭承包地的流转也受到诸多限制，农民的土地不能商品化和资本化，无法获得相应的财产收入。

最后，中国的矿产资源作为一种重要的生产要素，其价格也存在着严重的扭曲，主要表现在矿产资源补偿费过低。根据《矿产资源补偿征收管理规定》，矿产资源补偿费按照矿产品销售收入的一定比例计征，根据不同的矿产资源，按其销售收入的0.5%—4%征收。而国际上多数国家、多数矿产资源的权利金费率都保持在2%—8%之间。中国的石油、天然气、煤炭、煤成气等重要能源的补偿费都只有1%，而国外石油天然气矿产资源补偿费征收率一般为10%—16%，即使是美国这样一个矿产资源远比中国丰富的国家，其石油、天然气、煤炭（露天矿）权利金费率也高达

12.5%，澳大利亚、马来西亚为10%。

矿产资源补偿费过低，把本来应该以矿产资源补偿费的形式（按照一定的分成比例）归国家和地方所有矿产资源的收益，以利润的形式或消费者剩余的形式转移到了开发商或最终产品使用者手里，使矿产资源的国家所有权不能完全实现，造成收入分配关系的扭曲。这些年来我国利润率高的行业，大多数不是资源垄断性的，就是环境污染比较严重的，之所以投资回报率比较高，除了劳动力成本低外，一个重要的原因是"产品高价，资源低价，环境无价"这种价格格局造成的，企业利益的获取某种程度上讲是在损害国家利益和公众利益基础上获得的。

另外，由于许多矿产资源都分布在我国西部地区，特别是少数民族地区，上述极低的矿产资源补偿费，必然使诸如"西气东输"、"西电东送"、"西煤东运"、"西油东流"等工程实质上成为对西部矿产资源的掠夺，不仅不能使西部的自然资源优势转变为产业优势和经济优势，反而会延缓西部的可持续发展，尤其是不利于民族地区的经济发展，进一步扩大东西部居民之间的收入差距。

（三）城市化进程严重滞后

我国从1978年到2008年30年中，国内生产总值年均增长9.8%，大大高于同期资本主义发达国家年均增长2.5%、世界年均增长3%和发展中国家年均增长5%的速度。但我国的城市化水平仅从1978年的17.92%，提高到2008年的45.68%，30年中只提高了27.76个百分点，年均只有0.93个百分点，远远低于日本、韩国和台湾地区的城市化速率。

不仅如此，考虑到目前我国城市化水平是以城市人口占总人口的比率测算的，而城市人口定义为"城镇户籍人口＋暂住人口"，暂住人口又是以在城镇有固定工作、居住半年以上为标准的，那么，所谓的45.68%的城市人口中，至少有10%属于进城的务工农民（因为2008年全国农民工总量为2.2542亿人，占全国总人口的16.97%），而这些农民工并没有真正变成城市居民！由此可见，我国实际的城市化水平远比官方公布的低得多。

由于我国的城市化进程严重滞后于工业化进程，大量农村剩余劳动力滞留在农村，使得每个农户实际耕作的土地面积极其狭小（总数为7亿的农民耕种18亿亩土地，户均耕地面积只有8亩），远远达不到农业规模经济所要求的最低耕作面积。这无疑是造成农民增收困难，城乡居民收入差距不断扩大的重要原因。

（四）二次分配负福利效应

在一般市场经济国家，初次分配讲效率，强调按生产要素贡献分配，而二次分配要强调平等，即通过政府的税收和转移支付，对初次分配的结果进行调节，再分配后的收入差距通常要小于再分配前即初次分配的差距。但我国政府出台的一些二次分配政策却进一步拉大了初次分配的差距。比如，社会福利和保障政策较之农村更有利于城市，经济政策较之内陆更有利于沿海地区。特别是在住房、医疗、教育等方面，富人和特权阶层比平民百姓反而享受了更多的社会福利，秦晖教授把由此造成的收入差距的进一步扩大称之为"负福利"。

（五）政治体制改革滞后，政府职能错位

前述政府财政收入占国民收入比重过大，特权与腐败收入膨胀，以及国有垄断企业高管和员工收入过高，无疑和我们现行的政治体制和政府职能密切相关。政府掌握了过多的经济资源，在资源配置方面还发挥着巨大的作用，尤其是政府依靠固定资产投资拉动经济增长的模式不但没有改变，反而有不断强化的趋势。官员的许多特权利益在不断固化和强化，腐败上升的势头尚未得到有效的遏制，设租寻租行为司空见惯。政治体制改革滞后和政府职能错位，是造成上述诸多分配不公的最深厚的制度根源。

三 化解收入分配不公的基本原则

化解收入分配不公的基本原则主要是：继续坚持"效率优先，兼顾平等"；调整政府和居民在财富分配中的比重；强化和改变个人所得税的征收方式；大幅提高劳动收入在财富分配中的比重；加快城市化进程。

（一）继续坚持"效率优先，兼顾平等"

化解财富分配不公的前提是弄清导致财富分配不公的原因。一些学者认为，我国财富分配之所以出现不公平的现象，似乎是因为推行了"效率优先，兼顾公平"的原则，所以，为了化解财富分配不公，应该将"效率优先，兼顾公平"调整为"效率与公平并重"（刘国光，2003；曾国安等，2009），甚至有的学者提出，应该将"效率优先，兼顾公平"调整为"公平优先，兼顾效率"（泽羽，2005）。这里显然存在着两种误解。

首先，所谓"效率优先，兼顾公平"中的"公平"概念，实际指的是"平等"，因为如前所述，公平是一种对财富分配状况的一种价值判断，如果我们的社会确认了一种分配制度或分配原则是公平的，那就应该全力推行，而不是仅仅"兼顾"。只有对财富分配的平等（或均等），我们才能兼顾，而不能一味追求。所以，正确的提法本来应该是"效率优先，兼顾平等"。（蔡继明，2008）

其次，所谓"效率优先"，无非是要在财富的初次分配中坚持按生产要素贡献分配。具体分析一下前述财富分配不公的现象，哪一个是因为强调了"效率优先"或坚持了按生产要素贡献分配呢？显然，政府在国民收入分配中占有过多的份额、居民收入差距过大（特别是特权阶层收入过高）、劳动者收入偏低等现象，恰恰是违反了效率优先或按生产要素贡献分配的原则！

所以，化解我国当前的财富分配不公，仍然要坚持"效率优先，兼顾平等"的原则，初次分配要讲效率，要坚持按生产要素贡献分配；二次分配要兼顾平等，要努力使最弱势群体的福利逐步改善；三次分配要讲爱心，要提倡先富裕起来的阶层增强社会责任感，积极投身慈善事业，促进共同富裕与社会和谐。

（二）调整政府和居民在财富分配中的比重

提高居民收入在国民收入分配中的比重，必须相应地降低政府的财政收入。而政府能否将国民收入这块大蛋糕一分为二时向居民倾斜，这既取决于政府的良知，也取决于政府能否稳定公务员工资和非工资性收入，压缩行政性开支，有效地解决三公问题，还取决于政府能否合理调整财政支出的方向，把财政支出更多地向弱势群体倾斜、向民生倾斜，使经济增长更大程度上依赖于国内居民的消费和民间的投资。为此，国有企业要退出竞争性行业，行政垄断的行业要允许民间资本进入，自然垄断行业要加强政府管制，国有企业要上缴国家利润，央企要从房地产市场退出，要限制垄断企业高管和职工薪酬，遏制特权阶层利益和腐败收入，尽快推进官员财产收入的申报和公开。

（三）强化和改变个人所得税的征收方式

2008 年全国财政系统共征收个人所得税 3722.19 亿元，占全部税收54219.62 亿元的 6.87%，在全部税收中属于较小的税种，这种个税的象征性征收和中国个人财富的急剧增长与高度集中在少数人手中的现实相比，是极不协调的。可以说中国的富人享受着世界上最优惠的个税待遇。建议将原税目中列入的分属于三种税率的十一种所得合并为一，将超额累近税率调整为十三级，最低级为 5%，最高为 65%。同时，将个税起征点从每月 2000 元提高到每月 5000 元，在全国实行个税联网，不管应纳税人在任何地点、任何时间取得何种收入，都可以在月度的时限内进行累加并迅速计算出应纳税额。

（四）大幅提高劳动收入在财富分配中的比重

首先，要逐步提高最低工资标准。根据刘世荣的研究，世界最低工资平均是人均 GDP 的 58%，目前中国的最低工资只是人均 GDP 的 25%，不及世界标准的一半。他建议当务之急是把我国最低工资调整到世界平均水平，即人均 GDP 的 58%。2009 年中国的人均 GDP 为 3566 美元，即 24356 人民币元，中国的最低工资标准应为 14126 元/年或 1177 元/月。（刘世荣，2010）考虑到企业的承受能力，我认为，可以在"十二五"规划期间，使我国的最低工资水平逐步达到世界平均水平。与此同时，政府要适当降低企业的税赋，以便为企业劳动成本的增加留出一定的空间。

一旦确定了合理的最低工资水平，根据经验，一般会形成 2 倍于最低工资的平均工资，劳动收入就会普遍提高。而在诸多企业和行业中普遍存在弱劳动、强资本的情况下，要从根本上扭转我国劳动收入与资本收入之比低于发达资本主义国家的态势，政府还应该通过立法，在企业中推行工资集体谈判制度，并允许劳工对违反劳动合同法、最低工资法的企业进行集体诉讼。

（五）加快城市化进程

加快城市化进程，使大量进城务工的农民真正转变成城市居民，从而使相对较少的农业劳动力耕作相对数量较多的土地，逐步实现土地的规模经营，这是缩小城乡居民收入差距，彻底解决三农问题的根本途径。其次，要加快户籍制度改革，健全和完善农村人口向城市转移的各项政策法规。加快户籍制度改革，给予进城农民以平等的居民待遇，这已成为推进城市化进程的关键一环，只有真正改革户籍制度，进城农民才有可能真正享受城市居民的各种福利待遇。同时，在推进户籍制度改革的同时，国家还应出台各种配套法规政策，用以保障进城农民的各项基本权益。最后，加大廉租房建设力度。为进城的农民提供充足的廉租房，从而使农民进城又落户，迁徙也定居。

（来源：《中共中央党校学报》2010 年第 3 期）

阻断扩大收入分配差距的 "灰手"

王小鲁　中国改革基金会国民经济研究所副所长

解决 "灰色收入" 问题，一方面需要中央有决心推动问题的综合解决，另一方面，推进改革还需要社会各界对 "灰色收入" 对社会发展的影响有更清晰的认识。通过改革，堵住产生 "灰色收入" 的制度漏洞，这样才能加快扭转社会财富分配不公、国民收入差距扩大的不利趋势。

近段时间，收入分配改革再次成为热点话题。早在今年初，《政府工作报告》中就提出了要改革收入分配制度，不仅要把社会财富这个 "蛋糕" 做大，也要通过合理的收入分配制度把 "蛋糕" 分好。笔者认为，非市场因素导致的 "灰色收入" 正在扩大收入分配的差距。因此，解决好 "灰色收入" 问题，将是防止国民收入差距扩大的必由之路。

一　"灰色收入" 从哪来

大量 "灰色收入" 的存在，已经造成国民收入分配的不均。而其来源又主要是围绕公共资金和公共资源的分配而产生的腐败、寻租、侵占公共资金和他人收入，聚敛财富等行为，以及垄断性收入的不适当分配。

笔者曾作过推算，2008年我国最高收入的10%家庭，人均可支配年收入是13.9万元，而按照国家统计局的数据显示却不到4.4万元，两者相差3.2倍。这些未能体现在居民收入统计中的收入可以称为"隐性收入"，其产生原因并不是统计调查或计算方法的错误，而在于统计调查过程中难以取得高收入居民的真实收入数据。"隐性收入"的存在，使全国城镇居民的平均收入比原有统计提高了1倍。这些"隐性收入"数额巨大且分布高度集中，大部分都属于"灰色收入"。

那么，该如何定义"灰色收入"呢？"灰色收入"主要可以分两种：一是法律法规没有明确界定其合法或非法的收入，也包括那些违规违纪但不违法的收入，比如一位官员的儿子结婚，收受了远高于普通人的结婚礼金；第二是实际上非法，但没有明确证据证明非法的收入，比如受贿所得。

早在2002年，中国社会科学院的一位专家，就根据国家统计局发布的2002年第一季度城镇居民人均可支配收入，推算出2001年我国城镇普通居民的"灰色收入"约有1.5万亿元。同年，由清华大学社会学系教授孙立平估算，2002年在城市居民3.7万亿的收入中，工资总额约1.2万亿，余下的2.5万亿，除了城市中的个体职业者的收入，包括股息、利息、租金等收入外，还有相当一部分约2万亿游离于国家监控之外。从近几年的测算数据上看，随着时间的推移，"灰色收入"规模正在不断扩大。

根据2008年有关统计数据对居民收入数据的测算，当年居民储蓄总额（居民收入减去消费的部分）为3.5万亿元。但实际上，仅居民在金融机构的储蓄存款就增加了4.5万亿元。加上居民非贷款购买商品房和自建房投资，居民自有资金对实体经济的投资，以及居民对股票、债券、期货、黄金、外汇等金融产品的投资，居民储蓄总额估计在11万亿—11.5万亿元之间。由此推算，2008年全国城镇居民可支配收入总额预计为23.2万亿元左右，这比按国家统计局城镇居民收入统计调查的结果高出 9.3 万亿元，比国家统计局"资金流量表"的城镇居民可支配收入计算高出 5.4 万亿元。这些多出的部分，大都可以归结到"灰色收入"的行列。究竟是什么原因造成了大量的"灰色收入"存在呢？

首先，我国在财税体制方面存在一些漏洞。举个最简单的例子，工薪阶层是不可能绕开个人所得税的，但有些高收入居民的非劳动收入和非工薪收入却常常由于监管体制的不健全，可以轻易地绕开个人所得税环节，这导致了收入高的人反而纳税率降低了。

其次，资源分配体制改革滞后，这个关键问题长期以来没有解决。目前垄断性资源收益分配的核心问题，并没有把资源收益和经营性收益分开。如煤矿，资源收益最后变成了谁采矿谁受益，这就是垄断收益。必须通过资源税改革和强化监管制度来解决，否则就会有寻租行为存在，就会产生权力和资本之间的幕后交易等腐败现象。

最后，行政管理制度上也存在很多漏洞，导致公共资金流失，把本该用于低收入居民的公共资金通过非正当途径转移到权力相关者手中，进一步扩大了收入差距。收入差距不断扩大在很大程度上是由非市场因素导致的，现行的财税体制和政府管理体制的缺陷，与收入差距的扩大直接相关。从这些分析可以看出，制度不健全或存在漏洞，说明一些方面的改革还没有到位。

大量"灰色收入"的存在，已经造成国民收入分配的不均。而其来源又主要是围绕公共资金和公共资源的分配而产生的腐败、寻租、侵占公共资金和他人收入，聚敛财富等行为，以及垄断性收入的不适当分配。这说明我国目前的国民收入分配体系存在巨大漏洞和制度缺陷。收入分配差距过大的原因，也并不在于市场化，而在于制度不健全所导致的法律空白和腐败行为。

"灰色收入"影响了国民收入的正常分配。在初次分配领域，"灰色收入"导致要素配置扭曲，造成低效率并影响未来经济发展；在再分配领域，"灰色收入"造成国民收入的逆向再分配，把本该用于低收入居民的资金通过非正当途径转移到权力相关者手中，进一步扩大了收入差距和分配不公。

二 "灰色收入"拉大收入差距

"灰色收入"是对我国的收入分配秩序的严峻挑战。由于"灰色收入"的存在，我国国民收入的实际分配格局和分配流程正在发生改变。

"灰色收入"是对我国的收入分配秩序的严峻挑战。由于"灰色收入"的存在，我国国民收入的实际分配格局和分配流程正在发生改变。城镇居民收入在国民收入中的实际份额高于国家统计数，而该份额下降的速度却慢于统计数字——这并非是一个好消息。

这是因为，居民收入中劳动报酬所占份额比国家统计数更低、下降更快（2008 年居民劳动收入占国民总收入的比重从 2005 年 46.7% 调整到 42.3%），非劳动收入的份额则更高（2008 年非劳动收入占国民总收入的比重从 2005 年 9.9% 调整到 24.4%）。这将导致中国城镇居民的收入差距急剧扩大，分配更加不公。基于一定的假设条件估算，"灰色收入"占国民总收入的比重可能在 15% 左右。这些增加的非劳动收入并不是正常的资本收益，而主要是来自不合理的初次分配和再分配；同时也包括非法收入，包括来自政府资金、企业资金和资产以及土地等资源收益的流失。

"灰色收入"的大量存在拉大了国民收入分配的差距。通过测算，中国城镇 10% 最高收入家庭的"隐性收入"占城镇居民"隐性收入"总量的 63%。而 20% 的高收入家庭居民的"隐性收入"，占全部城镇居民"隐性收入"总量的 80% 以上。按城镇居民家庭 10% 分组，2008 年城镇最高收入与最低收入家庭的实际人均收入差距是 26 倍；按城乡居民家庭 10%分组，2008 年城市最高 10% 与最低 10% 家庭的人均收入相差 65 倍。

多种迹象表明，近年来不同阶层之间收入差距扩大的趋势没有得到有效遏制，高低收入人群之间的差距目前仍在继续扩大。

三 规范，是解决"灰色收入"的关键词

这种以非货币为主的分配方式首先造成收入差异，其次这种分配毫无规章，权力、政治和社会关系可以决定收入分配的多少，这是造成腐败的一个非常重要的根源。实际上，收入差异和腐败这两者经常是一体的。

英国诺丁汉大学中国研究所教授郑永年曾指出"灰色收入"是中国分配机制的重要弊端。一些企业和政府部门工资单只是名义工资，绝大多数收入是通过各种名义的"补贴"、"奖励"等进账的。这种以非货币为主的分配方式首先造成收入差异，其次这种分配毫无规章，权力、政治和社会关系可以决定收入分配的多少，这是造成腐败的一个非常重要的根源。实际上，收入差异和腐败这两者经常是一体的。最后，这种分配机制的另外一个严重后果是国家的税基缩小，各个单位的自行收入再分配很多都是逃避税收的一个机制。

中国社会科学院社会政策研究中心秘书长唐钧提出健全个人账户的办法，使个人收入和税收都利用该账户结算来规范和监督"灰色收入"。个人所有的收入都将从这个账户结算，否则就被视为不合法的收入。比如香港就有类似的账户，除去了养家糊口的"豁免额"之外，个人需在规定时限内主动报税，而未达到这个豁免额的市民就可以免税。税务部门每年进行 10% 的抽查，一旦发现有逃税现象，将给予非常严厉的处罚。

对此，笔者建议建立规范透明的制度，同时加大监管力量。首先，需

要推进财税体制改革，建立合理的资源税、垄断利润调节税、国有企业分红、土地流转等这些方面的制度，规范和调整各级政府的财权和事权关系。其次，建立阳光财政，实现公共资金和资源管理的透明化。只有让老百姓看得到公共财政的运行，能参与监督，能说话，才能够杜绝腐败，杜绝不正之风，杜绝寻租行为、杜绝公共资金的流失。通过透明化，引进社会对公共管理的监督机制，这应该是未来政府管理体制改革最重要的方面。另外，推进垄断部门改革，不断促进垄断行业的竞争，并通过立法、监督，制约垄断行业超额收入的分配。

解决"灰色收入"问题，一方面需要中央有决心推动问题的综合解决，另一方面，推进改革还需要社会各界对"灰色收入"对社会发展的影响有更清晰的认识。通过改革，堵住产生"灰色收入"的制度漏洞，这样才能加快扭转社会财富分配不公、国民收入差距扩大的不利趋势。

（来源：《人力资源》2010 年第 8 期）

我国市场化改革与收入分配

李　实　北京师范大学经济与工商管理学院教授

在市场化过程中我国出现收入差距不断扩大的趋势，从而出现了一些将其原因归结为市场化改革的错误认识。在个人收入差距扩大的诸多因素中，传统计划体制遗留下来的一些制度和政策，在部门利益和地方利益驱使下新形成的有悖于市场体制规则的制度和政策，政府对市场缺失和市场扭曲采取的不作为态度，对资本节制和劳动保护的不足，才是最为重要的因素。

一　市场化改革与收入差距扩大：问题提出

中国收入差距扩大与市场化改革之间的关系成为近几年理论界争论的焦点问题。在争论过程中有一个非常重要的观点：整个收入差距的扩大与市场化改革是密切相关的。而且把市场化改革认为是收入差距扩大和贫富悬殊的重要原因。

中国收入差距扩大与市场化改革之间的关系成为近几年理论界争论的

焦点问题。在争论过程中有不同的观点，也形成了许多派别。这些派系对收入差距的扩大提出了各种各样的观点，特别是对于扩大背后的原因，他们试图从自己的理念出发来加以解释。很多人看待收入差距扩大问题都是从自己的感觉和经验出发，而不考虑全国的代表性。在争论过程中有一个非常重要的观点：整个收入差距的扩大与市场化改革是密切相关的。甚至有些人进一步推论，把市场化改革作为一个原因，即认为收入差距的扩大、贫富悬殊以及分配不公是由市场化改革造成的。

在这种观点中，一些人认为社会两极分化日益严重，广大人民尤其是工人、农民利益受到严重侵害，国企职工已经从主人翁地位沦为雇佣工人，农民工连最基本的权利都得不到保证，普通群众的看病难、上学难、就业难看不到解决的希望，甚至认为这些问题涉及社会方方面面，其原因是改革的根本方向出现了问题。他们把这些问题和整个改革方向和过程联系在一起。

还有一种观点认为，整个市场化改革遵循的是效率优先的指导思想，在很大程度上忽视了公平。效率优先的指导思想在一定程度上扩大了收入差距。他们认为正是在"效率优先"的口号下，大量的农田被征用，许多农民一夜间流离失所。国有企业的管理者收购卷走了国家财富，也没有增加就业，还制造了几千万的下岗职工。他们进而认为，造成这些问题的根本原因在于决策起点的不公和过程的不公，这是社会最大的不公。所以，一些人提出要旗帜鲜明地反对效率优先，提倡公平优先。

还有一些人把收入差距扩大进一步归结为是由于一部分人暴富引起的，将矛头指向一些富人。他们认为许多富人最初的财富来源是不合法的，为了使他们的财富合法并使他们的财富有所保障，这些富人们开始向权力逼近，尽可能地和民众拉开距离。这样富人可以通过权力换取对财富的安全保障。

以上三种观点都认为收入差距的扩大和市场化改革是密切相关的，而且把市场化改革认为是收入差距扩大和贫富悬殊的重要原因。还有一派对此持有不同的观点，他们认为我国目前的资源配置、收入增长机会、收入差距扩大既不受到效率原则，又不受到公平原则的支配，而是由权力原则决定的。市场化改革本身对于收入差距扩大没有直接的影响，问题在于在市场化过程中，政府的权力干预太多了，造成了市场的扭曲，政府权力部门利用这种扭曲为自己谋求很多私利，以及商人之间权力和资本的勾结造成了收入差距过大。有些学者通过研究得出结论：收入差距扩大的根本原因在于我国的经济体制不是完全的市场经济体制，而是一种权力经济，如果实行竞争的市场经济，收入差距会有所缩小，而不是扩大。所以，他们认为现在的问题在于市场改革还不配套，还不到位，还不完善。在这种情况下，整个政策目标不是放慢市场化改革，而是要加快，同时要进行其他方面的制度改革。同时，重要的是通过市场化改革来削弱行政权力的空间，减少权力导致的市场扭曲。

以上两派截然不同的观点：一种认为收入差距扩大和市场化或者市场化过程相关；另一种认为并非如此，而是由于市场化过程中存在着很多权力干预、市场扭曲造成的结果，即收入差距扩大和各种不公平分配的现象。

对于以上不同的观点，应该如何看待？市场化改革对收入分配不公和收入分配差距扩大应该负什么样的责任？怎么看待它们之间是什么关系？怎样理解它们之间的关系？

二　当前收入分配的几个特点

要正确理解收入分配的问题，首先要知道它具有的特点，特别是最近几年收入分配和收入差距出现的特点。只有对这些特点有所了解，才能与改革过程中出现的相关制度和政策结合起来加以考虑，从而更好地理解收入差距变动与市场化改革之间的关系。

要正确理解收入分配的问题，首先要知道它具有的特点，特别是最近几年收入分配和收入差距出现的特点。只有对这些特点有所了解，才能与改革过程中出现的相关制度和政策结合起来加以考虑，从而更好地理解收入差距变动与市场化改革之间的关系。我们将当前收入分配的特点归纳如下：

（一）收入差距全方位扩大

从城市内部来看，1988 年城市内部的基尼系数是 0.23（现在除了北欧少数几个国家基尼系数在 0.2—0.25 之间外，一般国家的基尼系数都在 0.3 左右），是比较低的，因此 80 年代末城市内部收入分配比较平均。2002 年的基尼系数是 0.33，比 1988 年扩大了 50% 左右，和一般的市场经济国家水平接近。第二个指标是通过比较最富人群组和最穷人群组之间的收入比例，看看贫富收入差距。1988 年最富 10% 人群和最穷 10% 人群的收入相差 4 倍，2002 年上升到 10 倍。

在农村内部，80 年代末期农村内部的收入差距比较大，因为农村内部自然条件差异比较大（当时东部沿海要比西部富裕得多），农村内部基尼系数达 0.32，比城市高将近 10 个百分点，这一较大差距主要来自地区之间的差距。到 2002 年，基尼系数上升到 0.37，这时收入差距扩大不仅仅是地区差异的扩大，也是地区内部差异的扩大，原因就在于非农就业和农业就业之间收入存在差异（非农就业收入远远高于农业收入，非农就业收入不是均匀分布，而且农业收入较低、不稳定）。同时，农村内部最高收入组和最低收入组的收入比例，从 1988 年的 8.6 倍上升到 2002 年的 11 倍。

从全国的情况看，调查数据显示 1988 年基尼系数为 0.38（全球范围来看不是很高，是可以接受的），2002 年上升到 0.45。如果以其他国家的数据为参考，超过 0.45 的国家，亚洲只有菲律宾达到 0.47。根据联合国、世界银行等国家机构公布的数据，印度的基尼系数为 0.42。对此，很多人不能理解，因为到了印度可以随处看到富人区和贫民窟的鲜明对比，很容易留下贫富悬殊的印象。相比而言，我国的穷人主要在农村，由于人口流动受到限制，贫富差距相对于印度是隐性的。实际上，我国贫困地区的人民生活更困难，他们不仅住在破屋危房里，而且家产几乎一无所有。他们的家产价值被称为"一百元不买，一百元不卖"，因为他们以同样的价钱根本买不到这些必需的家产。

（二）城乡之间的差距非常突出

20 世纪 90 年代初期城乡之间的相对收入差距不大，2.2 倍相对于改革开放初期（1978 年为 2.6 倍）是小的，相对收入差距刚开始是上升的，从 1994 年到 1997 年有个下降的过程。这同农民的收入增长是相关的（主要来自农产品价格的提高），农民的收入增长超过城市居民，造成相对差距的缩小。然而，好景不长，随后 1997 年农产品价格下跌，加之农民其他收入增长缓慢，外出打工机会减少，同时外资投入、非国有企业的发展以及国有企业的减员增效，城市居民收入增长迅速，城乡收入相对差距急剧扩大。2003 年达到最高的 3.2 倍，此时要改变这一趋势变得非常困难。而且从现有情况看，农民收入增长明显低于城市收入的增长，因此城乡之间的差距在未来几年还会拉大。城乡之间的差距在全国收入差距中的重要性表现在城乡收入差距占全国收入差距的比重，把收入差距分解为城市内部的差距、农村内部的差距和城乡之间的差距，然后比较这三部门在全国收入差距中所占的比重。通过分析，我们看到从 1995 年到 2002 年城乡之间的差距对全国收入差距的解释力（对全国收入差距的影响）从 38% 提高到 43%，而且还一直在上升，已经超过城市内部差距和农村内部差距成为全国收入差距的主要影响因素。

（三）教育收益率提高带来不同文化人之间的差距不断扩大

这也是改革开放以来积极教育投资的原因，也和市场化改革相关。教育收益率表示多接受一年教育工资的增长幅度。1990年时教育收益率不到3%，到2002年时教育收益率接近8%，基本与发达国家的水平相当。教育收益率不断提高，说明在其他条件不变的情况下，高学历和低学历的人收入差距不断扩大。近几年由于高校扩招，教育收益率有所下降，但是教育收益率增长的总趋势是不会改变的。而且教育收益率是递增的，即学历越高增长越明显，这也更拉大了高学历者和一般人的差距。

（四）竞争部门和垄断部门之间的收入差距不断扩大

现在部门之间的收入差距扩大是收入分配不公的一个很重要的原因。从不同部门工人之间收入差距的变化曲线来看，不同行业之间收入差距扩大的趋势更加明显。这一过程同市场化改革的过程是不一致的，因为市场在不断完善过程中，地区、行业差距应该不断缩小。当然不同部门的人力资本禀赋是不同的，有可能会造成以上行业差距，但是一般趋势应该是行业差距不断缩小或者是比较平稳的趋势。单独从垄断部门（以电力、煤气、交通运输、金融、房地产为例）的工资增长来看，与制造业相比（设置为基准1）。90年代初，除了电力行业较高外，其余都相差不多。到2002年，金融增长跃居首位，比制造业高出80%（还有其他福利）。因此，相对于竞争部门，垄断部门的工资增长是很快的。

为了实现不同部门可比性，我们引入人力资本变量，在可比的基础上作进一步分析。1995年，垄断部门与竞争部门的工资总差距为10%，但其中9%来自市场分割，到2002年，垄断部门与竞争部门的差距扩大到48%，市场分割造成的影响达到59%。这其中除了市场分割的影响，还有劳动时间的差异（－11%的影响），这也反映了工资率的差异。

三　正确理解市场化改革和收入分配的关系

市场化改革过程中，市场化因素生成的过程、政府的干预和政策制度的作用交织在一起，它们会影响收入分配的关系、过程和结果。但在中国居民收入差距扩大的过程中，政府因素所产生的作用是主要，也是主导性的。

收入差距扩大的原因非常复杂，因为整个国民经济转型过程中发生了很多变化，这些变化在很大程度上影响到收入分配的变化。要对收入差距变化的原因进行理解和解释，就必须对经济本身、体制问题、运行问题、现实问题和政策问题等有好的把握。由于收入分配问题涉及每个人，它是整个经济运行的结果。正如马克思所说，分配关系由生产关系决定的，现代西方经济学认为，分配关系是各种力量博弈的结果。所以，影响收入差距的因素非常复杂。如果回答这样一个问题：市场化改革对收入差距的影响有多少？市场化改革是多种力量相互作用而形成的一种状态。市场化本身，市场的发育、发展都是一个过程。改革是一个由上到下推动的过程，政府起到主导和控制的作用，在很大程度上也是一个干预的过程。市场化改革过程中，市场化因素生成的过程、政府的干预和政策制度的作用交织在一起，它们会影响收入分配的关系、过程和结果，要把这些因素单独分离出来是很困难的。我们的分析框架是把收入差距分解为城市内部的差距、农村内部的差距、城乡之间的差距、部门之间的差距和不同人群之间的差距，然后分析各个不同的差距发生变化受什么因素的影响，这样可以把笼统的问题细化。政府因素我们把它归结为制度、政策、政府官员行为的总称，不是单纯的政府部门；市场本身是市场运行机制对市场的作用；另外，除了考虑收入差距大小问题，还考虑差距扩大过程中有无公平的问题。有些差距，是符合市场经济要求的，我们认为它是公平的差距，其他为不公平的差距。在不公平的差距中，政府的行为对于城乡之间收入差距扩大起到更加重要的作用。

通过上述分析我们知道，在中国居民收入差距扩大的过程中，政府因素所产生的作用是主要，也是主导性的。

（一）中国城乡之间的收入差距是与传统的"重工轻农"和"重城轻乡"发展战略的选择密不可分

在农村改革开放初期，市场机制的引入，一度使得城乡之间的收入差距出现较大幅度的下降。然而，随着后来城乡体制分割性的日益严重，这包括对农村劳动力流动的限制，对农村劳动力非农就业的歧视，公共财政资源和社会资源向城镇的过度倾斜，从而导致城乡之间居民收入差距越来越大。城乡之间的差距更多的是和政府的历史行为相关，同城乡分割的制度相关。而在整个发展战略上又是重工轻农、重城轻乡的战略，包括基础建设投资、公共产品的提供方面等等都是如此，农村劳动力流动又存在很多限制性政策。从这个意义上来说，城乡之间的差距主要原因是政府因素，市场因素产生的影响很小。

（二）地区之间的收入差距及其扩大在很大程度上是体制性因素和政策性因素造成

包括政府投资在内的大量的投资资金流入一些较为发达地区，加上外资的涌入，导致了发达地区与落后地区的经济增长上的差异。然而，在地区经济发展不平衡的过程中，中央政府与地方政府之间的财政分配体制，受到地方利益格局的制约，并没有起到有效的再分配功能，以缩小地区之间可支配财力的差别。再加上地方政府的地方保护主义的政策，生产要素的自由流动的障碍，特别是劳动力就业的自由选择受到不同程度的限制。这些因素都在不同程度上阻碍了市场机制对地区之间收入差别的调节作用，使得地区之间经济发展水平的差异和居民水平的差距不仅没有出现缩小的迹象，反而变得越来越大。长期城乡分割的制度，地区之间、城乡之间对动态要素流动的限制，特别是地方保护主义带来的各方面的影响。还有就是税收、税制，在过去相当长的时间内，都带有非常强的累退性，而不是累进的。这样，税负不是起到缩小收入差距作用，而是扩大收入差距的作用。

（三）由于受到部门利益制约，市场化改革的进展在部门之间出现明显不平衡

一些部门不愿意放弃自身的垄断利益，利用部门的影响力来延迟市场化改革的进程，或者只是选择更加有利于部门利益的"改革方式"，极力抵制不利于部门利益的改革方式。而且，在现行的分配体制下，垄断部门的垄断收益和企业利润很容易被转化为部门职工的收入和福利。垄断部门利益的保护，虽然很多人提出打破垄断部门的垄断，但是由于垄断部门都是大企业、大公司，它们有很大的影响力，要打破它们的垄断很困难，由此造成部门之间收入差距扩大。还有公共服务，由于取决于地方财力，所以造成这样的结果，然后是官员的腐败。不知道是否同市场化改革有关，不过最近有一著名学者提出官员腐败就是市场化造成的，因为计划经济时代没有腐败问题。我认为这是同政府监管有关，即政府缺乏良好的监督、管理体制，具体同市场化改革的相关性有待探讨。

（四）市场机制的问题

首先，市场机制很重要的问题是市场扭曲，而市场扭曲可能带来贫富悬殊的问题。市场扭曲会带来暴利机会，这些机会会被少数人所利用，而不是共享，这样就会造成巨大的收入差距。其次，市场化改革和整个经济结构调整造成的一部分人收入下降。由于下岗、企业减员增效问题，很多人失去了过去稳定的职业和收入，这个过程是一个所有制调整，也是经济结构调整的过程，这一方面同市场化改革有关；另一方面同我国的社会保障体制改革的滞后，同时政府也没有积极应对有关。台湾原来也是有很多国有企业，后来转化为私营企业，拍卖过程都会减员，但是这些裁退人员都得到非常好的补偿，甚至很多退休工人得到的退休金远远高于原来正常退休所应得的退休金。而大陆对此缺乏足够的重视，将所得资金都用在修建广场、马路上了，而不是用在社会保障上。

（五）资本和劳动收益的失衡问题

之所以提出这样的问题，是因为现在比较低端的劳动力市场，尤其是以农民工为主体的劳动力市场供大于求，这在某种程度上同我国城乡巨大的收入差距相关。存在这样的收入差距就会造成大批农村劳动力涌入城镇低端劳动力市场，而且他们能接受的工资是很低的。他们主要根据自己在农村务农的机会成本来判断自己接受的工资待遇，因此劳动力市场供给的竞争非常激烈。企业内部资本和劳动力之间权力不平衡，很多地方政府对外资企业、港台企业采取纵容的态度，出现了很多工资被人为压低、工作条件苛刻、工作环境恶劣的情况。在劳动力的基本权益缺少法律和政策的保护下，在劳动力没有能够代表自己利益的组织的情况下，劳动力的相对不利地位会更加凸现。在与单个而又分散的劳动力对抗中，资本会显示出其强势的力量，这在很大程度上会影响到劳动与资本的分配关系，甚至影响到劳动力的就业地位和工作条件。对于中国来说，以农民工为主体的非技术工人正是处在这样一种状态。在农村大量过剩劳动力和农业就业收入非常低下的情况下，他们在城镇务工的机会成本是非常低的，而务工所带来的收入对于改善其生活状况变得尤为重要。为了家庭的幸福，为了子女的未来，在资本面前"忍辱负重"也就成为一种无奈的选择。

总之，将收入差距的扩大不加分析地归结为市场化改革不是一种实事求是的态度。通过上述分析，不难看出，在个人收入差距扩大的诸多因素中，传统计划体制遗留下来的一些制度和政策，在部门利益和地方利益驱使下新形成的有悖于市场体制规则的制度和政策，政府对市场缺失和市场扭曲采取的不作为态度，对资本节制和劳动保护的不足，成为最为重要的因素。市场化改革进程所引发的收入差距的扩大，既有公平的成分，也有不公平的成分，而后者又是与政府的不当行为——过度作为和不作为行为密不可分。

（来源：《上海金融学院学报》2010年第2期）

中国的腐败、收入分配和收入差距

陈　刚　西南政法大学经济学院副教授

李　树　西南政法大学经济学院教授

腐败是造成城镇居民收入差距的最主要原因，腐败对城镇居民收入差距的贡献要远远高于除去经济增长外的其他影响因素。

一　引言

腐败的收入分配效应不仅仅体现在非法收入方面，其还可能会影响到合法收入的分配。腐败导致的机会不平等同样会给居民合法收入的分配产生影响。

当前，中国持续扩大的收入差距问题受到了人们的广泛关注。一种相当普遍的观点认为，中国经济市场化改革的推进是造成收入分配不均的主要原因，因为市场化改革过度强调"效率"而相应忽略了"公平"。上述混淆"公平"概念的观点显然是应该被质疑的，经济发展关注的是"机会公平"而非"结果公平"。"机会公平"的市场竞争条件下，劳动者报酬主要由其生产率决定，劳动者的知识、技能等禀赋条件以及个体努力水平的差异自然应该在收入分配中得到反映，由此产生的收入差距也被普遍接受是公平的（阿莱西那和安杰利塔斯［Alesina and Angeletos］，2005）。公平的收入差距不仅有利于经济效率的改善，而且通过政府的制度调节也完全可以控制在社会能够普遍接受的范围之内。中国当前的收入差距之所以备受关注，一些学者认为最重要的原因是由于收入差距中的相当一部分是由腐败导致的"机会不平等"造成的（吴敬琏，2006）。

腐败是指"为了私人利益而滥用公共权利的行为"（世界银行，1997）。腐败并非某国或地区独有，而是世界各国都普遍存在的现象。中国当前正处于计划经济向市场经济的转型阶段，由于政府管理体制改革和制度建设的相对滞后，"中国目前正处于新中国成立以来最严重的腐败时期"（胡鞍钢，2001），民意调查结果也显示，腐败已经成为了建设和谐社会的最大障碍（《中国经济时报》，2007）。或许，有很多的理由都可以令我们毫不忌讳地宣称，严重的腐败可能是导致中国收入差距长年居高不下的主要原因，但中国的腐败是否以及在什么程度上恶化了收入分配最终是需要经验支持的一个问题。国内的一些学者在这方面作出了非常有益的探索，如陈宗胜（2001）在推算中国与腐败相关的非法非正常收入的基础上发现，1997年基于居民正常收入差别得到的基尼系数是 0.40269，但将这些非法非正常收入包括进来后基尼系数上升到了 0.49324，这意味着腐败可以解释中国居民实际收入差距的 22.49%；王小鲁（2007）基于非正式个人渠道获取的调查数据同样认为，由于大量"灰色收入"并没有反映在官方公布的各类统计资料中，官方统计数据实际上严重低估了中国的实际收入差距，当将这些"灰色收入"考虑进来后，城镇最高和最低 10% 收入组间的收入差距达到了 31 倍，这远远高于官方统计资料显示的 9 倍差距。

上述研究为我们理性评价中国腐败的收入分配效应奠定了重要的文献基础，但这些研究忽略掉的一个重要方面是，腐败的收入分配效应不仅仅体现在非法收入方面，其还可能会影响到合法收入的分配。本文所指的"合法收入"是指居民从合法渠道获得的收入，如工薪收入、财产性收入、转移性收入等，这些收入是官方在各种统计年鉴中公布的居民收入。理论上而言，腐败导致的机会不平等同样会给居民合法收入的分配产生影响。一个简单的例子是，那些具有更多行贿资源或更擅长于行贿的利益集团可能会通过向腐败官员行贿的方式来影响政府收入再分配政策的制订和执行，从而增加它们在收入再分配中的获益。此时，腐败的收入分配效应显然就不仅仅局限于受贿官员与行贿者之间贿赂资金的转移，其还影响到了行贿者与非行贿者之间合法收入的分配。

与现有文献不同的是，本文将基于中国2000—2007年官方统计资料系统考察腐败的收入分配效应。由于官方统计资料中并没有将大量与腐败相关的"非法收入"或"灰色收入"包括进来，因此我们的研究与陈宗胜（2001）和王小鲁（2007）的研究是截然不同的，或者，可以认为我们的研究主要考察的是腐败对居民合法收入分配的影响。

二　文献综述

纵观现有文献，虽然考察腐败对收入差距影响的经验研究已经形成了比较成熟的分析框架，但由于都忽略了中国这个典型样本而显得不够完美。

腐败并不是什么新的话题，对其最早的论述可追朔到2000多年前。腐败行为不仅损害了社会公平和正义，其还由于扭曲了法律规则和弱化了制度基础而被认为是社会经济发展的最大障碍（世界银行，2000），对腐败问题的讨论已吸引了越来越多的学者参与其中。在涉及腐败后果的研究方面，经济学家早期关心的主要问题是腐败是否损害了经济效率和经济增

长。曾经有学者提出了一种可被称为"有效腐败论"的观点（莱夫
［Leff］，1964；刘［Liu］，1985；贝克和马厄［Beck and Maher］，1986），
但大多数学者的一致性观点是，腐败对经济增长是不利的，因为腐败的税
收效应降低了私人部门的投资激励（施莱弗和维什尼［Shleifer and Vish-
ny］，1993），抑制了新产品和新技术的研发投资（罗默［Romer］，
1994），扭曲了投资结构（施莱弗和维什尼，1993），挤出了生产性活动
（墨菲等［Murphy et al.］，1993），等等。经验研究也更多地支持腐败阻碍
了经济增长（纳克和基弗［Knack and Keefer］，1995；莫罗［Mauro］，
1995；坦齐和达乌迪［Tanzi and Davoodi］，2000），即便针对中国来说，
腐败对经济增长的抑制效应也是明显的（陈刚和李树，2008），以往像中
国这样的高腐败与高增长并存的国家常常是"有效腐败论"者借以坚持的
理由。

　　除去对经济增长的影响外，腐败还有可能导致的一个重要后果就是影
响收入分配。腐败的收入分配效应实际上很早就被人们所观察到，如坦齐
（1995）曾经指出，腐败将会扭曲政府的再分配职能，腐败相关的收益将
被那些与政府官员联系紧密的群体占有，这些群体大多是属于高收入阶
层。此后，腐败收入分配效应的理论研究却进展缓慢，直到最近，布莱克
本和福格斯－普奇奥（Blackburn and Forgues－Puccio，2007）才将腐败的
收入分配效应进行了模型化处理，他们在一个动态模型中证明了腐败与收
入差距之间的正相关：在腐败的环境中，高收入居民可以通过向腐败官员
行贿来逃避税收，政府税收的减少弱化了其的再分配职能，此时，高收入
居民与穷人间的收入差距将高于非腐败环境中的收入差距。同理论研究的
匮乏相比，相关经验研究成果却是比较丰富的。古普塔等（Gupta et al.，
2002）基于1980—1997年间的跨国数据分析发现，腐败同时恶化了收入差
距和贫穷率，腐败指数每提高一个标准差将会令基尼系数增加4.4，并认
为腐败抑制了经济增长、扭曲了税收制度和对穷人有利的公共计划、恶化

了人力资本差距、增加了要素积累的不确定性等是腐败增加了收入差距的主要原因。李等（Li et al.，2000）以及庄和考尔德伦（Chong and Calderón，2000）发现腐败同收入差距之间存在倒 U 形曲线关系，高收入国家的腐败同收入差距间存在正相关，而在低收入国家则存在负相关关系，但他们并未给出令人信服的原因解释。此后，成吉玛·布莱姆彭（Gymiah‑Brempong，2002；2006）基于 OECD、亚洲、非洲、拉美国家的数据，格莱泽和萨克斯（Glaeser and Saks，2006）以及丁塞尔和吉纳普（Dincer and Gunalp，2008）基于美国数据的分析也都一致认为腐败是扩大收入差距的一个重要原因。

纵观现有文献，虽然考察腐败对收入差距影响的经验研究已经形成了比较成熟的分析框架，但由于都忽略了中国这个典型样本而显得不够完美。中国是一个高腐败同高收入差距并存的发展中国家，据国际透明组织（Transparency International）公布的 2008 年度腐败感知指数（Corruption Perception Index）调查结果显示，中国的腐败水平在全球 178 个国家中排名第 72 位，同公认的腐败非常严重的巴西、墨西哥、秘鲁等拉美国家相当。同时，中国的收入差距也是世界上最高的国家之一，这在大量的研究中已得到过证实（奈特［Knight］，2008）。因而，基于中国样本的研究将具有更强的代表性。同时，中国的大国背景也使这一研究具有非常重要的现实意义。除此之外，本文的贡献相对于现有文献来说还体现在如下三个方面：第一，本文发展了一个客观指标来度量腐败，这避免了现有研究中大多通过调查信息来构造腐败度量指标的固有缺陷；第二，本文将腐败对非法收入和合法收入的分配效应独立开来，并重点关注腐败对合法收入差距的影响；同时，我们还分别考察了腐败对不同收入组居民收入的影响；第三，本文采用动态面板回归估计技术有效地克服了腐败的内生性偏误问题，现有文献并未给予腐败的内生性问题以足够的重视，这有可能使得他们的估计结果是有偏误的。

三 腐败的收入分配效应

腐败影响收入分配的渠道或许有很多种，本文沿袭布莱克本和福格斯－普奇奥（2007）的模型框架，主要基于政府的收入再分配职能的角度给予腐败的收入再分配效应一个简单描述。

腐败影响收入分配的渠道或许有很多种，本文沿袭布莱克本和福格斯－普奇奥（2007）的模型框架，主要基于政府的收入再分配职能的角度给予腐败的收入再分配效应一个简单描述。收入再分配是政府最重要的职能之一，政府通过税收制度以及公共支出计划将高收入者的部分收入转移给低收入者，希望将收入差距控制在社会道德普遍接受的范围之内。但腐败却可能会弱化和扭曲政府的收入再分配职能进而产生逆向分配效应，如富人通过向腐败官员行贿来逃避税收将导致政府税收减少，政府的再分配职能因税收减少而被弱化，进而意味着穷人获得的转移支付也相应降低了，此时，收入差距将趋于恶化（坦奇，1995）。我们将某经济体的总人口划分为：在企业部门工作的居民和在政府部门工作的官员两类，其中居民人数为 M，政府官员人数为 N，且 N < M。居民由于在知识、技能、经验等人力资本禀赋上存在个体差异，他们的收入水平也相应存在差异，居民收入水平的差异意味着他们将承担不同的税赋以及享有不同的转移支付。再设政府官员具有不同的寻租偏好，因为他们寻租的熟练程度或对待寻租的道德态度（可视做心理成本）存在个体差异（阿西莫格鲁和维迪尔 [Acemoglou and Verdier]，2001）。所有的居民和政府官员都是风险中性的。

（一）政府

政府的职责是通过税收和转移支付将富人的部分收入补贴给穷人来调

解收入差距。设每个高收入居民缴纳的税赋为 τ，每个穷人得到的补贴为 σ。征税和补贴都是由政府赋权的官员来具体实施。设政府官员既不缴税也不享受补贴，他们仅获得政府支付的同中等收入居民的工资相等的工薪收入。假设政府具有税收总额的完全信息，如果实际税收总额低于政府预期时，政府能够察觉到在征税过程中存在着腐败行为，此时，政府将额外支付额外的 e 单位成本用于腐败调查，且 e > 0。令政府官员的腐败行为没有被发现的概率为 p（0 < p < 1），被发现的概率相应是 1 - p。同时，与腐败官员共谋的居民被发现的概率也相应为 1 - p。腐败官员一旦被发现，政府将没收其全部收入（包括工薪收入和腐败收入），共谋居民也需要缴纳全额税款。此外，政府追求平衡预算，即维持政府总收入与总支出的平衡。政府的总收入包括两部分：高收入居民缴纳的税收和没收的腐败官员的收入；政府总支出包括三部分：政府官员的工薪支出、腐败调查的成本支出以及给予低收入居民的转移支付。

（二）居民

根据收入水平的高低将居民划分为低、中和高三个阶层，其中低收入居民所占比例是 μ_l，中等收入居民所占比例是 μ_m，高收入居民所占比例相应为 $\mu_h = 1 - \mu_l - \mu_m$。假设工薪收入是居民收入的唯一来源，各收入阶层居民工薪收入为 w_i（i = l, m, h），且有 $w_l < w_m < w_h$。假设只有低收入居民享有政府的转移支付，同时，只有高收入居民有纳税义务，其纳税额由如下的线性函数定义：

$$\tau = \tau_0 + \tau_1 w_h \qquad （其中 \tau_0, \tau_1 > 0） \qquad (1)$$

为了方便分析，再令识别低收入居民的身份是公共信息，识别中、高收入居民的身份则是私人信息。这意味着腐败行为只可能会存在于征税环节中，因为高收入居民可以通过向腐败官员行贿来隐匿个人收入的真实信息，从而达到不缴纳税收的目的。但由于识别低收入居民身份是公共信息，高收入居民无法将自己虚报为低收入居民来获得政府的转移支付，因而腐败行为在补贴发放过程中是不存在的。各阶层居民的可支配收入 s_i 可由如下式子来定义：

$$s_l = w_l + \sigma$$

$$s_m = w_m \tag{2}$$

$$s_h = \begin{cases} \text{不行贿：} (1 - \tau_1) w_h - \tau_0 \\ \text{行贿：} \begin{cases} \text{行贿行为未被发现：} w_h - b & \text{with prob. } p \\ \text{行贿行为被发现：} (1 - \tau_1) w_h - \tau_0 - b & \text{with prob. } 1 - p \end{cases} \end{cases}$$

上式中，b 为高收入居民的行贿支出，且有 b > 0。

（三）政府官员

政府官员划分为"腐败"和"非腐败"官员两种类型，其中前者较容易腐败，后者不容易腐败。设腐败官员所占比例为 v_c，则非腐败官员所占比例相应是 $v_n = 1 - v_c$。每个官员负责向 $\mu_h M/N$ 个高收入居民征税，并向 $\mu_h M/N$ 个低收入居民发放补贴。由于非腐败官员除去工薪收入外没有其他收入来源，所以非腐败官员的可支配收入 s_n 就等于中等收入居民收入 s_m。腐败官员的可支配收入 s_c 包括工薪收入 w_m 和收受的贿赂总额 B，且 B = $(\mu_h M/N) \cdot b$；此外，腐败官员还将支出部分成本用于阻止其腐败行为被政府发现，设其是关于受贿总收入的凸函数 β（B）。则非腐败与腐败官员的可支配收入 s_i（i = n, c）可由如下式子给定：

$$s_n = s_m = w_m$$

$$s_c = \begin{cases} \text{不腐败} \\ \text{腐败：} \begin{cases} \text{腐败行为未被发现：} w_m + B - \beta（B） & \text{with prob. } p \\ \text{腐败行为被发现：} 0 & \text{with prob. } 1 - p \end{cases} \end{cases} \tag{3}$$

（四）腐败行为及其收入分配效应

当高收入居民和腐败官员觉察到他们之间的共谋行为能够增加各自的收益时，腐败行为就会发生。就腐败官员来说，当其选择腐败后的预期可支配收入大于其不腐败时的预期可支配收入时，其将会有腐败的激励：

$$P\left[w_m + B - \beta(B)\right] \geqslant w_m \tag{4}$$

同理，当高收入居民行贿后的预期可支配收入 $p(w_h - b) + (1-p)\left[(1-\tau_1)w_h - \tau_0 - b\right]$ 大于其不行贿的预期可支配收入 $(1-\tau_1)w_h - \tau_0$ 时，其将有行贿的激励。上述条件即：

$$P(\tau_1 w_h + \tau_0) \geqslant b \tag{5}$$

因此，如果（4）式和（5）式同时满足，腐败官员和高收入居民间的共谋行为可以增加他们各自的收益，此时就会产生腐败的激励；而当（4）式或（5）式中的一个条件不被满足时，腐败行为都不会存在。接下来，我们可以通过比较非腐败与腐败环境下居民的收入分配来考察腐败的收入分配效应。

在非腐败环境中，政府收入等于税收总额，为 $\mu_h M(\tau_1 w_h + \tau_0)$；政府支出包括两部分：政府官员的工资支出 Nw_m，以及给予低收入居民的转移支付 $\mu_l M\hat{\sigma}$（上标"^"表示非腐败环境中的变量取值，如 $\hat{\sigma}$ 为非腐败环境中每个低收入居民获得的转移支付收入）。政府的预算平衡式可表示如下：

$$\mu_l M\hat{\sigma} = \mu_h M(\tau_1 w_h + \tau_0) - Nw_m \tag{6}$$

非腐败环境中的各收入阶层居民的总人口 $\hat{\pi}(\cdot)$ 和人均可支配收入 $\hat{S}(\cdot)$ 可由下式给定：

$$\hat{\pi}(\cdot) = \mu_l M，可支配收入 \hat{S}_l = w_l + \hat{\sigma}$$

$$\mu_m M，可支配收入 \hat{S}_m = w_m$$

$$\mu_h M，可支配收入 \hat{S}_h = (1-\tau_1)w_h - \tau_0 \tag{7}$$

在腐败环境中，由于有部分腐败官员的腐败行为被政府发现（所占比例为 $1-p$），其余腐败官员的腐败行为未被政府发现（所占比例为 p）。此时，政府总收入的构成为：非腐败官员征得的税收 $v_n\mu_h M(\tau_1 w_h + \tau_0)$、被发现的腐败官员应征的税收 $pv_c\mu_h M(\tau_1 w_h + \tau_0)$ 以及没收被发现的腐败官员的收入 $pv_c\left[w_m + B - \beta(B)\right]$；政府支出包括三部分：政府官员的工资支出 Nw_m、腐败调查的成本支出 e、给予低收入居民的转移支付 $\mu_l M\tilde{\sigma}$（上标"～"表示腐败环境中的变量取值，如 $\tilde{\sigma}$ 为腐败环境中每个低收入居民获得的转移支付收入）。政府的预算平衡式可表示如下：

$$\mu_l M \tilde{\sigma} = (1 - p v_c) \mu_h M (\tau_1 w_h + \tau_0) - [1 - (1 - p) v_c] N w_m + (1 - p) v_c N [B - \beta (B)] - e \qquad (8)$$

比较（6）和（8）式可得：

$$\mu_l M \tilde{\sigma} = \mu_l M \hat{\sigma} - v_c \mu_h M [p (\tau_1 w_h + \tau_0) - b] - v_c N \{p [B - \beta (B)] - (1 - p) w_m\} - v_c N \beta (B) - e \qquad (9)$$

存在腐败的环境中，由于（4）和（5）式同时得到满足，则根据（9）式必有成立，亦即恒成立，说明在工资水平给定的情况下，腐败降低了低收入居民的可支配收入。主要原因是腐败环境下存在着政府税收的漏出以及政府额外的腐败调查成本支出。虽然政府收入的损失和成本支出的额外增加可以从没收被发现的腐败官员的收入中得到部分补偿，但腐败仍然减少了政府可用于转移支付的收入总额。

由于中等收入居民既不承担纳税义务，也不享有政府的转移支付，因此腐败并不影响中等收入居民的可支配收入，即有 $\hat{s}_m = \tilde{s}_m$。

腐败对高收入居民可支配收入的影响要复杂一些。对于那些没有参与行贿的高收入居民（总数是 $v_n \mu_h M$），腐败并不影响他们的可支配收入，这部分居民的可支配收入设定为 $\tilde{s}_h^1$，且有 $\tilde{s}_h^1 = \hat{s}_h$；那些参与行贿但没有被政府发现的高收入居民（总数为 $v_c p \mu_h M$），腐败由于使他们少缴纳了税收而提高了他们的可支配收入，设这部分居民的可支配收入为 $\tilde{s}_h^2$，且有 $\tilde{s}_h^2 > \hat{s}_h$；那些参与行贿并且被政府发现的高收入居民（总数为 $v_c (1 - p) \mu_h M$），他们除去缴纳全部税赋外还支出了额外的行贿成本，因此腐败降低了这部分高收入居民的可支配收入，设这部分居民的可支配收入为 $\tilde{s}_h^3$，且有 $\tilde{s}_h^3 < \hat{s}_h$。

腐败的收入分配效应可以通过如下的图1（编者略）中得到直观显示。腐败由于减少了政府用于给予低收入居民转移支付的资源总量，降低了低收入居民的可支配收入 $(\tilde{s}_l < \hat{s}_l)$；此外，腐败还令高收入居民的收入分配变得更加发散，其增加了部分高收入居民的可支配收入 $(\tilde{s}_h^2 > \hat{s}_h)$，但同时也降低了部分高收入居民的可支配收入 $(\tilde{s}_h^3 < \hat{s}_h)$。总体而言，在腐败的社会环境中，居民收入分配的不平等程度上升了。

四　经验分析框架

基于前文的讨论，腐败同居民收入分配间在理论上存在明显的因果联系，为了经验验证腐败的收入分配效应，本文将基准的计量经济学模型设定为如下动态回归的形式：$Inequality_{it} = \beta_0 + \beta_1 Inequality_{it-1} + \beta_2 Corruption_{it} + \Pi Z_{it} + v_i + \varepsilon_{it}$

（一）模型和变量

基于前文的讨论，腐败同居民收入分配间在理论上存在明显的因果联系，但腐败是否以及在何种程度上影响了居民的收入分配最终将依赖于经验证据的支撑。为了经验验证腐败的收入分配效应，本文将基准的计量经济学模型设定为如下动态回归的形式：

$$Inequality_{it} = \beta_0 + \beta_1 Inequality_{it-1} + \beta_2 Corruption_{it} + \Pi Z_{it} + v_i + \varepsilon_{it} \qquad (10)$$

上式中，下标 i 和 t 分别是第 i 个省份的第 t 年；v 是不可观测的地区固定效应，它控制了那些在地区间存在差异但不随时间变化的因素；ε 为随机扰动项；β 是待估参数；Z 是控制变量矩阵。

上述方程右边的被解释变量 Inequality 是衡量居民收入差距的指标。现有的衡量收入差距的指标有多种，最常用的包括基尼系数（Gini Index，GI）、泰尔指数（Theil Index，TI）、变异系数（Coefficient of Variation，CV）和对数收入之变异系数（Standard Deviation of the Logarithms，SDL）等。为了避免单一指标可能存在的局限性，本文综合采用了上述 4 个指标交替作为衡量收入差距的指标，这些指标的计算公式分别是：

基尼系数：$GI = \sum_{i=1}^{n} w_i y_i + 2 \sum_{i=1}^{n-1} w_i (1 - v_i) - 1$，其中 w_i 是按收入分组后各组的人口数占总人口数的比重；y_i 是按收入分组后，各组人口所有的收入占收入总额的比例；v_i 是 y_i 从 $i = 1$ 到 i 的累加比例，n 是收入分组数。

泰尔指数：$TI = 1/n \sum_{i=1}^{n} y_i / m * \log (y_i/m)$，其中表示第 i 个家庭户的收入，n 表示总体家庭户个数，m 表示总体收入的代数平均值。

变异系数：$CV = s/\overline{X}$，其中 s 是各组收入的标准差，$\overline{X}$ 是平均收入。

对数收入之变异系数：$SDL = \sum_{n=1}^{n} (\log m^* - \log y_i)^2/n$，其中 m 表示收入的集合平均值，y 表示第 i 个家庭户的收入。

方程（10）中的核心解释变量 Corruption 是衡量腐败水平的指标。早期涉及腐败定量分析的文献大多采用主观调查数据来构造腐败的度量指标，但类似做法的客观性和真实性受到了普遍的质疑（纳克，2006）。最近的研究开始尝试寻找一些客观指标来衡量腐败，如格莱泽和萨克斯（2006）以及丁塞尔和古纳普（Dincer and Gunalp，2008）针对美国腐败问题的研究；国内学者如陈刚和李树（2008；2009）曾采用人民检察院每年立案侦察贪污贿赂、渎职案件数与公职人员数之比（CASES，件/万人）以及涉案人数与公职人员数之比（PERSONS，人/万人）两个指标来度量中国的腐败水平，并得到了令人满意的结果。因此本文沿用陈刚和李树（2008；2009）的定义，以上述两个指标来衡量中国的腐败水平，在具体估计时我们将取其自然对数，这主要是考虑到可以方便对估计结果的解释。

除去腐败外，我们还需要控制住其他一些影响收入差距的主要因素。控制变量矩阵 Z 中纳入了如下一些变量：（1）人均 GDP 对数（PGDP）及其平方（PGDP2），纳入这两个变量的主要目的是考察中国收入差距的演进是否同库兹涅茨倒"U"形假说保持一致，即检验中国的收入差距是否会随着经济增长先发散再收敛；（2）政府支出（GOVE），本文以政府支出占 GDP 总额的比例来衡量；（3）教育水平（EDUC），以 6 岁及 6 岁以上人口平均受教育年限来衡量；（4）经济开放（OPEN），以进出口总额占 GDP 总额的比例来衡量；（5）城市化率（URBAN），以非农业人口占总人口的比例来衡量。

（二）数据说明

测算居民收入差距最好是采用个人和家庭的微观调查数据，但中国目前以家庭为观测点的官方数据尚未公开发布。因此，本文退而以家庭分组数据来测算度量居民收入差距的各种指标。现有官方统计资料上较详细地给出了城镇和农村的分组家庭调查数据，其中城镇数据基本上是以人口分位数格式给出，农村数据则大多以收入段分组格式给出，总体而言，城镇数据在连贯性、完整性方面都要好于农村数据，所以本文最终决定只考察城镇居民收入差距。我们测算城镇居民收入差距所用到的城镇居民家庭分组可支配收入数据以及各收入组家庭规模数均摘自历年各地区统计年鉴。

本文在历年《中国检察年鉴》上摘得了各地区检察院立案侦察的贪污贿赂、渎职案件数及涉案人数，在历年《中国统计年鉴》上摘得了公共管理和社会组织行业职工人数，我们以此来代理公职人员数，从而构造得到了度量腐败水平的两个指标 PERSONS 和 CASES。

构造其他变量的基础数据均摘自历年《中国统计年鉴》，此处不再赘述。本文最终收集整理了中国 2000—2007 年 8 年时间和 30 个省级截面（未包括西藏、香港、澳门和台湾）组成的面板数据集用于计量检验。表 1（编者略）中汇报了相关衡量居民收入差距和腐败水平指标的描述性统计结果。

（三）估计方法

在估计回归方程（10）时我们需要注意如下两个问题：一是由于解释

变量中含有被解释变量的滞后值和不可观测的地区固定效应，如果此时在回归方程中删除固定效应将会导致参数的 OLS 估计量是有偏和非一致的；二是解释变量 Corruption 的内生性问题，因为不仅是腐败影响收入分配，收入不平等反过来也可能通过"物质效应"和"道德效应"对腐败产生影响（钟晟和卡格拉姆 [Jong-sung and Khagram]，2005）。为了克服上述困难，本文遵循布伦德尔和邦德（Blundell and Bond，1998）的建议，将采用系统广义矩估计（System GMM）完成对回归方程的拟合。系统 GMM 估计的思路是，首先对回归方程（10）进行差分变换以消除固定效应 v，从而得到如下的差分方程（Δ 表示一阶差分）：

$$\Delta \text{Inequality} = \beta_1 \Delta \text{Inequality}_{it-1} + \beta_2 \Delta \text{Corruption}_{it} + \Pi \Delta Z_{it} + \varepsilon_{it} \qquad (11)$$

上述变换过程实际上就是差分广义矩估计（Difference GMM）变换。布伦德尔和邦德（1998）在此基础上发展的系统 GMM 估计指出，当固定效应同解释变量的差分项不相关的情况下，我们可以选择将水平变量作为差分变量的工具变量，并将差分变量作为水平变量的工具变量，对水平方程和差分方程同时进行估计，将能得到统计上更加有效的估计结果。系统 GMM 估计的有效性依赖于工具变量选取是有效的以及残差的差分项不存在序列相关的假设条件，这可通过 Hansen 过度识别检验和残差序列相关检验来进行判断。

五　计量检验及讨论

由于我们测算度量城镇居民收入差距的原始数据均摘自官方统计资料，这些资料中并没有将与腐败租金相关联的大量"非法收入"和"灰色收入"包括进来，因此官方统计数据实际上远远低估了城镇居民的真实收入差距。

本文采用系统 GMM 二步估计完成了对回归方程（10）的拟合，估计结果整理汇报在表 2 中。表 2（编者略）中汇报的相关统计检验结果是令人满意的，Hansen 过度识别检验的 P 值没拒绝工具变量的选取满足过度识别约束条件的原假设，意味着总体工具变量的选取是有效的；AR（1）和 AR（2）检验的 P 值也说明残差仅存在一阶自相关而不存在二阶自相关。

衡量腐败水平的两个变量 PERSONS 和 CASES 的参数估计是本文关注的焦点。表 2 中汇报的结果显示，PERSONS 和 CASES 对各个收入差距度量变量的影响系数均高度显著为正，其中以 PERSONS 度量的腐败水平对收入差距的影响弹性高于以 CASES 度量的腐败水平对收入差距的影响，以 PERSONS 度量的腐败水平上升 1 个百分点，将会令城镇居民收入的基尼系数增加 0.014 点、泰尔指数增加 0.009 点、变异系数增加 0.066 点、对数收入之变异系数增加 0.04 点。此外，由于我们测算度量城镇居民收入差距的原始数据均摘自官方统计资料，这些资料中并没有将与腐败租金相关联的大量"非法收入"和"灰色收入"包括进来，因此官方统计数据实际上远远低估了城镇居民的真实收入差距。如果将上述因素考虑进来，腐败对城镇居民真实收入差距的影响可能要比回归表中汇报的结果高出很多。同时，此处的回归结果还意味着陈宗胜（2001）和王小鲁（2007）的研究低估了腐败对居民真实收入差距的影响，因为他们的研究仅考虑了与腐败租金相关联的"非法收入"和"灰色收入"对居民收入差距的影响，但此处的结果显示，腐败还同样恶化了居民合法收入差距。

变量 PGDP 及其平方项的估计系数分别显著为正和负，说明中国城镇居民收入差距的演进基本遵循库兹涅茨倒"U"型曲线，但中国当前的人均 GDP 水平仅在基于泰尔指数的模型中（第（3）和（4）列中）处于倒"U"型曲线的下降阶段，其他列中尚远远未能达到倒"U"型曲线的拐点，这意味着中国城镇居民收入差距在今后相当长一段时期内可能仍然会随着经济增长而恶化。政府财政支出（GOVE）在大多数模型中均显著为正，说明政府财政支出恶化了城镇居民收入差距，这样的结果在意料之中，因为就中国政府过去 30 年的财政分项支出经验来看，其中的教育、医疗、社会保障和福利等有利于增加低收入居民收入流的支出项所占的比例长期维持在较低的水平线上，这种失衡结构下的政府支出可能更多的是惠及了中高收入组居民，使得居民间的收入差距由于财政支出结构的扭曲而被恶化了。教育水平（EDUC）的估计系数在各列中也高度显著为正，这说明教育缩小了城镇居民收入差距，主要原因可能是因为教育作为人力资本积累的重要来源，其可以缓解甚至消除低收入居民面临的各种劳动力市场进入约束，进而有利于实现各收入组居民就业机会及收入机会的均等。这个发现意味着发展教育事业将可能是缩小中国城镇居民收入差距的有效途径，不过这个过程中本身需要保障居民受教育机会的公平性。经济开放（OPEN）增加了城镇居民收入差距，这同徐和邹（Xu and Zou，2000）的发现是一致的。虽然现有经典理论的观点是，贸易自由化增加了对技术工人的需求和工资，并由此提高了技术工人和非技术工人间的工资不平等（戈德堡和帕夫尼克 [Goldberg and Pavcnik]，2007），但徐和邹（2000）基于中国经验给出的另外一种解释是，这是由于富人通过行贿等方式获取了更多的贸易优势（如取得贸易许可证和贸易配额）和贸易收益。城市化率（URBAN）在一定程度上恶化了城镇居民收入差距。可能的原因解释是，中国当前新增的城市人口主要是来自农村的移民，农村移民自身较低的人力资本积累水平以及城市劳动力市场上的各类制度性和非制度性歧视均不利于他们在城市正规部门获得就业机会，受雇于城市非正规部门或在非正规部门的自我雇用是他们实现就业的主要方式，结果是这些新增的城市人口普遍具有较低的收入水平，城镇居民收入差距则相应表现出随着城市化的扩张而恶化的趋势。

在得到样本回归函数的基础上，通过如下的方式纵向比较各解释变量对城镇居民收入差距的解释强度：

$$\overline{\text{Inequality}} = \beta_1 \overline{\text{Inequality}_{t-1}} + \beta_2 \overline{\text{corruption}_t} + \hat{\Pi}\overline{Z}_t \qquad\qquad (12)$$

上式是前文估计得到的样本回归函数。此时，$\beta_2\text{corruption}_t/\text{Inequality}$ 就是腐败对城镇居民收入差距的解释强度。如果以 PERSONS 作为腐败的度量指标，我们可以发现，在对各种度量城镇居民收入差距的指标进行回归时，腐败对城镇居民收入差距的解释强度都远远超过了财政支出、经济开放和城市化率；其对收入差距的解释强度同教育水平大致相当，但是方向相反（见表3，编者略）。上述种种迹象都表明，腐败的确可能是导致中国城镇居民收入差距的最主要原因，抑制腐败显然对缩小居民收入差距具有决定性的作用。

本文除去关注腐败对居民收入差距的总体效应外，还希望分别考察腐败对各收入组居民收入的影响，这可以帮助我们在经验上更好地理解中国腐败的收入分配效应。本文基于城镇居民家庭五等份收入分组数据，以城镇各收入组居民的收入占比对腐败及其他影响收入分配的主要解释变量建立动态回归模型，并采用系统 GMM 估计完成拟合，结果汇报在了如下的表4中（编者略）。

表4中汇报的结果显示，中国的腐败之所以恶化了城镇居民收入差距，主要表现是腐败增加了20%最高收入组居民的收入，同时，降低了其他四个收入组（最低、中低、中高、中等收入组）居民的收入占比。如果以 PERSONS 作为腐败的度量指标，中国的腐败水平提高1个百分点可以使高收入组城镇居民的收入占比增加1.9个百分点，令其他四个收入组城镇居民收入占比各自降低大约0.5个百分点。究其原因，正如前文讨论过的可能是由于高收入居民具有行贿的资源优势，他们通过向腐败官员行贿的方式从政府各项政策制定和实施过程中获得了更多的私人收益，同时，高收入居民同腐败官员间的共谋行为也相应降低了其他收入组居民的相对收入。这说明中国今后反腐败政策的一个重点应该是增加对这20%城镇高收入居民与政府官员间的合谋行为的监管力度和审查力度。

六　结论性评述

中国今后控制和缩小居民收入差距的战略就需要同腐败抑制战略相结合，基础性工作就是消除滋生腐败的制度基础。

中国的收入差距常年居高不下已对社会稳定和建设和谐社会构成了严重威胁，虽然中央政府为缩小居民收入差距作出了诸多努力，但各项政策的效果至今看来尚不能令人满意，主要原因可能是因为"中国居民收入不平等主要是由腐败造成的机会不平等导致的"（吴敬琏，2006）。本文基于中国2000—2007年的官方统计数据，系统考察了腐败的收入分配效应。我们发现，腐败的确是造成城镇居民收入差距的最主要原因，就样本区间内而言，腐败对城镇居民收入差距的贡献要远远高于财政支出、经济开放和城市化率等因素；腐败的收入分配效应具体表现为：腐败增加了城镇20%最高收入组居民收入，但同时降低了城镇其他收入组居民收入；此外，由于我们测算城镇居民收入差距的数据摘自官方统计资料，其没能将大量与腐败租金相关联的"非法收入"和"灰色收入"包括进来，因此我们的研究还意味着陈宗胜（2001）和王小鲁（2007）的早期研究很可能是低估了腐败对居民真实收入差距的影响。

现有研究证实，如果收入差距主要是由劳动者的个体努力差异造成的，其将被普遍接受是公平的（阿莱西那和安杰利塔斯，2005）。公平的收入差距不仅有助于激励人们更多地从事生产性活动从而对经济增长具有积极效应，而且通过政府的制度调节也完全可以控制在社会能够普遍接受的范围之内。腐败造成的收入差距则是"不公平"的，"不公平"的收入差距不仅蕴藏着巨大的社会经济风险，而且政府的制度调节也难以获得令人满意的效果，因为腐败行为可能扭曲政府再分配政策的制定和执行，各项政策的实际效果也可能偏离事先预定的目标，甚至产生逆向分配效应。

如果本文的研究结论是成立的，这就意味着缩小中国居民收入差距的最关键环节就是抑制腐败。滋生腐败的基础是行政权力对社会资源的垄断以及对市场经济活动的干预（吴敬琏，2006），中国当前高腐败的主要原因是政府管理体制和相关制度建设的相对滞后。因此，中国今后控制和缩小居民收入差距的战略就需要同腐败抑制战略相结合，基础性工作就是消除滋生腐败的制度基础，包括重视和继续推行全面的政府管理体制改革，建立透明的政府资源配置和运作体制，完善政府监督机制和问责机制，将行政权力的获得和使用置于社会公众的民主监督之下；同时，继续深化要素市场和产品市场的市场化建设，减少行政性的资源垄断以及政府对经济活动不必要的干预和管制等等。

（来源：《经济科学》2010 年第 2 期）

C 方

通过实证检验影响收入差距的一系列市场因素和非市场因素，

定量研究收入分配问题，

从而为合理制定收入分配政策提供依据。

对当前我国收入分配问题的冷思考

邹东涛　中国社会科学院社会科学文献出版社总编辑、教授

　　理论界及媒体不应过度渲染收入差距问题，而应该对与中国收入分配相关的问题进行"冷思考"，进行理性分析，通过一系列与收入分配有关的制度设计和制度建设，实现贫富同舟共济，促进社会和谐。

　　中国改革开放 30 年来，取得了举世瞩目的巨大成就。但不可否认，在改革进程中也伴随着一些消极因素，其中收入差距较大是全社会反映最突出的问题。本文认为，理论界及媒体不应过度渲染收入差距问题，而应该对与中国收入分配相关的问题进行"冷思考"，进行理性分析，通过一系列与收入分配有关的制度设计和制度建设，实现贫富同舟共济，促进社会和谐。

　　中国改革开放 30 年来取得了举世瞩目的巨大成就。经济增长率高居世界第一，外汇储备高居世界第一，成为世界上第三大经济体；全国人民的收入增长水平和生活水平与改革开放之前相比发生了天翻地覆的变化。然而，近几年来，我们经常听到对改革的批评甚至骂声。是社会人心不古了，还是人民欲壑难填了？凡事总有原因，重要原因之一就是对收入差距

拉大的强烈社会反应以及理论和媒体对收入差距过度的渲染，以致"贫富矛盾、对立与实现贫富和谐"成为近几年使用频率最高的词汇。2007 年上半年，一家杂志发表了一篇题为《穷人与富人的和谐：童话还是一厢情愿》的文章，提出"贫富永远不可能和谐"，竟然得到绝大多数响应文章的赞同。因此，本文对当前中国收入分配的状况提出"冷思考"，旨在使得大家对这个影响社会全局的大问题多一些理性分析。

一　对收入分配与贫富差距的冷思考

在当今时代，更要高屋建瓴地分析和把握好贫富差距问题。第一，我们必须清醒地认识到，这既是社会主义制度和价值观的本质要求，又是社会政治稳定和国家长治久安的最重要条件；第二，我们应当看到，我们的党、政府和人民，有决心有能力把握好这一重大问题。

我国当前以及今后一个较长时间是要在改革攻坚中构建社会主义和谐社会，而构建社会主义和谐社会的"切入点"首先在于财富的分配和利益关系的调整。

利益永远是社会矛盾的可能爆发点及社会和谐的平衡点。近几年来，我国比较利益产生了过度倾斜和分化，使利益相对过低和受损者的人数比例增加，他们的严重不满在较大的程度上牵动了整个社会。这引起了整个社会的高度关注，而要处理好这个问题又是一个十分棘手的问题。我们既不能因为要照顾社会弱势阶层而回过头搞平均主义，又不能因为要激励效率而任凭强势阶层自由攀升而激化社会矛盾；既要反对对弱势阶层的冷漠心理，又要反对仇富心理，从而协调不同社会阶层的利益关系，平抑社会矛盾，实现社会和谐。

问题不仅在于"利益矛盾"，更重要的是进一步改革攻坚的动力和阻

力问题。一般说来，改革的动力来源于改革的既得利益。但这并不是绝对
规律。实际上，改革攻坚的阻力不仅仅包括改革中的利益受损者，而且还
往往来自改革中的既得利益者。利益受损者对改革攻坚抱有"改革使利益
受损恐惧症"，这好理解。而有些改革的既得利益者为什么也会阻碍改革
呢？改革开放中既得利益集团中的部分人，现在处于"最佳状态"，他们
既反对倒退回计划经济体制，也不赞成继续推进改革，害怕改革攻坚弱势
阶层崛起和"清算资本主义"，所以会极力维持目前的利益格局。这些新
的利益集团和原有的利益集团交叉并存，形成相当复杂的利益格局，并对
中国的改革攻坚产生一定程度的影响。改革的头20年，改革攻坚的火车头
一驱动，各个阶层都争先恐后往车头上挂，生怕落伍，积极争当改革的
"弄潮儿"；而近几年来，在改革攻坚的火车头上，许多阶层往往躲避不
及。因此，关注利益关系的调整不仅仅是构建和谐社会的客观要求，也是
确保改革攻坚顺利进行的重要保证。

因此，在当今时代，更要高屋建瓴地分析和把握好贫富差距问题。第
一，我们必须清醒地认识到，这既是社会主义制度和价值观的本质要求，
又是社会政治稳定和国家长治久安的最重要条件；第二，我们应当看到，
我们的党、政府和人民，有决心有能力把握好这一重大问题。

二 对中国基尼系数的冷思考

现在，中国已被国际上认为是世界上收入分配差距第二大的国家。对
待这一问题，我认为：既要高度关注，又不要恐慌。我赞同对这个问题的
高度关切、理性分析和提出对策建议，而不赞同对这个问题的过度渲染，
因为过度渲染无益于解决问题，反而会对现存的问题和矛盾起到推波助澜
的作用，这对社会是不负责任的态度。

基尼系数，是国际上用来分析收入分配差距的基本指标。中国改革开放以来的基尼系数发生了巨大变化：1978 年为 0.18，1981 年为 0.29（此前被国际上认为这是世界上分配最公平的国家），1988 年为 0.382，1994 年为 0.467（另有资料显示为 0.434），1998 年为 0.456，1999 年为 0.457，2000 年为 0.458，2001 年为 0.459。2005 年，居民个人年收入和人均家庭收入的基尼系数分别达到 0.529 和 0.561，并且，每年都以 0.1% 的速度递增。基尼系数的国际警戒线是 0.35—0.4。现在，中国已被国际上认为是世界上收入分配差距第二大的国家。

对待这一问题，我认为：既要高度关注，又不要恐慌。我赞同对这个问题的高度关切、理性分析和提出对策建议，而不赞同对这个问题的过度渲染，因为过度渲染无益于解决问题，反而会对现存的问题和矛盾起到推波助澜的作用，这对社会是不负责任的态度。

首先，我们应当认识到，改革开放以来，中国的基尼系数逐步增加，这是改革开放的成就和社会进步的表现，表明随着市场化的改革和竞争的形成，养懒汉的机制和制约经济发展的"大锅饭"平均主义被打破了。其次，我们也要看到，对收入分配差距过度拉大的问题，我们党和政府并非听之任之，而是高度关注并提出了一系列指导方针，出台了一系列政策。最后，对国际上提出的基尼系数，我们要借鉴国际经验用这一指标分析收入差距，但也大可不必顶礼膜拜和迷信它。比如，按照西方经济学原理，一国通货膨胀的国际警戒线是 4%。我国 1994 年的通货膨胀达到了 21.7%，当时就有不少人叫喊"中国经济要崩溃了"，结果中国经济并没有崩溃，而且还继续发展。当时政府采取了过度的宏观紧缩政策，结果造成了 20 世纪 90 年代末到 21 世纪初连续数年的通货紧缩和经济低迷。这就告诉我们，对任何"国际理论和警戒线"，我们应当理性看待，根据中国的国情具体分析和运用。这里还是要用我的一句话："做中国猫，抓中国鼠。"

我国当前的收入差距并非像有的媒体和有些人炒作的那样严重。正确的基本估计应该是：我国在经济体制转轨中出现了收入差距，但这是市场化进程中的必然现象，它与过去旧体制下普遍贫穷低效的平均主义相比，是一种社会进步；在某些方面存在问题，但还不是全局的、"奔腾式"的甚至是"对抗性"的矛盾。

三 对"仇富"思想的冷思考

我觉得非常有必要把"仇富"的对象搞清楚。我感到人们绝非见富就仇，真正"仇"的：一是"权贵资本"，包括利用公权力搞腐败的贪官和老板；二是那些搞假冒伪劣、坑蒙拐骗的黑心商人；三是利用企业改制鲸吞国有资产的人；四是偷税漏税非法所得者；五是不顾工人死活、克扣拖欠工人工资的黑心老板；六是因行业垄断而收入过高者；等等。对这些富人的仇恨是推进社会进步、深化改革的动力。那些不分青红皂白胡乱炒作"仇富"的人，要多一点清醒，多一点社会责任感。

"仇富"思想古已有之，只要有贫富差距，必然会有"仇富"思想，但对"仇富"思想要具体分析。一种是严重的平均主义思想，一看见别人吃、住、穿、行比自己好，就气不打一处来，生出"红眼病"来，巴不得别人火烧房子、遭车祸、生大病、倒大霉。这种见富就仇的思想是一种不健康的病态心理。这种不健康的思想过去、现在、今后都会存在。另一种是当贫富差距确实过度拉大了，少数人巨富并且对穷人态度恶劣，而多数人太穷并被歧视和欺负，不仅穷人自身强烈渴望公平，而且具有人文主义思想的富人和非富人，也是同情穷人并为穷人鼓与呼。

其实，大可不必把人们的"仇富"心理看得太绝对、太普遍了。比如，正常投资、经营包括炒股发财的人；许多口碑好威望高的影视、演艺界、体育界明星；因科技发明创造得到国家大奖，或者因专利而发财者，我从来没有听到有人骂过、仇过、恨过。美国的比尔·盖茨、中国香港的李嘉诚，是世界级巨富，有谁骂他们、仇恨他们呢？对这些富人，人们不仅不仇，而且还赞誉、崇拜和学习。

我觉得非常有必要把"仇富"的对象搞清楚。我感到人们绝非见富就仇，真正"仇"的：一是"权贵资本"，包括利用公权力搞腐败的贪官和老板；二是那些搞假冒伪劣、坑蒙拐骗的黑心商人；三是利用企业改制鲸吞国有资产的人；四是偷税漏税非法所得者；五是不顾工人死活、克扣拖欠工人工资的黑心老板；六是因行业垄断而收入过高者；等等。对这些富人的仇恨是推进社会进步、深化改革的动力。那些不分青红皂白胡乱炒作"仇富"的人，要多一点清醒，多一点社会责任感。

四 对关注社会弱势群体的冷思考

处理好收入分配关系，调节收入分配的过大差距，实现社会和谐，关键是要解决好社会弱势阶层的过低收入和贫困状况。社会主义的本质、社会主义和谐社会建设的任务，客观上都要求我们应当高度关注社会弱势阶层。

处理好收入分配关系，调节收入分配的过大差距，实现社会和谐，关键是要解决好社会弱势阶层的过低收入和贫困状况。社会主义的本质、社会主义和谐社会建设的任务，客观上都要求我们应当高度关注社会弱势阶层。同情社会弱势阶层，为社会弱势阶层鼓与呼，是社会公众一般的心理趋向，也是中华民族自古具有人文关怀优良传统的表现。

必须强调的是，高度关注社会弱势群体要谨防"民粹主义"倾向。民粹主义（Populism，有的译为平民主义），是在 19 世纪俄国出现的一种影响较大的空想社会主义思潮。其基本理论包括：极端强调平民群众的价值和理想，把平民化和大众化作为所有运动和制度合法性的最终来源和最终目标；极端强调平民的利益、意见、公决、创制权；一切为了平民，一切通过平民。对这些民粹主义思想和价值观，列宁曾经予以了尖锐和严厉的批判。这里在分析收入分配关系中借用"民粹主义"的概念，是强调我们在关注社会弱势群体、追求贫富和谐的同时，必须抑制片面反对收入分配差距、绝对"妖魔化"富人、否定市场竞争、崇尚平均主义等逆市场机制的思潮。

实现贫富和谐必须把握好两点：一是收入分配的公正原则，这客观上要求个人收入的增长首先来自生产和市场领域符合效率原则的初次分配；二是收入分配的机会均等原则，而机会均等原则首先是市场竞争机会的均等，绝不能把国家政策和经济体制建立在结果公平的基点上。只有牢牢把握这两个原则，才能确保财富持续充分涌流的源泉永不枯竭。如果国家政策过度向低收入阶层倾斜，让全体人民都完全"平等"起来，必然会影响经济效率，减少财富增长，最终不利于解决社会弱势群体问题。

五　对效率与公平关系的冷思考

国家和社会应当关注社会公平，只有公平了才能实现贫富和谐，促进社会和谐。但关注公平，实现贫富和谐，绝不能拿效率说事，向效率开刀。

我认为，国家和社会应当关注社会公平，只有公平了才能实现贫富和谐，促进社会和谐。但关注公平，实现贫富和谐，绝不能拿效率说事，向效率开刀。近些年来，中国的贫富差距确实拉大了。据有关方面统计，全国10%的人口占有45%以上的财富。这一问题已经引起了全社会的强烈关注。有不少人包括一些经济学家对"效率优先，兼顾公平"也提出了质疑，好像收入差距拉大是因为改革开放以来"效率讲多了，公平讲少了"造成的，或者直接是"效率优先"造成的。如果是这样，就得降低效率了。但我们试想一下：中国的效率是否真的很高了？是不是效率讲多了？绝不是。因为迄今为止，中国的劳动生产率和资金产出率还远低于美国、日本和其他许多发达国家，而单位 GDP 增长的资源消耗率则大大高于美国、日本和许多发达国家。现在，全世界公认，中国"治污减排"的任务最重。正因为如此，党和政府及时地、正确地提出了科学发展观。

处理效率与公平的关系，既是中国的难题，也是世界性难题。在有着"不患寡而患不均"传统的中国，在效率与公平的关系方面尤其要采取审慎的态度。要承认，"平均主义"不利于提高效率，"收入差距"有利于提高效率，这是所有国家的历史实践都证明了的。社会上总是存在着勤劳人和懒惰人、高技能人和低技能人之分，勤劳人和高技能人效率高，创造财富多；懒惰人和低技能人效率低，创造财富少。如果勤劳人和高技能人的回报与懒惰人和低技能人一样，人们就不愿意勤劳，就不愿意勤学苦练提高技能。因此要"奖勤促懒"、"奖高促低"。而"奖勤促懒"、"奖高促低"是通过收入差距来体现的。我们不能一般地反对收入差距。适当的收入差距是市场机制的重要内容，是激励效率的重要杠杆。

必须永远清醒地记住这样两个最基本的原理：第一，发展是解决所有社会问题的坚实基础，而市场机制——以追逐经济利益为动力的竞争，是促进经济增长与社会繁荣的基本动力；第二，一定的差距是激励效率的基本动力。例如，当人多面包不够吃时，每人平均分配少吃一点可以缓和一下饥饿，但这只是暂时的；而要从根本和长远解决问题，必须把大家造面包的积极性激励起来，从而把面包生产得更多一些。一个社会首先必须保持一定的竞争性差距，以便刺激效率，促进发展。否则，实现社会公平与社会和谐必定会成为无源之水和无本之木。

中国旧的计划经济体制出现的普遍难题和顽疾是经济效率低下，因而改革伊始我国就正确地提出和实行了"效率优先，兼顾公平"的方针和"让一部分地区、一部分人先富起来"的政策。但差别太大必定会造成社会不稳定。究竟把收入差距控制在多大程度既有利于保持经济效率，又不损害社会公平和影响社会稳定，这不仅与各国的经济发展水平有关，也与各国的历史文化传统有关。中国作为一个正在发展中的和正在崛起的文明古国，永远不能忽视公平，但也不能没有效率。因此，胡锦涛总书记在党的十七大报告中指出："初次分配和再分配都要处理好效率与公平的关系，再分配更加注重公平。"这一论述为我们正确处理公平效率的关系指明了方向。

六　贫富共济与社会和谐的制度建设

要使贫富同舟共济，促进社会和谐，就必须调节贫富之间过大的阶层距离和心里抗拒，这首先就要从调节收入分配入手。

要使贫富同舟共济，促进社会和谐，就必须调节贫富之间过大的阶层距离和心里抗拒，这首先就要从调节收入分配入手。

调节收入分配，使贫富共济实现社会和谐首先是政府的职责。政府要有效地调节收入分配，不能"东按葫芦西按瓢，眉毛胡子一把抓"，首要的任务是要建立一个有效的制度。我在1999年提出了"制度更是第一生产力"、"人跟着利益走利益跟着制度走"的观点，一个良好的、有效的制度不仅是推进生产力发展的关键，也是调节财富分配、协调利益关系、促进社会和谐的关键。这就要全力打造全社会的利益协调机制。这种机制包括利益表达的机制、利益的谈判和博弈机制、利益冲突的解决机制等。从我国现实存在的问题来看，要重点解决好以下六个方面的问题：

第一个方面是要为解决"官民"的利益矛盾进行有效的制度化安排。这包括两个方面:一是从制度上解决腐败和廉政的问题,从而在民众思想深处消除"仇官"心理(实际上是"仇腐"心理);二是从制度上解决各级官员勤政的问题,真正为民众解决一些实际问题,带来看得见的利益。

第二个方面是要为解决城乡利益矛盾进行有效的制度化安排。这包括两个方面:一是从制度上使社会主义新农村建设真正取得实效;二是从制度上打破城乡壁垒,促进农村人口平稳有效地向城市转移。

第三个方面是要为解决行业间的利益矛盾进行有效的制度化安排,着力解决行业垄断问题,切实打破行业间的收入分配不公。

第四个方面是要为解决劳资的利益矛盾进行有效的制度化安排。这包括三个方面:一是逐步提高劳工最低工资保障线和强化对高收入者的税收监管,从制度上解决劳资收入过分悬殊问题,从而在劳工思想深处消除"仇富"心理;二是完善工会制度,加大工会工作的力度,从制度上解决劳资的对话和劳工的利益表达机制;三是鼓励和提倡企业履行社会责任,努力促进劳资和谐。

第五个方面是要进一步建立健全社会保障制度,增加全国社会保障基金的积累,加速和加大力度在全社会建立城乡一体化的社会保障制度,等等。

第六个方面是要建立一个有效的社会捐赠制度,让有钱人广泛地、自觉地参与到贫富同舟共济、促进社会和谐的工作中来。

通过这一系列与收入分配有关的制度设计和制度建设:一方面,使"贫有保底",即在衣、食、住、行等方面没有忧虑,从而"贫而不穷",使其能够"独善其身";另一方面,使富者遵守各种社会规则,长期坚持不懈地履行社会责任,多行善举,关爱社会弱势群体,从而降低、平抑和化解社会矛盾。只有这样,才能使贫富同舟共济,促进社会和谐。

对待贫富同舟共济促进社会和谐,第一要有信心,不应该抱着历史悲观主义的态度，相信我们有能力驾驭贫富矛盾，实现社会和谐；第二，也不可盲目乐观。这是因为，市场经济是以利益竞争性机制为导向的经济，不仅利益的博弈永远存在，而且，利益的群体格局也会不断地动态变化着。旧的问题解决了，新的问题又会产生。和谐—不和谐—再和谐—再不和谐……这个过程永远不会完结，这就是社会和谐与不和谐的历史辩证法。胡锦涛总书记说，构建社会主义和谐社会是贯穿中国特色社会主义事业全过程的长期历史任务。我们也可以说，处理好收入分配关系，调节贫富差距，实现贫富同舟共济，也不是一蹴而就的。抗日战争初期毛泽东在延安写了一本书《论持久战》，批驳对抗日战争的悲观论和速胜论，提出了持久战的思想。抗日战争最后胜利的历史证明了毛泽东高屋建瓴的正确思想。以持久战的战略思想走好贫富同舟共济、构建社会主义和谐社会的万里长征，让全民都共享社会主义和谐社会的成果！

（来源：《江西社会科学》2008 年第 1 期）

中国城乡居民收入差距的警度警情分析

顾海兵　中国人民大学经济学院教授

王亚红　日本爱知大学博士研究生

现在中国改革逐步深入，为了实现经济社会的可持续发展，应该将预警理论和方法应用于城乡居民收入差距的研究，开发和建立适合中国国情的城乡居民收入差距预警系统，为适时调整相关政策提供依据。

一　城乡居民收入差距警度警情分析

城乡居民收入差距警度警情分析是指为了预防城乡居民收入差距过大对中国经济、社会所造成的不良影响而对其历史和现有状况所进行评价，为进一步的预警奠定基础。

城乡居民收入差距警度警情分析是指为了预防城乡居民收入差距过大对中国经济、社会所造成的不良影响而对其历史和现有状况所进行评价，为进一步的预警奠定基础。对这个概念的理解从以下两个方面把握：

第一，城乡收入差距即城镇居民家庭人均可支配收入和乡村居民家庭人均纯收入之间的差异，主要用城乡居民收入差异系数表示，其值等于前者与后者的比值。第二，中国城乡居民收入差距警度、警情分析，是以中国城乡居民收入差异系数为根本出发点，着重对中国城乡居民收入差距状况进行动态监测，并对宏观态势给出正确评价，以期对中国城乡居民收入差距的未来态势进行科学预警，并给出中国城乡居民收入差距安全状况的时空范围和警情程度判断。

中国城乡居民收入差距的存在及其扩大趋势已是社会各界普遍公认的事实，由于马太效应和循环积累因果效应的存在，这种收入差距不会自动缩小。相对于强势群体而言，在分配中处于弱势的群体缺乏充分表达自己意愿的渠道和手段，而强势群体作为既得利益集团，不仅获得较高收入，还会不断通过各种渠道巩固和扩大既有的收入分配格局。当强势群体与弱势群体的矛盾集结到一定程度，而政府的经济、法律等手段无法解决问题时，最终只能通过暴力手段来对社会财富进行重新分配，国内外历史已经充分证明这种暴力分配形式的巨大破坏性。为了将这种可能的破坏性降到最低，将收入差距控制在适当范围内，有必要通过对整个社会分配构架进行监控和适时调整。

二 安全度及警度划分方法

利用兼顾安全度与警度并用的原则，可将中国城乡居民收入差距的安全度划分为七种类型，由高到低分别是极高度安全、高度安全、中度安全、轻度不安全、中度不安全、重度不安全与危机。

利用兼顾安全度与警度并用的原则，可将中国城乡居民收入差距的安全度划分为七种类型，由高到低分别是极高度安全、高度安全、中度安全、轻度不安全、中度不安全、重度不安全与危机。在中度安全以上，说明中国的城乡居民收入差距处于无警区间。在中度安全以下，即在轻度不安全、中度不安全、重度不安全和危机区间内，中国城乡居民收入差距将处于有警区间，我们将相应的警度区间划分为五类，分别为无警区间、轻警区间、中警区间、重警区间和巨警区间，对应的警度分别为无警警度、轻警警度、中警警度、重警警度和巨警警度。

　　极度安全指中国城乡居民收入差距在理想区间，对中国经济的发展与社会的稳定起正向的、积极的作用，即中国城乡居民收入差异系数得分在90—100分之间的状态。高度安全指中国城乡居民收入差距在合理范围，有利于或者促进中国经济的发展与社会的稳定，即中国城乡居民收入差异系数得分在80—89分之间的状态。中度安全指中国城乡居民收入差距在合理范围，对中国经济的发展与社会的稳定均没有负面的、消极影响，即中国城乡居民收入差异系数得分在70—79分之间的状态。轻度不安全（轻警警度）指中国城乡居民收入差距超过合理范围，对中国经济的发展或社会的稳定存在轻度的负面、消极影响，即中国城乡居民收入差异系数在60—69分之间的状态；这两种不安全状态可能并存，也可能单独存在。中度不安全（中警警度）指中国城乡居民收入差距超过合理范围，且超过安全区间达到一定程度，对中国经济的发展或社会的稳定起较大的负面、消极影响，应该引起关注的状态，即中国城乡居民收入差异系数在40—59分之间的状态；这两种不安全状态可能并存，也可能单独存在。重度不安全（重警警度）指中国城乡居民收入差距过大，远远超过合理范围，中国经济的发展或社会的稳定已经严重受其影响，即中国城乡居民收入差异系数在30—39分之间的状态。以上情况有一种存在或者两种情形并存，表明中国城乡居民收入差距已经超过经济、社会承受范围，若处理不当或不及时，则有可能引发冲突。危机（巨警警度）指中国城乡居民收入差距巨大，城乡冲突一触即发，即中国城乡居民收入差异系数在29分以下的状态。以上情况有一种存在或者两种情形并存。（见表1，编者略）

三 城乡居民收入差距的警度之实证划分

要对中国城乡居民收入差距进行警度和警情研究，首先要界定什么是适度的或者安全的城乡居民收入差距，即确定警戒线。

要对中国城乡居民收入差距进行警度和警情研究，首先要界定什么是适度的或者安全的城乡居民收入差距，即确定警戒线。具体来讲，这里的"适度"区间界定就是要对城乡居民收入差距的大小在定性描述之外有一个定量的描述，有一个区间划分，即确定城乡居民收入差距相对合理的上下限。本文中适度的或者安全的城乡居民收入差距是指城乡居民收入差距达到这样一种程度：不至于因为差距过小而损害经济效率和经济发展，又不至于过大而超过农民的承受范围，影响到经济、社会的稳定。不同国家的城乡人口规模、产业结构、经济发展阶段的不同，决定了适度城乡居民收入差距的内容和表现形式的不同。对中国适度城乡居民收入差距概念的理解可以从四个方面把握：第一，作为全国收入差距的重要构成部分，城乡居民收入差距不至于过大而超过乡村居民的承受范围，进而影响到经济、社会的稳定和发展。第二，"适度"是城乡居民收入差距由良性运行向恶性运行演化过程中的临界值，偏离了"适度"的或者"安全"的区间或范围的差距谓之有警差距，偏离程度越大，警度越高。第三，这里的"适度"是一个动态概念，应当是一个变量，在生产力发展的不同阶段表现不同，随着生产力的发展应该逐步呈缩小趋势的度。第四，适度区间或警戒线区间具有相对性，不同国家和地区的经济发展水平、城乡居民的耐受性不同，适度区间或警戒线区间应有所区别。

安全区间的确定首先要与经济理论和已经有的定性认识一致。确定安全区间的基本原则是客观分析与主体分析相结合。所谓客观分析是依据若干基本原则，主要有多数原则、半数原则、少数原则、均数原则、众数原则、负数原则、参数原则等，所谓主体分析是依据专家调查。（见表2，编者略）

中国城乡居民收入差距安全区间、警度区间的客观划分。结合所选取指标的特点，本文主要采用了多数、半数、均数、参数等几个原则。

（一）纵向（历史数据）分析

按照表1中所示的全国城乡居民收入差异系数，考虑到中国改革开放以来城市偏向的发展战略，笔者认为1978年以来相当年份的城乡居民收入差距处于偏大状态，故在划分适度或安全区间时不再采用多数原则，主要采用少数、半数、均数、众数、参数等几个原则划分出中国城乡居民收入差距的适度或安全区间，具体分析如下：

按少数原则，我们首先将全国城乡居民收入差异系数的历史值从低到高排列，取前面约1/3即9个左右的数据的平均值即2.04作为中国城乡居民收入差异系数的安全底线或无警警限，即中国城市居民人均可支配收入是农民居民人均纯收入的2.04倍时可以认为城乡居民收入差距是适度的、合理的。由此，按少数原则确定的中国城乡居民收入差异系数的安全底线或无警警限为2.04。按半数原则，将全国城乡居民收入差异系数的历史值从低到高排列，找出中位数作为安全底线或无警警限，按该原则确定的中国城乡居民收入差异系数的安全底线或无警警限为2.51。按均数原则，求出全国城乡居民收入差异系数的历史值的平均数，作为安全底线或无警警限，按该原则确定的中国城乡居民收入差异系数的安全底线或无警警限为2.56。其他安全度、警度区间的划分方式同多数原则。按众数原则确定的中国城乡居民收入差异系数的安全底线或无警警限为1.6（据国际劳工组织发表的1995年36个国家的资料，绝大多数国家的城乡人均收入之比都小于1.6）。

（二）横向（截面数据）分析

按照表 2 中所示的 2007 年区域城乡居民收入差异系数，这里只采用少数原则划分出中国城乡居民收入差距的适度或安全区间。按少数原则，我们首先将区域城乡居民收入差异系数的截面数据按照由低到高顺序排列，取前面约 1/3 即 9 个数据的平均值即 2.49 作为中国城乡居民收入差异系数的安全底线或无警警限，即中国城市居民人均可支配收入是农民居民人均纯收入的 2.49 倍时可以认为城乡居民收入差距是适度的、合理的。按多数原则确定的中国城乡居民收入差异系数的安全底线或无警警限为 2.49。其他安全度、警度区间的划分方式同纵向分析。

将以上几种方法得到的安全底线剔除极端值后取平均值，即 2.4 作为中国城乡居民收入差距安全底线的最终结果。其他安全度区间按等距原则可大致这样划分：2.40—2.90 为轻度不安全（轻警警度），2.90—3.40 为中度不安全（中警警度），3.40—3.90 为重度不安全（重警警度），大于 3.90 为危机（巨警警度）。

考虑到 2004 年 2 月 8 日公布的改革开放以来第一个专门针对农民收入的中央 1 号文件《中共中央国务院关于促进农民增加收入若干政策的意见》，笔者由此推断，政策的出台与 2002、2003 年两年的城乡居民收入差距连续两年超过 2.9，即城市居民可支配收入已经超过农村居民纯收入的 2.9 倍有一定的内在联系。由此笔者认为城乡居民收入差异系数等于 2.9 作为中国城乡居民收入差距的中度不安全的底线是合理的。

安全区间、警度区间主观划分——专家法。专家法调查本质上是运用专家的专业知识、经验和主观判断能力，特别适用于较多受到社会、政治、人为因素影响的信息分析与预测的问题上，考虑到目前中国城乡居民收入差距的独特性，所引起关注程度的广泛性及其形成原因的复杂性，笔者在本研究中采用了这种方法。该方法的最大优点是简便直观，尤其是在缺乏足够统计数据和没有类似历史事件可以借鉴的情况下能够作出较为准确的分析和预测。受各种条件限制,笔者在本研究中共采访到三位专家,分别是中国农业大学经济管理学院张正河教授,国家发展和改革委员会社会发展研究所所长、中国人民大学兼职教授杨宜勇教授,北京师范大学劳动力市场研究中心主任赖德胜教授。关于中国城乡居民收入差距的适度区间:张正河教授和赖德胜教授认为如果以城镇居民可支配收入与农村居民纯收入比率来计算城乡收入差距,中国城乡居民收入差距的适度区间在2—3之间,杨宜勇教授则认为应该在1—2之间。三位专家都认为目前中国城乡居民收入差距已经影响到中国的经济发展与社会稳定,其中张正河教授和赖德胜教授认为目前差距较大,已经对国家经济发展和社会稳定有一定不利影响,但在可控范围,杨宜勇教授认为差距很大,对国家经济发展与社会稳定已经造成较大负面影响。三位专家中有两位专家认为中国城乡居民收入差距仍将扩大,其中赖德胜教授认为原因之一是资源继续向城市集中,二是制度和政策的城市偏向性仍很严重。杨宜勇教授认为是农村GDP增长速度慢于城市GDP增长速度,农村人口大于城市人口。张正河教授认为中国城乡居民收入差距将维持现有水平,原因主要是工农城乡的发展,仍然是前大于后,但由于政策的倾斜,会产生一定的纠偏。三位专家中有两位认为中国城乡居民收入差距的扩大会出现逆转,其中北师大赖德胜教授认为逆转会出现在大概在工业化、城市化和市场化的中后期;杨宜勇教授认为差距逆转会出现在2015年,人均GDP在5000美元左右,马上缩小有困难。对专家意见的分析表明,前面收入差距安全区间的划分是合理的。

综合分析:1978—2007年的30年期间,中国城乡居民收入差距有1/3强处于无警区间,即城乡居民收入差异系数在合理区间;近2/3的年份里城乡居民收入差距处于有警区间,其中,1978—1980年、1992—2001年的13年间中国城乡居民收入差距处于轻警状态,即轻度不安全状态——城乡居民收入差距超过合理范围,对中国经济的发展或社会的稳定存在轻度的

负面、消极影响，表明中国城乡居民收入差异系数对安全区间的偏离有
限，在可容忍的范围内。2002 年以来的六年中国城乡居民收入差距处于中
警状态，即中度不安全状态——中国城乡居民收入差距超过合理范围，且
超过安全区间达到一定程度，对中国经济的发展或社会的稳定存在较大的
负面、消极影响，应该引起关注的状态，尤其是 2007 年，该系数已经接近
重警警度（城乡居民收入差异系数等于 3.4），应该引起相关部门足够的重
视。最后需要说明的是，本文的分析是以可得的国家统计数据为基础的，
至于国家统计数据是否有质量问题不在本文分析范围内。另外，城乡居民
收入差异系数没有考虑城乡居民之间的不同价格因素，也没有考虑居民之
间的不同福利、不同地理成本等各种因素，这需要另文分析。

（来源：《学习与探索》2009 年第 1 期）

市场抑或非市场：中国收入不平等成因实证分析

陈光金　中国社会科学院社会学研究所研究员

中国收入不平等的成因是复杂的，市场化机制扮演着主要的角色，非市场的结构—制度因素也发挥着不可忽视的作用，还有一些因素所起的作用则具有混合性质。

一　文献回顾：中国收入不平等的两种归因模式

中国收入不平等基于两种归因模式。第一种模式主要甚至完全把中国收入不平等归因于市场化机制；第二种模式则主要甚至完全归因于非市场机制。

在现阶段，中国收入不平等已经达到相当高的水平，甚至可以说已经过高了。这种不平等的形成机制，吸引了大量研究者的注意。相关研究文献之多，可谓汗牛充栋，但其寻找收入不平等形成机制的主要思路，总的来说都围绕一个焦点问题展开：考虑到 30 多年来中国改革收入分配体制的最主要路径是引入市场化机制，从计划经济时代受到国家再分配权力调控的按劳分配转向市场经济体制下的按要素分配，同时这一转变迄今尚未完成，因此，一个被不断追问的问题就是，中国收入不平等的不断加剧是市场化分配机制的引入所造成的吗？如果粗略地把收入不平等的形成机制简化为市场化机制与非市场化机制两大类别，同时注意到市场化改革尚未完成，那么，我们可以把这个问题重新表述为：推动中国现阶段收入不平等加剧的主要原因是市场化机制还是非市场化机制？问题的这种提法意味着，我们并不把现阶段中国收入不平等问题的成因完全地归结于其中某一类机制以致排除另一类机制的影响，只是期望在其中识别出起主要作用的机制。

关于决定收入分配的所谓市场化机制，尽管似乎还没有哪个研究者给出一个完备而明了的界定，但综合已有的各种说法，可以这样来理解它的基本含义：一个社会中参与收入分配的人们依靠自身的能力、努力和要素投入获取收入的过程；当然，在这种情况下，收入分配（不）平等程度的变化，往往还反映着市场体制下经济增长和经济结构调整过程的影响（库兹涅茨，1996，1989）。反之，如果人们的收入获得所依凭的不是这样一种机制，那就是依凭所谓非市场化机制了。组成非市场化机制的因素很多也很复杂，在当代社会，大致包括诸如税收和再分配、权力、行业垄断、特定社会结构（尤其是附着于某种具有强制性和歧视性的制度安排的社会结构），以及规范各种社会集团之间利益博弈的特定制度安排等因素。按照这样的理解，先验地认定两类机制中的任何一类机制整体上具有扩大或缩小收入不平等的作用，要冒很大的误读现实的风险，因为每一类机制所包含的各种因素中，都会有一些因素倾向于扩大不平等，一些因素倾向于缩小不平等，还有一些因素的作用则不确定，取决于其他条件的影响及其性质，因而需要根据经验材料加以具体研究（库兹涅茨，1996，1989）。

从现有关于改革以来中国收入不平等形成机制的研究文献看，上述风险是存在的。这些文献所持有的观点基本上介于两种归因模式之间，并且有分别向其中一种模式靠拢的趋势。第一种模式主要甚至完全把中国收入不平等归因于市场化机制，认为经济的市场化改革，以及在收入分配中引入市场化机制，必然导致收入不平等的扩大（胡代光，2004；杨圣明，2005；傅玲、刘桂斌，2008；徐现祥、王海港，2008；张奎、王祖祥，2009）。第二种模式则主要甚至完全归因于非市场机制，尤其是权力因素和社会结构因素，认为市场化机制应当是一种缩小不平等的机制，或者说即使在一个时期内市场化机制扩大了不平等，那也是经济发展过程中的必然现象，因而是正当合法的，并且经济的进一步发展将会缩小收入不平等（林幼平、张澍，2001；陈志武，2006；李实、罗楚亮，2007a；何伟，2006）。

与属于第二种归因模式的相关研究相比，第一种归因模式的相关研究显得实证性不足。大多数这类研究满足于某种抽象的论断，然后罗列一些现象来为这种推断提供"经验"支持。当然，也有一些研究用了实证方法来探究市场化机制扩大收入不平等的具体表现。周业安（2004）认为，中国经济的市场化进程必然带来不平等，因为城镇和农村都出现了日益严重的收入不平等。不过，周业安似乎并未直接指斥市场化机制导致的不平等，因为他强调，如果说这种不平等中蕴涵着不公平，那也是各项相关制度不完善的结果。另外，江苏省统计局在一项经验研究中发现，江苏省收入不平等扩大的一个重要原因是非公有制单位劳动报酬增长速度较慢（江苏省统计局，2007），这在某种程度上为第一种归因模式提供了支持。在中国，非公有制经济的发展与市场化的进程基本上是一致的，因此，当有学者把中国的收入不平等归咎于"生产关系具有资本主义性质"的非公有经济的存在（谭芝灵，2006；卢嘉瑞，2002）时，实际上也是试图为市场化机制寻找具体的表现方式。

有一些研究分析了不同收入来源的差距对总体不平等的影响（吕杰、张广胜，2005；李学灵、张尚豪，2006；万广华，2006）。例如，农村家庭经营收入差距和工资性收入差距据认为是农村收入不平等的两大成因，其中家庭经营收入差距的贡献尤其大，不过，随着时间推移，工资性收入差距对农村收入不平等的贡献在上升；也有研究认为，农村住户收入不平等的主要决定因素是工资性收入（辛翔飞等，2008）。还有一些研究分析了教育对收入不平等的影响。田士超、陆铭（2007）通过对上海的研究发现，教育是地区内收入差距的最重要影响因素。国内外不少类似研究都得出了相似的结论（奇兹韦克［Chiswick］，1971；廷伯根［Tinbergen］，1972；赖德胜，2001；白雪梅，2004；岳昌君，2004）。应当指出，在农村内部，无论家庭经营收入还是工资性收入，都主要与市场化机制相关；而城乡劳动力的教育回报差异也较多地受到市场化机制的影响。因而，这方面的研究本来可以为第一种归因模式提供支持，但相关研究者似乎并未有意识地从这个角度来理解它们的作用。

第二种归因模式在相关研究者中看来是占据主流地位的。在这一模式下，权力和某些结构性因素一般被当做主要的解释变量。关于权力在收入获得从而在收入不平等中的影响，由于数据获得的困难（陈宗胜、周云波，2001），很难进行研究。不多的一些相关文献是把与权力寻租相关的收入与其他非正常、非法收入合在一起研究，并赋予"灰色收入"这样的名称（陈宗胜、周云波，2001；王小鲁，2007）。在这些研究看来，灰色收入是中国收入不平等的主要根源。不过，问题在于，首先，这些研究都承认，全部灰色收入中只有部分直接或间接与权力寻租相关，还有一部分是公共权力和公共资源受到不法侵害的产物；其次，其数据的获得既不可能依靠严格抽样调查，也不可能依靠官方统计，基本上只能依靠研究者的估计，或者以少量非随机调查数据为基础作出的推测；最后，包括权力"租金"在内的灰色收入通常既不在官方收入统计范围之内，也不在有关收入的学术调查范围内，因此它们虽然肯定加剧了中国收入不平等问题，但无法成为官方统计或学界调查所发现的收入不平等的解释因素。与权力相关的另一个影响收入不平等的因素是行业垄断。近年来，垄断行业高工资问题不断见诸报端，学术性研究也呈现繁荣景象。一个似乎已成为共识的看法是：劳动报酬的行业差距不断扩大，且与垄断有着密切的关系（金玉国，2001；管晓明、李云娥，2007；崔友平、李凯，2009）。不过，垄断行业与非垄断行业之间的劳动报酬差距对全社会总体收入不平等的影响究竟有多大，还是一个值得研究的问题，因为现阶段中国收入分配体系中不仅有劳动报酬，还有其他分配形式，因而肯定不能单纯用两类行业之间的劳动报酬差距来解释总体收入不平等。与权力相关的第三个得到研究的因素是再分配问题。杨天宇（2009）发现，用转移性收入测量的再分配因素对总体收入不平等产生了相当大的影响，不过总的来说这一因素的贡献是下降的。

在第二种归因模式下受到广泛关注的结构性因素，是众所周知的城乡和区域收入不平等。从已有研究来看，区域不平等的影响相对较小。例如，李实等人的研究显示，1995 年，中国东部、中部和西部三大地区内部收入不平等对全国总体收入不平等的贡献合计达到 90.7%，地区间差距贡献了 9.3%（李实等，2000）。有的研究所发现的这种贡献份额要大一些，例如，万广华（2006）在研究 1987—2002 年中国地区间差距的影响时发现，区域间差距对全国总体收入不平等的贡献可达到 20%—30%。

城乡收入差距吸引了研究者最多的注意力。但客观地说，如果城乡间差距对全国总体不平等的贡献很大，甚至超过了城镇和乡村内部不平等对总体不平等的贡献之和，则无异于给第一种归因模式提供了强有力的支持。不过，这方面的研究结果也不一致。这种不一致表现在两个方面：一方面是城乡间差距对总体不平等的贡献率差异较大，一些研究认为该贡献率超过一半，甚至高达 70%—80%（万广华，2006；王洪亮、徐翔，2006；王红涛，2009；杨天宇，2009）；另一些研究则认为低于 50%（林毅夫等，1998；李实、罗楚亮，2007）。另一方面是城乡间差距贡献率的变动趋势不同，一些研究发现该贡献率随着时间的推移而上升（李实、罗楚亮，2007b；王红涛，2009；杨天宇，2009），而另一些研究则发现其呈下降趋势（林毅夫等，1998；王洪亮、徐翔，2006）。总的来说，凡是依据官方统计的城镇人均可支配收入和农村人均纯收入五等分（或七等分）数据来研究城乡间差距对总体不平等的影响，都容易得出城乡间差距是中国收入不平等的主要贡献因素的结论；而根据全国住户抽样调查进行的研究则会发现，虽然城乡间差距的贡献份额仍然不小，但城乡内部不平等的贡献还是更大一些。这种差异出现的原因，归根结底还是在于前一种数据在某种程度上掩盖了各地区城乡内部不平等的真实水平。

有的学者还试图用权力差异来解释区域差距。例如，陈志武（2006）认为，大、中、小城镇之间以及地区间的国民收入差距，应当用中国的权力等级差异来解释，换言之，在区域这样的结构性因素背后起作用的实际上还是权力的差异。当然，陈志武的分析矛头所指主要不是掌握权力的个人通过权力寻租获得特殊收入从而导致收入不平等的行为，而是国家权力通过控制和调配资源而造成不平等的问题。陈志武的分析有一定的道理，但问题也非常突出。一方面，他所使用的收入数据是人均国内生产总值，而不是住户收入；人均国内生产总值与住户人均收入之间实际上存在很大差异，前者一般只能反映一个地区的经济发展水平，而不能反映该地区的住户收入不平等。另一方面，他把地区之间的经济发展水平差异完全归咎于国家权力配置上的差异，而忽视了各地区与经济发展相关的条件差异，以及各地区市场化进程的相对差异。因此，虽然陈志武对权力导致不平等的批判慷慨激昂、不遗余力，但其方法和论据却难免牵强。

二 分析框架与研究假设

我们将尝试构建一种统一的分析框架，把代表市场化机制和非市场化机制的诸因素都纳入其中，以便较为完整地分析它们的不平等效应的相对重要性。同时提出如下基本研究假设：最近 20 年来，在中国收入不平等的形成机制中，市场化机制所起作用趋于加强，而且大于非市场化机制所起作用。然而，无论是市场化机制还是非市场化机制，都包含着许多因素，因此直接对这一基本研究假设进行检验是困难的。为此，我们将提出若干操作假设，并通过对操作性假设的检验来间接检验这一基本假设。

已有研究一般把注意力集中于对某一种因素进行分析，因而几乎每一种研究都"发现"了一个对中国过大的收入不平等的形成具有决定性影响的"主要原因"。由于未能把相关因素纳入一个统一框架进行系统分析，它们在中国收入不平等形成过程中所起作用的相对重要性显得模糊不清。我们将尝试构建一种统一的分析框架，把代表市场化机制和非市场化机制的诸因素都纳入其中，以便较为完整地分析它们的不平等效应的相对重要性。

我们采用一种三步骤策略来构建这样一个分析框架。第一步，基于已有研究和跨越 20 年的 8 次全国性城乡住户抽样调查数据，运用差距分解分析的方法，分别对受到广泛关注的几个重要的收入不平等影响因素进行分析，由此识别两类形成机制中何种机制更为重要，以便对已有研究提出的观点作一个初步检验。第二步，从理论和经验研究已经获得的某些共识出发，提炼一组变量，包括第一步分析所涉及的变量，也包括简单的分组分解或收入来源分项分解的方法难以分析的变量，运用半对数线性回归方法和最近一次全国住户抽样调查数据进行回归分析，探寻它们与收入获得的关系。第三步，基于半对数线性回归结果，运用夏普里值分解分析方法（万广华，2008），对那些影响收入获得的主要变量进行不平等贡献的综合分析，从而据以判断这些因素影响不平等的相对重要性，得出一种相对统一的分析结果。

最近 20 年来，中国经济的市场化已经达到较高水平。据马广奇

（2000）测算，1999 年中国经济的市场化水平达到 60% 左右；据北京师范大学经济与资源管理研究所（2005）测算，2003 年中国市场化水平达到 73.8%。另据国家发展与改革委员会提供的最新数据，目前在社会商品零售总额和生产资料销售总额中，市场调节价所占比重已分别达到 95.6% 和 92.4%（江国成，2009）。当然，不同研究者的测算结果往往不同，甚至有很大差距，但认为目前中国经济的市场化程度至少超过了 60%，还是比较稳健的判断。据美国学者对经济合作和发展组织核心国家的研究，20 世纪 60 年代末期以来这些国家强化市场机制的改革确实使它们的收入不平等出现扩大趋势，到 20 世纪末期经历了一个大 U 型转变（尼尔森和奥尔德森 [Nielsen & Alderson]，1997）。有鉴于此，我们关于最近 20 年中国收入不平等形成机制的研究假设，将倾向于遵循上述第一种归因模式，但并不预先强硬主张市场化机制是导致中国目前过大的收入不平等的唯一机制。

　　基于上述分析，本文提出如下基本研究假设：最近 20 年来，在中国收入不平等的形成机制中，市场化机制所起作用趋于加强，而且大于非市场化机制所起作用。然而，无论是市场化机制还是非市场化机制，都包含着许多因素，因此直接对这一基本研究假设进行检验是困难的。

　　为此，我们将提出若干操作假设，并通过对操作性假设的检验来间接检验这一基本假设。作为贯彻本文分析框架的第一步骤研究策略，我们将提出四个可操作研究假设。

　　假设 1：20 年中，中国城乡间收入差距对总体收入不平等的贡献将呈下降趋势，而城镇和农村内部的收入不平等对总体不平等的贡献则将呈上升趋势。

　　假设 2：20 年中，中国的所谓"体制内"与"体制外"之间的收入不平等对总体不平等的贡献趋于下降，而它们各自内部的不平等对总体不平等的贡献将会上升。

　　假设 3：市场化程度较高的收入来源对总体不平等的贡献将大于非市

场化收入来源对总体不平等的贡献；而且随着时间的推移，前者的贡献将会上升，而后者的贡献将会下降。

假设1的含义是清楚明白的，无须进一步解释。如果这一假设得到数据的支持，那么上述第二种归因模式就失去了主要或完全以某种非市场化的制度或社会结构因素解释中国收入不平等的依据，从而间接对本文的基本研究假设提供支持。

假设2与中国改革进程的特征密切相关。与前苏联、东欧地区不同，中国改革所采取的不是"休克式疗法"，而是渐进式方案，这种渐进式改革使中国的社会转型过程没有与传统体制形成断裂关系。一方面，传统体制在转型过程中得到了一定程度的维持（孙立平，2008）；另一方面，在传统体制之外逐步成长起一个影响日益扩大的市场化经济社会活动空间。其结果之一就是形成了所谓的"体制内"与"体制外"两大部门的区隔，对中国不平等产生了重要影响（李春玲，2004）。一般而言，所谓"体制外"因素主要涉及市场化机制起作用的社会经济领域；"体制内"因素的内涵更复杂一些，但可以认为综合反映了与传统体制相关的国家权力、行政垄断和再分配因素对收入分配的影响。不过，随着改革的不断深化，"体制内"与"体制外"区隔的意义是逐步弱化的，因而这种区隔所造成的"体制内"与"体制外"之间的收入不平等对总体收入不平等的贡献会呈现下降趋势；而且，由于"体制外"因素代表着高度市场化，因而"体制外"部门的收入不平等对总体不平等的贡献会超过"体制内"部门收入不平等的贡献。这样，如果假设2得到数据的支持，那就削弱了上述第二种归因模式的力量。

假设3要求从收入来源角度对总体收入不平等进行分项分解分析。迄今为止已有不少学者研究了这个问题。本研究的不同之处在于，首先，我们要通过对不同收入来源的市场化程度的识别，以及它们对总体收入不平等的不同贡献，来从一个方面检验本文的基本研究假设。其次，我们将对家庭经营性收入作进一步的细分，即分成农业经营收入与非农业经营收入，我们认为，农业经营收入的市场化程度相对较低。至少有两个理由支持这一判断，一是农户的土地未被私有化，不能进入市场，即使租赁经营，一般其规模也相当有限；二是广大农户的农业生产在相当程度上具有自产自销性质，按照农产品市场价格估算自产自销产品所产生的收入，在很大程度上不同于通过真实的市场销售而产生的收入。而农村住户的非农经营收入，则无论在城镇还是在农村，都是高度市场化的。因此，把两者区分开来，有助于我们更加准确地从收入来源角度识别市场化机制对收入不平等的影响。如果假设3得到数据的支持，那么也将加强对本文基本研究假设的支持。值得注意的是，我们没有以"一种收入来源的市场化程度越高，其对总体收入不平等的贡献越大"这样的表述来提出这一假设。这是因为，在绝大多数社会成员的收入中，工资性收入占据了最大比重，而不同社会成员的工资性收入会有不同的性质，一些人的工资性收入的市场化程度较低，另一些人的工资性收入则可能是完全市场化的，但在按收入来源进行分解分析时，我们只能把它们作为同一种收入来源纳入分析模型。不过，假设2的分析结果应当略可弥补这一不足。

除了上述三个操作性假设所涉及的因素之外，还有许多其他因素也会对收入不平等产生比较重要的影响，如住户的人口学、社会学特征，以及经济资源占有/投入状况等。许多研究表明，像住户人口规模和性别结构、劳动力数量和受教育程度、劳动力就业/失业状况、住户收入结构、社会阶层地位、住户生产经营投入、住户金融资产存量，加上户籍和所在地区这样的制度和结构性因素，都可能对中国城乡住户的人均收入不平等产生不可忽视的影响（周［Zhou］，2000；赖德胜，2001；赵和周［Zhao & Zhou］，2002；李［Li］，2003；李实、丁赛，2003；李春玲，2003；白雪梅，2004；岳昌君，2004；刘欣，2005；米利米特和王［Millimet & Wang］，2006；王姮、汪三贵，2006）。我们把这些因素称为住户的经济社会特征（禀赋），其中一些特征对收入不平等的影响主要体现市场化机制的效应，另一些特征的影响则主要体现非市场化机制的效应，或者与市场化机制没有直接的联系。因此，当作为本研究第二步和第三步研究策略的实现途径而把它们纳入一个统一的分析框架进行分析时，我们期望分析结果能够支持下述混合性操作假设，否则我们的基本研究假设就不能从总体上得到支持：

假设4：主要体现市场化机制不平等效应的住户经济社会特征对总体收入不平等的综合贡献，将会大于那些主要体现非市场化机制不平等效应的特征的综合贡献。

在理论上，整体收入不平等不仅受收入集中程度影响，也受不同收入人口群体规模的影响（万广华，2008）。因此，不管基于经验数据的分析结果如何，假设4的成立还有一个前提条件：在总人口中，在收入获得上受市场化机制影响较大的人口群体应当占据多数。在1992年中国正式确立市场化改革方向，以及随后的公有制企业大规模改制以后，这一要求应当可以得到满足。例如，根据2009年《中国统计年鉴》提供的数据，2008年城镇国有单位和集体单位在岗职工共计6749万人，在全社会就业人员总数中仅占8.97%。

三　研究数据和方法

本文使用的主要研究方法，一是不平等的分组（分项）分解，二是半对数线性回归分析，三是基于回归的夏普里值分解分析。

本文将以两种数据作为分析依据。第一种数据是中国社会科学院社会学研究所"中国社会和谐稳定问题研究"课题组2008年进行的全国住户抽样调查（简写为"CGSS·2008"）。第二种数据来自中国居民营养和健康调查（CHNS），该调查由美国北卡罗来纳大学和中国预防医学科学院联合执行。调查始于 1989 年，并于 1991、1993、1997、2000、2004、2006 年分别对住户上一年的人口、就业和收入等状况进行了调查。这样，我们就有了 1988—2007 年期间 8 个年份的全国住户抽样调查收入数据，时间跨度为 20 年。已经公开的 CHNS 数据根据被调查住户情况，以及 2006 年的物价指数进行了调整。为了大致与此配合，我们按照 2007 年各省份的消费物价指数对 CGSS·2008 的样本住户收入进行了消胀处理。关于将这两种数据结合起来使用的可行性，作者已另文分析说明，兹不赘述（陈光金，2010）。

本文使用的主要研究方法，一是不平等的分组（分项）分解，二是半对数线性回归分析，三是基于回归的夏普里值分解分析。对于本文提出的假设 1 和假设 2 进行贡献分解分析以资检验的方法，就是基于泰尔 T 指数的分组分解分析，其模型为：

$$T = \sum_{g=1}^{G} Pg\lambda gTg + \sum_{g=1}^{G} Pg\lambda gLog\lambda g \qquad (1)$$

式（1）中，G 表示分组，Pg 为第 g 组人数与总样本人数之比，λg 为第 g 组样本户家庭人均收入的均值与总样本户家庭人均收入的均值之比，Tg 为第 g 组的泰尔指数；等号右边第一部分为组内差距之和，第二部分为组间差距。只要观察历年两种差距的贡献率变动趋势，就可以分别对假设 1 和假设 2 进行检验。

需要说明的是，对于假设 2，由于数据的限制，本文的分析限于非农从业人员的收入不平等。况且，在学术界关于"体制外"与"体制内"的界定中，一般不考虑农业劳动者。我们尊重这一"传统"。我们将按如下方法对非农从业人员进行分组：将所有具有非农户籍的党政机关和国有事业单位的正式职工、国有企业单位的经营管理人员，以及专业技术人员归类为"体制内"从业人员；其余全部归入"体制外"从业人员。我们假定，体制内工作人员的工资性收入由国家规定或认可，因而具有非市场化性质；其余人员的工作和报酬获得，基本由市场机制决定。按照这种分组进行收入不平等分解，可以看出市场化收入不平等与非市场化收入不平等对非农从业人员收入不平等的贡献及其变化。

对于本文提出的假设3，考虑到基于泰尔指数的分解分析主要适合分组数据，而不适合收入来源这样的非分组数据，我们将以基尼系数行分项分解的基本模型是：为不平等指标，按收入来源进行不平等的分项分解。运用基尼系数进行分项分解的基本模型是：

$$G = \sum_{k=1}^{K} (\mu_k / \mu_y) * C_k \qquad (2)$$

$$R_k = cov\ [y_{ki},\ f\ (Y)]\ /cov\ [y_{ki},\ f\ (y_k)]\ = C_k / G_k \qquad (3)$$

式（2）中，G 表示总体收入不平等的基尼系数，K 表示第 k 项收入来源，μ_y 为总样本均值，μ_k 为第 k 项收入的均值，C_k 为第 k 项收入的集中系数，G_k 表示第 k 项收入的基尼系数。C_k 可以通过式（3）计算出来。在式（3）中，R_k 表示第 k 项收入与总收入的相对相关系数，y_{ki} 表示第 k 项收入的第 i 个观察值，f 是第 k 项收入的各个观察值的序号，f（Y）表示在计算 R_k 时按总收入的升序排列第 k 项收入的分布，f（y_k）表示在计算 R_k 时按第 k 项收入自身的升序排列其分布，因此，中间项的分子表示第 k 项收入与按总收入升序排列时的相应收入观察值序号的协方差，分母意为第 k 项收入与按其自身的升序排列时的相应收入观察值序号的协方差。被调查住户的收入来源包括家庭农业经营收入、非农业经营收入、工资性收入、财产性收入、公共转移性收入，以及其他收入（如私人赠与性收入）。其中，公共转移性收入具有明确的非市场性质；各种非农经营性收入具有较为明确的市场属性；工资性收入则由于人们的就业单位不同而内在地蕴涵着市场化与非市场化的两重性，但考虑到就业市场化程度不断提高，它的分布差异的变化应当越来越多地反映市场化的影响；财产性收入主要是指各种有价证券产生的收入、资产出租收入，以及其他金融资产（如存款）的孳息，因而具有市场收入属性，遗憾的是，CHNS 调查把财产性收

析　成　收　市　市
　　因　入　场　场
　　实　不　：　抑
　　证　平　中　或
　　分　等　国　非

239

入与赠与性收入、继承性收入等都归入"其他收入"范畴，难以将其剥离出来。

　　由于上述分析没有涉及其他家庭禀赋特征对收入分布的影响，因此，需要我们根据家庭各种禀赋特征对家庭人均收入不平等的形成机制进行综合考察，这一分析的核心同样是对各项禀赋特征的不平等贡献进行分解，其目的则是检验假设4。关于这种分解，有很多方法可供利用，不过，其中不少方法往往都受到这样那样的限制，尤其是难以在同一种分解方式中纳入不同测量尺度的变量。例如，分组分解不能综合考察非分组分布的影响，基于基尼系数的分解不能有效处理分类性质的变量。万广华提出了基于回归的夏普里值分解方法，初步解决了这个问题（万［Wan］，2002，2004）。这一分解方法由两个步骤组成。首先基于明塞（Mincer）收入决定方程建构回归模型。万广华经过多种尝试后认为，半对数线性模型是比较合适的模型。其次，在通过回归得到回归模型后，根据各项回归因素的回归系数进行夏普里值分解。半对数线性回归模型的基本数学形式为：

$$Ln\ (Y)\ = a + \sum_{i=1}^{n}\beta_i X_i + \varepsilon \tag{4}$$

　　式（4）中，a是常数项，X_i为变量，β_i为各变量的回归系数，ε为残差。在一般的明塞收入决定方程中，表示人力资本的教育和经验往往都有一个平方项进入模型，但我们在尝试之后发现，它们的平方项不仅没有统计显著性，反而降低模型解释力，所以在具体确定模型时剔除了这种平方项。得到回归模型后，需要将模型从半对数线性方程转变为自然对数的底e的指数方程，其具有如下形式：

$$Y = (e^a)\ *\ (e^{(\beta_1 x_1 + \beta_2 x_2 \cdots \beta_n x_n)})\ *\ (e^{\varepsilon}) \tag{5}$$

　　具体运算时，常数项贡献暂可不予考虑，残差项贡献等于总体不平等与式（5）右边中间项各变量对总体不平等的贡献之和的差额。

　　最后还应说明，本文的分析单位是城乡住户，被分析的收入指标是住户人均收入，只有在分析非农就业人员的收入不平等时，才把个人作为分析单位，把他们在调查时的月收入作为被分析的收入指标。

四　数据分析结果

大多数变量的作用都反映出市场化发展对城乡居民家庭收入获得的影响。当然，一些表面看起来的非市场化因素也具有影响，主要表现为住户人口规模、住户居住地区和住户阶层地位的影响。后两个因素具有混合性质。

（一）基于城乡分组的收入不平等分解

我们首先把调查得到的家庭人均收入分为城镇与农村两组，划分标准是被调查住户的长期居住地区的类别；然后根据泰尔 T 指数的分解公式，通过计算获得 20 年来中国城乡间收入差距对总体收入不平等的贡献及其变动趋势。需要说明的是，即使数据分析结果显示城乡间差距的贡献缩小了，也不意味着城乡间差距本身缩小了，而是说明城镇和/或农村地区内部的收入不平等加剧了，它们对总体不平等的贡献上升了。计算结果见表 1（编者略）。

从表 1 的结果看，20 世纪 90 年代初、中期是一个转折点，组间差距的贡献率在 1992 年达到 37.5%，此前和此后，组间差距的贡献率都比较小，组内差距的贡献率则是巨大的，总体不平等的绝大部分由城镇内部差距和农村内部差距构成。另外，城镇内部差距的贡献率，在 1992 年以前是下降的趋势，此后有所上升；相应地，农村内部差距的贡献则在总体上呈现出下降趋势，但到 2005 年为止一直大于城镇内部差距的贡献，2007 年的情况看来有些特殊。CHNS 调查住户的城乡分布特征是城镇住户较少，而 2008 年调查住户中，城乡住户大约各占一半，因而由此计算出的城镇内部差距的贡献率更大一些。从式（1）可以看出，由于城镇居民人均收入远高于农村居民人均收入，因而前者与总体均值之比（λ）也会大大高于后者与总体均值之比，此时，如果城镇人口比例上升，城镇内部差距对总体差距的贡献也会上升，甚至超过农村内部差距的贡献，即使农村内部差距仍然大于城镇内部差距。

无论如何，表1的结果表明，目前，中国城镇和农村内部的不平等对总体不平等的贡献，远大于城乡间不平等的贡献。

（二）基于"体制内"与"体制外"分组的非农从业人员收入不平等分解

依据前面论述的方法，把非农从业人员按其就业单位的性质和个人的职业地位分成"体制内"与"体制外"两个组群，分析组内差距和组间差距对其收入不平等的影响，结果如表2（编者略）所示。

表2的结果颇为耐人寻味。首先，从非农从业人员收入的总体不平等变化过程看，1996年是一个转折点（虽然1990年的泰尔T指数很小，但这是一种与特殊历史时期相关的现象），泰尔T指数呈现出一种U型而非倒U型变化的趋势（见图1，编者略），这让我们想起西方发达国家发生的所谓收入不平等大U型转变（尼尔森和奥尔德森，1997）。

其次，组间差距对总体差距的贡献最初较为可观，但随后迅速下降，个别年份为负值。当然，这并不意味着组间的绝对差距不重要。不过这种差距的变化也很有意思：从图2（编者略）可以看到，体制内从业人员的收入均值与总体均值之比在多数年份是上升的，并且在1999年变得大于1了；而体制外非农从业人员的收入均值与总体均值之比，则经历了一个下降过程，相应地，在1999年变得小于1。也就是说，在1999年以前，两类从业人员之间的收入差距的特征是，体制外非农从业人员的平均收入水平高于体制内非农从业人员，而此后则颠倒过来了。2005年及以后，两者重新开始靠拢。

最后，组间差距贡献率的下降当然意味着组内差距贡献率的上升，在多数年份，组内差距贡献巨大，是非农从业人员收入不平等的绝对成因。

尤其要注意到，体制内非农从业人员收入差距对总体差距的贡献率基本维持在25%上下，而体制外的这种贡献在8个调查年份里有5个年份高于70%，最低也达到38.5%。由此可以有把握地说，在非农从业人员中，体制外从业人员内部的收入差距是总体差距形成的主体因素。由于体制外非农从业人员规模巨大，这种状况必然影响更大范围的收入不平等。

（三）基于收入来源的住户人均收入不平等分解

表3（编者略）是基于收入来源对收入分布的基尼系数进行分解分析的结果，从中不难看出以下几种趋势。

首先，一个最为清晰的趋势是，来自国家和集体的各种转移性（再分配）收入对不平等的贡献，在20年中比较稳定地下降了。对于促成这一趋势的原因，大抵可从三个方面来理解。一是1992年以后的乡镇企业改制，导致发达农村地区的社区福利急剧下降，从而缩小了与原先乡镇企业不发达地区的社区福利差距。二是国家社会保障和其他福利制度在20年中无论如何还是有显著发展的，尤其是最低生活保障制度的建立和在城乡地区的逐步推行，以及近年来国家陆续出台的各种惠农政策，都理应起到了缩小城乡各种福利分配差距的作用。三是城乡居民的劳动收入和经营收入客观上也在增长，转移性收入在居民收入中的相对地位必然会下降。这些解释在多大程度上成立还值得进一步研究，但转移性收入占居民收入的比重下降则是不争的事实：在调查涉及的8个年份中，这一比重分别为：19.04%、12.44%、7.91%、4.29%、5.07%、2.95%、2.32%与1.46%。另外，这项收入的集中率在2005年以前一直大于总体基尼系数（参见图3，编者略），而在2007年的调查中，总体基尼系数为0.54左右，转移性收入的集中率为0.2099。这样，转移性收入便有可能不再像以往那样扩大不平等。

其次，农业经营收入不平等的贡献同样明显下降了，虽然在个别年份还有所波动。应当说，20年来中国农业经营的市场化程度是在不断提高

析　成　收　市　市
　　因　入　场　场
　　实　不　：　抑
　　证　平　中　或
　　分　等　国　非

243

的。不过，至少由于两个方面的原因，住户农业经营收入难以成为收入不平等的拉动力量。一方面，对于绝大多数从事农业经营的住户来说，土地等农业生产资本规模有限，并且其配置总体上比较平均。另一方面，农业的市场化其实更多地与"资本下乡"有关，我们不难看到，各地各种大规模农业企业，其实与个体农户没有多大的直接关系。对于绝大多数农户来讲，在非农收入不断增长的形势下，农业生产越来越成为一种生存保障途径。实际上，在各个调查年份，农业经营收入的集中率始终远低于总体基尼系数。

再次，非农业经营收入对不平等的贡献有较大的起伏波动，潜伏着一种上升的趋势。不过，调查结果可能并未完全反映此项收入的不平等对总体不平等的影响，因为能够进入调查范围的非农业经营者较少，经营规模较大者尤其如此。另外，在多数调查年份里，此项收入的集中率大于总体基尼系数，同时还呈现出一种先有所下降然后迅速上升的趋势，表明它将成为未来拉动中国收入不平等的一个重要因素。

最后，工资性收入不平等一直是总体不平等的主要来源，但具有某种阶段性变化特征。在1999年以前，其贡献率基本呈稳定上升趋势；2003年以后，则呈现出某种波动，但总体水平高于1999年以前。

此外，从图3（编者略）看，工资性收入的集中率与总体基尼系数之比一直大于1，表明它始终是扩大不平等的主要拉动力量。究竟是什么因素使其产生这样的影响，尚需更深入的分析，初步的判断是，就业市场化程度不断提高的影响不容小觑。不过，我们从图3也能看到某种缓慢下行的趋势，到2007年，两者之比仅为1.04，未来降低到1以下也未必没有可能，当然，这也取决于其他几种收入来源——尤其是非农经营收入不平等——对总体不平等的影响的变化。

（四）基于半对数线性回归的夏普里值分解

在运用基于半对数线性回归的夏普里值分解分析方法进行综合分析之

前，先要具体构建回归模型并界定相关变量，这里遵循学术界普遍采用的扩展的明塞收入决定模型。

宏观上影响收入分配的因素应当包括工业化和城市化的水平、经济发展差异，以及社会制度和社会结构因素。基于以往的研究，我们使用家庭有效获得非农收入者的比重，以及家庭人均非农收入占人均收入的比重作为测量工业化的指标，使用一个住户是否有多数成员（60%以上）居住在城镇作为反映住户城市化的指标（这样设计这一指标的目的主要是为了反映农民工及其部分家庭人口进城的现实），以户籍（以农业户籍为参照）作为反映社会制度影响的指标，以被调查住户居住区域作为反映地区发展差异的指标（以西部为参照）。

除宏观变量外，家庭的人口结构和资产状况也是影响家庭收入的重要因素。在人口方面，考虑使用家庭人口总数、老少人口比重（意味着扶养负担）和家庭有收入者中的女性比重（间接反映家庭人口的性别结构，直接测量家庭收入获得是否受其性别结构影响）作为主要指标。家庭资产状况包括两个方面，即物质资产和人力资本的占有水平。测量物质资产的指标有两个，即家庭人均生产性资产总额和人均金融资产总额。在人力资本方面，以家庭有效的有收入者数作为表示家庭人力资本的数量指标，同时以家庭有收入者的平均受教育年限和年龄作为测量家庭人力资本的质量指标；工作经验方面缺少较好的测量指标，因为大量农民工的工作年限无法界定。所谓"有效的有收入者"，既包括从业人员中全职工作者（视为1人）和半职工作者（视为0.5人），也包括拥有离退休收入的人员（以各地平均离退休收入与平均工资水平之比作为权数加权）。家庭劳动力的就业状况和职业地位属于中间层次的变量，它们一方面连接着宏观经济社会发展形势，另一方面又连接着家庭及其成员的个人特征。就业水平以家庭失业劳动年龄人口比重作为测量指标，职业地位以中国社会科学院社会学研究所"当代中国社会结构变迁研究"课题组提出的"十阶层"分类框架为依据（陆学艺，2001），把家庭主要成员的最高职业阶层地位作为代表家庭职业地位的指标；同时，为了减少变量，我们作了聚类分析，发现大体可以把十个阶层分成五组：第一组为私营企业主和企业经理人员家庭，第二组为国家与社会管理者、专业技术人员和办事人员家庭，第三组为个体工商户、产业工人和商业服务业员工家庭，第四组为无业失业半失业人员家庭，第五组为农业劳动者家庭（分析时作为参照变量）。但是，我们的数据中缺少可以识别家庭全部劳动力就业单位的体制性质指标，又不能直接以被访者个人就业单位的体制性质来代表，因而无法通过回归分析判断体制内、体制外划分对家庭人均收入的影响。

基于上述指标和 CGSS·2008 的数据，我们以被调查住户 2007 年人均收入的自然对数为因变量，以上述测量指标为自变量，建立简单的半对数线性回归模型，回归结果见表 4（编者略）。表中的前 4 个模型是这样形成的：首先是全变量模型，然后逐步将 3 个在该模型中没有统计显著性的变量剔除，产生其余三个模型。

在模型 1 到模型 4 中，从业人员平均年龄、家庭成员居住状况以及户籍身份，都没有显著影响。在其余变量中，从回归系数看，影响最大的是家庭人口数，且其符号为负，亦即具有显著减少家庭人均收入的作用，这一点不难理解。其次是地区因素和职业阶层因素。地区因素的影响如此突出，出乎我们最初根据已有研究形成的看法。职业阶层地位的重要影响则在我们的意料之中。属于第三层次的影响因素包括家庭有效的有收入者人数、有效的有收入者平均受教育年数，以及家庭人均物质资产，它们分别反映了家庭的人力资本和物质资产存量对家庭收入获得的影响，它们的符号均为正，表明它们将增加家庭人均收入。第四层次的变量则包括回归系数小于 0.01 但具有统计显著性的几个因素，即家庭人均非农收入比重、家庭有效非农收入获得者占全部有效收入获得者的比重、家庭劳动年龄人口失业比重、家庭老少人口比重，以及有效女性收入获得者比重。其中，前两个变量的作用是增加收入，而后三个因素的作用则是减少收入。不过，有效的女性收入获得者比重的回归系数最小，表明性别歧视问题并不突出。老少人口占家庭总人口的比重的回归系数在各模型中也比较小，但其影响比有效有收入者中女性比重的影响大。

　　总结上述结果，可以认为，大多数变量的作用都反映出市场化发展对城乡居民家庭收入获得的影响。当然，一些表面看起来的非市场化因素也具有影响，主要表现为住户人口规模、住户居住地区和住户阶层地位的影响。后两个因素具有混合性质。地区发展水平差距的存在，既有市场化水平不同的影响，也有非市场因素（如制度和文化传统差异）起的作用。阶层地位的获得，从现有许多研究成果看，也是市场性因素与非市场性因素共同作用的结果。不过，这里我们还无法把其中两类因素的影响分别识别出来。城乡居住状况没有产生具有统计显著性的影响，与一般的看法似乎冲突，但可能反映了如下的事实。首先，在经济层面，现阶段的中国并不存在典型的二元结构，即现代产业集中于城镇，传统产业分布于农村；相反，在中国，农村同样有大量现代产业在发展。其次，社会层面的二元结构在改革开放以来不断被打破，至少农村劳动力可以进城务工经商。当然二元社会制度的影响还是存在的，但这种影响也随着农民工进城而被复制到城市社会，城乡间差距由此在城镇内部发展起来，从而冲淡了既有的城乡间差距的影响。

　　回归分析中各个变量的影响，本质上意味着家庭收入获得的差异化或分化。但回归分析并不能具体确定这些变量对收入不平等的影响的大小，这个问题需要通过不平等分解分析来解决。为此我们特别设计了表4（编者略）中的模型5。设计模型5的出发点是尽可能减少变量，以便进行夏普里值分解分析，因此剔除了有效的女性有收入者比重，分析结果显示，减少这个变量，模型的解释力几乎不受影响。模型5中还有几个虚拟变量，即地区变量和职业阶层变量，根据有关学者的建议，可以基于它们的回归系数，对它们作进一步的归并整理，一是分别以东部和中部的回归系数作为预测值（参照地区即西部的观察值仍为 0），建立一个统一的地理变量；二是分别以四个阶层类别的回归系数为预测值（参照群体即农业劳动者的观察值仍为 0），建立一个统一的阶层地位变量。这样，我们就可以将进入夏普里值分解程序运行的变量减少到 11 个。将模型 5 转换为一个指数方程，对收入不平等的基尼系数进行夏普里值分解，得到表 5 的结果。

从表 5（编者略）看，分解分析结果非常理想，得到解释的不平等占 94.2%，残差部分仅占 5.8%。所有 11 个变量都具有扩大不平等的作用，而从贡献大小来看，大体可以把它们分为 4 组。第 1 组由人均非农经营和劳动收入占人均收入的比重、人均金融资产和有收入者的平均受教育年数组成，三者的贡献率合计达到 52.7%。第 2 组包括住户人口数和阶层变量，它们的贡献率都略高于 10%，合计为 22.4%。第 3 组包括地区变量和有效的有非农收入者比重，它们的贡献率合计为 15.6%。其余 4 个变量是第 4 组，它们的贡献率合计为 5.4%。

大致说来，第 1 组变量与市场化关系最为密切，而与非市场化机制的关系较小，当然，即使在这类变量中，也包含着非市场化因素，例如，非农收入既有来自"体制外"的也有来自"体制内"的，但多数人的收入肯定主要来自体制外部门。在第 2 组变量中，住户人口数与市场化机制无关，阶层地位差异对总体收入不平等的影响则混合地体现了两种机制的不平等效应。第 3 组变量也混合地体现着市场化机制与非市场化机制的不平等效应，但以市场化机制的不平等效应为主。在第 4 组变量中，住户人均生产性投资是体现市场化机制效应的变量；住户失业人口比重可能体现了两种机制的混合效应，因为至少在城镇户籍人员中，有一部分人属于制度性失业（即公有制企业改革的结果），不过，十多年已经过去了，因为公有制企业改制而失业的人很多已经不再继续属于劳动年龄人口范畴，换句话说，2007 年调查时处于失业状态的人员中，多数应当不属于制度性失业者，而是在劳动力市场竞争中暂时失业的人。住户老少人口比重与市场化问题无关，有效的有收入者包括在业人员和有离退休收入的离退休人员，其人数差异对住户收入不平等的影响也是两类机制的混合效应的体现，不过该变量对总体不平等的贡献份额很小，基本可以忽略不计。

进而言之，在表 5 所涉及的诸多变量中，主要体现市场化机制的不平等效应的变量，包括人均金融资产、平均受教育年数、人均生产投资，以及失业者比重这四个变量，它们的差异对总体收入不平等的贡献份额合计达到 37.6%。完全或基本与市场化机制无关的变量包括住户人口数、住户老少人口比重，以及有收入者人数，它们的差异对总体收入不平等的贡献额合计为 13.2%。其余的变量则不同程度地混合体现着市场化机制，以及社会结构—制度性机制的不平等效应，它们的贡献合计占 43.7%。其中，人均非农收入比重的贡献率为 19.2%。根据前述表 2 的分析结果，"体制外"收入不平等的贡献将大大超过体制内不平等的贡献，当然，由于表 2 的分析以个人为单位，并未考虑到家庭其他成员的收入，因此可能低估"体制内"不平等，以及两种就业体制间的收入不平等的贡献，但考虑到"体制外"就业已经成为中国非农就业的绝对主体部分，有理由认为"体制外"非农收入内部不平等的贡献占了主要份额。这里我们不妨作最保守的估计，即将非农收入不平等的贡献平均分配给市场化机制与非市场化的结构—制度机制。住户人口中有非农收入者所占比重，也是一个混合着市场化因素与非市场化的制度性因素的变量，非农业户籍住户的劳动力自然是在非农产业就业，而农业户籍住户劳动力则需要通过自身努力获得在非农产业就业的机会，因此，这个变量的贡献也应当在两种不平等机制间分配（姑且也按照平均分配处理）。阶层变量和地区变量从深层次看同样具有混合性质，但从保守的考虑出发，不妨完全把它们视为反映结构—制度影响的非市场化机制的不平等效应。最后，表 5 的分析没有包含行业因素，一般而言，这是残差部分的主要成因，这里姑且把残差部分归属于行业因素的不平等效应，而且视之为结构—制度性质的不平等。如此，则在总体的不平等中，市场化机制的不平等效应所作贡献接近50%，反映社会结构—制度问题的非市场化机制的贡献份额接近37%，其余13%的份额主要属于住户的自然人口特征的贡献。

五　简要结论和讨论

现阶段中国收入不平等的形成机理中，不仅有着市场化机制和非市场化机制的混合效应，而且市场化机制的不平等效应有其特定的制度—结构基础，而制度—结构性机制的不平等效应中也渗透着市场化机制的影响。结果，一些在类似库兹涅茨假说这样的理论看来理应减少不平等的因素和机制难以发挥作用。

本文围绕中国现阶段收入高度不平等的事实，基于对现有相关理论和研究文献的梳理，针对现有收入不平等格局的形成机制，尝试建构一个统一的分析框架，并提出一个基本研究假设和四个操作性假设，利用 CHNS 和 CGSS·2008 的调查数据，运用各种分析工具，对这些假设进行了检验，并得到了一些重要的发现和结果。总的来说，4 个操作性假设都在不同程度上得到了数据的支持，从而对基本研究假设也提供了肯定性的支持。

城乡分组的泰尔 T 指数分解分析结果显示，由于近年来中国城镇和农村内部收入不平等都在上升，城乡间不平等对总体不平等的贡献大致存在下降趋势；相应地，城镇内部和农村内部的不平等对总体不平等的贡献是巨大的，决定性的；尤其是农村内部的不平等，在大多数年份对总体不平等作出了一半以上的贡献，当然，这种贡献总体上也存在一种下降趋势，而城镇内部不平等的贡献则呈现上升趋势。

基于泰尔 T 指数对"体制内"与"体制外"非农从业人员的收入不平

等分组分析结果同样表明，"体制外"从业人员的收入不平等对总体不平等的贡献远远大于"体制内"收入不平等的贡献，而"体制内"收入不平等的贡献又远远大于两种体制之间的收入不平等的贡献。我们还注意到，非农从业人员的收入不平等在 20 年间呈现出一种比较明显的 U 型变化趋势，这一结果尤其不容小视，因为随着中国工业化和城市化进程快速推进，非农从业人员比重将越来越高。另外，目前中国社会舆论对国有垄断行业职工收入过高，认定其是导致全社会收入不平等过大的主因的批评之声甚巨，然而我们的数据分析结果表明这种说法并不严谨。因为整体收入不平等不仅受收入集中程度影响，也受不同收入水平的人口群体规模的影响。垄断行业职工规模在全部非农就业人员中所占比重，应当不会超过城镇国有和集体单位职工的相应比重，因此以他们的人口规模，他们的收入水平与其他行业就业人员收入水平的差距不可能成为总体收入不平等的主要形成因素，何况在 CGSS·2008 的调查数据中，"体制内"从业人员所占比重为 23.5%，已经大大超过了官方统计中城镇国有单位和集体单位在岗职工占全社会就业人员的比重，也就是说，国有垄断行业职工在 CGSS·2008 中的样本已经被过分代表了。当然，这样说并不是为国有垄断行业职工高收入辩护，毕竟在本文所研究的多数年份里，"体制内"与"体制外"的组间收入差距对总体收入不平等作出了正的贡献；但需要警惕的一种倾向是，把这种不平等作为替罪羊，掩盖其他因素造成的不平等。

基于基尼系数对收入来源不平等的分解分析结果显示，工资性收入的贡献始终是最大的，这一点可以理解，因为对于绝大多数城镇住户来说，工资性收入是家庭收入的最主要来源；对于大多数农村住户来说，工资性收入的比重也不断上升，目前也占到了农户人均纯收入的一半左右。更重要的是，除了工资以外的其他收入来源与市场化的关系越是密切，其对收入不平等的影响就越大；而工资性收入本身，也应当在很大程度上具有市场化性质。

　　半对数线性回归分析和基于半对数线性回归的夏普里值分解分析，综合地反映了影响中国收入分配的一个基本机制，这就是中国现阶段的收入不平等主要来源于市场化机制的不平等效应。夏普里值分解分析测量了各种反映住户禀赋特征的因素对总体收入不平等的贡献大小，根据分析结果综合地看，市场化机制的不平等效应对总体不平等的贡献份额至少可达50%，与社会结构—制度问题相关的非市场化机制的不平等效应所作贡献接近37%。当然，本研究依据的数据并未完全反映中国的实际不平等，因为各种灰色收入信息都无法通过入户调查收集，而灰色收入不管是通过权力寻租的方式产生，还是通过其他方式（如偷逃税等）产生，大抵都与原则上合法的市场化收入无关，因而可以预期，一旦把灰色收入信息收集起来，非市场化机制的不平等效应对总体不平等的贡献份额会有较大幅度的提升，不过其最终可能仍然难以超过市场化机制的不平等效应的贡献，因为这种收入的获得者在总人口中所占比重会是比较小的。

　　应当着重指出的是，本研究对不平等的综合性分析，仍然存在若干不足。首先，作为分析基础的调查对住户全体从业人员的信息收集不完备，因此，本研究不能把从业/就业的体制区隔和行业区隔纳入模型，从而未能有效地把它们的不平等效应识别出来。其次，对导致收入不平等的混合效应的分析，仍然缺乏足够的确定性，目前所作的估计只有一些间接的和经验观察性的依据，而没有直接的实证性证据。最后，即使我们努力识别出市场化机制和非市场化机制的不平等效应，但这可能并不意味着这些机制在现实中是单独地起作用的，不仅一些因素的混合效应可能包含着两类机制的共同效应，而且它们可能还会相互推动。要解决这些问题，既需要改进调查设计，也需要对数据进行更深入的挖掘，并且需要在方法上进行创新，还需要深入探讨各种机制背后的社会—政治机理。

　　尽管存在这样那样的问题，但本研究的主要发现仍然具有重要的理论和政策意涵。最重要的是，这些发现与现有的一些关于收入不平等变化的理论学说或假说（例如库兹涅茨倒 U 型假说）相背离。库兹涅茨假说是基于对西方发达国家第二次世界大战前 50 年收入不平等变动历程的研究提出来的（库兹涅茨，1955），而中国也已快速发展 30 多年，按照库兹涅茨理论，中国收入分配的变动趋势应当开始出现倒 U 型拐点，但现实是，目前还没有出现这种拐点的迹象，从某些角度分析，甚至存在 U 型变动趋势，1996 年前后是这种 U 型变动趋势的拐点。这并非偶然。正是在这一时期，迈向市场逻辑的经济体制转轨，以及力度和范围前所未有的公有制企业改制，成为中国自改革开放以来强度最大、影响最深远的剧烈社会变革，经济的市场化程度前所未有地提高，收入不平等问题不可避免地加剧起来。

与此同时，一种新的、与以往迥然相异的机会结构和利益关系结构也在这种变革中形成，并且很快覆盖了整个社会。在这种机会结构和利益关系结构中，各种强势社会群体和阶层占据了有利位置，获得了更多机会，能够更好地利用市场获得更大收益。例如，笔者在一项经验研究中发现，正是从 1996 年前后起，新兴私营企业主阶层的新增成员中，来自其他优势阶层的人与来自底层社会的人在比例上发生了根本性的倒转，前者从此前不到 1/3 迅速上升到超过 3/4，而后者则从此前的 1/2 多下降为不到 1/4（陈光金，2005）。

在一个相当长的时期里偏好效率和经济增长的制度和公共政策安排，或者与优势阶层的强势利益诉求相配合而不能有效克制这种强势诉求对其他社会阶层利益造成的不利影响，或者支离破碎、软弱无力而不能支撑弱势阶层获得发展机会、分享改革发展成果，以及获得基本社会保障。因此在某种意义上强化了这种机会结构和利益关系结构。一个突出的表现是，迄今为止，相关公共政策在调整收入不平等方面的作用很不理想。换句话说，现阶段中国收入不平等的形成机理中，不仅有着市场化机制和非市场化机制的混合效应，而且市场化机制的不平等效应有其特定的制度—结构基础，而制度—结构性机制的不平等效应中也渗透着市场化机制的影响。

结果，一些在类似库兹涅茨假说这样的理论看来理应减少不平等的因素和机制难以发挥作用。

库兹涅茨假说就是这样失效的。不过，库兹涅茨本人对收入不平等的倒 U 型变化趋势的理解与后人的理解是不同的：后人只是看到了市场发展和工业化的"积极"作用，而他本人则还看到西方发达国家收入不平等出现倒 U 型变化背后指向社会公平的社会哲学，以及相关公共政策的影响（库兹涅茨，1996，1989）；一旦这样的社会哲学和相关公共政策被放弃，收入不平等就必将扩大，这是 20 世纪 60 年代末期以来西方发达国家的收入不平等出现大 U 型转变的关键。因此，最近 20 年来中国收入不平等的变化，验证了卡尔·波兰尼（2007）的论断：当市场过度强势以致对社会产生破坏性影响时，我们就要保卫社会。

（来源：《社会学研究》2010 年第 6 期）

收入分配公平性偏态分布方法警戒标准研究

邵建平　兰州大学管理学院教授

孟　鑫　兰州大学管理学院硕士研究生

邓兆卉　兰州大学管理学院硕士研究生

收入分配公平问题是当今受到广泛关注的热点问题，努力实现收入分配公平具有经济和社会的双重意义。在努力向峰度、偏度均为0的绝对公平分布状态靠拢的过程中，发现相对公平的警戒范围，并依据此标准对分配现状的公平与否进行识别，对于实现分配公平、促进经济发展、维护社会和谐都具有非常重要的意义。

一　引言

构建公平而富有效率的收入分配模式，提高社会公平性，对促进经济发展和维护社会稳定都具有重要意义。为了达到这一目的，首先要对收入分配的公平性现状作出全面而准确的描述，本文期望以收入分配公平性偏态分布描述方法为基础，研究应用此方法时的参数问题，提出此方法下的公平性警戒标准，并应用该方法和标准对我国收入分配公平性状况进行实证研究。

收入分配是国民经济循环运行中的一个重要环节，收入分配的公平性和贫富差距也历来是人们关注的热点问题。构建公平而富有效率的收入分配模式，提高社会公平性，对促进经济发展和维护社会稳定都具有重要意义。为了达到这一目的，首先要对收入分配的公平性现状作出全面而准确的描述，本文期望以收入分配公平性偏态分布描述方法为基础，研究应用此方法时的参数问题，提出此方法下的公平性警戒标准，并应用该方法和标准对我国收入分配公平性状况进行实证研究。

二　收入分配公平性偏态分布描述方法介绍

收入分配公平性偏态分布描述方法的主要参数是：偏度（S）、峰度（K）、均值（M）。收入分配公平性偏态分布描述方法的理论假设是：当收入分配绝对公平时，收入分配曲线服从正态分布。

收入分配公平性偏态分布描述方法的主要参数是：偏度（S）、峰度（K）、均值（M）。其中偏度描述了收入分配的统计分布曲线图围绕其均值的非对称性性状，其公平性内涵是衡量各收入阶层占总人群的比重及其对比状况。当 S > 0 时，收入分布曲线呈正偏态分布，低收人者人群数量大于高收人者人群；S < 0 时，收入分布曲线呈负偏态分布，高收人者人群数量大于低收人者人群；若 S = 0，则分布是对称的，高低收入人群数量相等。峰度描述分布曲线的凸起或平坦程度，是相对于正态分布的 K = 0 而言的，其公平性内涵是衡量社会财富在各个收入阶层人群中的分配情况和贫富差距程度。当 K > 0 时，收入分布曲线的凸起程度大于正态分布，表示处在某一收入水平及其附近的阶层人数较多，贫富差距较小，K 值越大，说明当前收入阶层人数占总人数比重越大，贫富差距越小，当 K 为无穷大时，所有的人都处于同一收入水平，贫富差距消失，曲线成为表示平均收入的一条直线；当 K < 0 时，曲线相对于正态分布比较平坦，说明社会财富在各个收入阶层中的分配比较分散，贫富差距较大；若 K = 0，表示曲线的凸起程度与正态分布相当，贫富差距适中，处在一个合适的公平"度"上。均值衡量的是居民的平均收入水平，M 越大，收入分布曲线越向右移动，说明整个社会的富裕程度越高。

收入分配公平性偏态分布描述方法的理论假设是：当收入分配绝对公平时，收入分配曲线服从正态分布。此时 S、K 值均为 0，M 值越大，说明居民收入水平越高，公平状态的"级别"越高。在现实生活中，收入分配不可能实现绝对公平的理想情况，因此收入分布曲线图一定是呈偏态分布的。从统计分布角度联系实际情况，根据偏度、峰度与均值的不同状态，可以总结出几种典型的收入分布类型，如图 1（编者略），其中 x 代表收入，f 代表收入为 x 的人的频率：

第 I 类型：共同贫穷。这种状态下经济落后，人民整体收入水平较低，贫富差距不大，是一种贫穷状态下的分配较为公平的情况。

第 II 类型：少数先富。这种状态下有少数人先富了起来，大部分人还停留在低收入状态，因此社会上中低收入阶层人数占总人数的绝大部分，贫富差距逐渐扩大，收入分配开始呈现不公平的状态，收入分配曲线呈正偏态分布，有较长的右拖尾，均值随社会总财富的增加而增长，曲线慢慢向右平移。

第 III 类型：少数贫穷。这种状态下社会上大部分人收入较高，中高阶层收入者占总人数的绝大部分，贫富差距仍然很大，收入分配曲线呈负偏态分布，有较长的左拖尾。

第 IV 类型：共同富裕。这种状态下社会经济比较发达，人民整体收入水平高，贫富差距合理，接近于公平状态，同时由于收入分布曲线均值较高，相对前三种状态是一种比较理想的情况。

三　收入分配公平性偏态分布方法的警戒标准

构建科学合理的公平性警戒标准，对收入分配公平性现状进行客观的评价，就成为了控制收入差距的必要的基础性工作。

（一）公平性警戒标准的重要性

改革开放以来，我国的社会生产力得到了很大的发展，人民收入水平大幅度提高。但与此同时收入分配差距也持续扩大。有研究表明 1988 年我国基尼系数为 0.382，1995 年为 0.445，2002 年为 0.454，早已超过了国际公认的警戒线 0.4（李实等）。另据中共中央党校有关课题的调查，目前我国的基尼系数为 0.46，收入分配相当不均等。根据有关研究，无论是在短期还是长期，中国的收入差距对于经济增长的影响都是负面的（陆铭等，2005）。收入差距的扩大对于提高健康水平、增进信任的社会资本形成具有负面的影响。已有研究发现收入差距对健康的影响呈现倒 U 型，在高收入差距地区，收入差距的扩大不利于医疗公共品的提供，而且收入差距的扩大对低收入人群的健康更为不利（余央央、封进，2006）。正是因为收入差距过大时诸多负面影响的存在，对收入差距的合理调控就显得非常必要，而构建科学合理的公平性警戒标准，对收入分配公平性现状进行客观的评价，就成为了控制收入差距的必要的基础性工作。

（二）公平性警戒标准的确定

1. 假设前提

本文假设收入分配处在公平范围时社会上的高收入阶层占总人口的比重为 ω，低收入阶层占总人口的比重为 ψ，则中等收入阶层占总人口的比重为 $1 - \omega - \psi$；设中等收入阶层人均收入与总人均收入的比值为 α，高收入阶层人均收入与低收入阶层人均收入的比值为 β，低收入阶层人均收入与总人均收入的比值为 γ，则高收入阶层人均收入与总人均收入的比值为 βγ。

从社会人口分布的角度来看，中间阶层约占 60%，高收入阶层与低收入阶层各占 20% 的结构是比较合理的，因为它既考虑了部分富裕个体的私人投资对经济的拉动作用，又考虑了低收入个体的聚集对社会稳定的潜在压力，更顾及了相当规模中等收入阶层的存在对社会的维系作用，有利于缓解社会冲突和收入差距，维护经济社会稳定。因此本文假定处于收入分配公平状态时，社会上的高收入阶层与低收入阶层占总人口的比重均为 20%；中等收入阶层占总人口比重为 60%。即 $\omega = \psi = 0.2$；$1 - \omega - \psi = 0.6$。

从社会收入分布的特征来看，一个分配公平的收入分布当中，中等收入阶层的总收入应该在社会总收入中占有足够比重。中等阶层总收入与社会总收入的比值称为中收系数，是一个反映中等收入者比重状况的指标，中收系数越高，说明收入越向中间水平靠拢，居民的收入差异越小。根据有关研究表明，中收系数每提高 1%，基尼系数就下降 1.58%（胡荣华等，2006），这说明中收系数是一个反映收入分配公平性的重要指标。但需要注意的是，中收系数的数值并不是越高越好，它的合理值在经济发展的不同阶段是不一样的。如美国在 20 世纪 70、80 年代工业化发展成熟时期的中收系数值在 0.53 左右，之后随着信息化的发展，经济水平和人民收入水平进一步提高，中收系数值呈下降趋势，在 1995 年为 0.489。总之收入分配处在公平状态时，中收系数值应该在一个合理的范围内波动。如果社会经济发展水平较高，社会成员收入的平均水平高，中收系数值相应较低；如果社会经济发展水平较低，大多数中低收入者收入不高时，中收系数则应保持在比较高的水平。根据世界银行数据库中 37 个国家中收系数和基尼系数值的对比参照，本文把中收系数值的合理范围设定在 0.4—0.8 之间，即假设当收入分配公平时，社会上中等收入阶层的总收入与社会总收入的比值为 α'，$0.4 \leq α' \leq 0.8$。那么中等收入阶层人均收入与总人均收入的比值 α 与中收系数 α'的关系为 α = α'/中等收入阶层占总人口比重，即 α'/1 − ω − ψ，根据前文的设定算出中等阶层人均收入与总人均收入的比重 α 为 $0.667 \leq α \leq 1.333$。

在公平的收入分配中，贫富既不能过于悬殊也不能过于接近，最高收入 20% 人口的收入份额与最低收入 20% 人口的收入份额的比值称为收入不良指数，它是衡量一个国家收入分配和两极分化状况的重要指标，这一指数的最低值为 1，指数越高，收入差距越大。根据世界银行在《世界发展报告 2008》（*World Development Report* 2008）中的数据来看，收入不良指数处在 3—5 之间的国家，基尼系数较小，收入分配比较公平，因此本文假定在分配公平时社会上高收入阶层人均收入与低收入阶层人均收入的比值为 4，即 β = 4。

在分配公平的社会中，低收入阶层人口的收入不能太低，否则就会引起社会的不稳定。根据世界银行推荐的贫困线标准换算和欧盟对贫困人口的定义，本文将收入分配公平状态下低收入阶层人均收入与总人均收入的比值定为 0.6:1，即 γ = 0.6。

根据以上分析结果，对于收入分配公平性偏态分布描述方法警戒标准的有关参数设置如下：

$$ω = ψ = 0.2; \tag{1}$$

$$1 − ω − ψ = 0.6; \tag{2}$$

$$0.667 \leq α \leq 1.333; \tag{3}$$

$$β = 4; \tag{4}$$

$$γ = 0.6 \tag{5}$$

其中，ω、ψ 分别为收入分配公平时高收入阶层和低收入阶层占社会总人口的比例，α 为中等阶层人均收入与总人均收入的比值，β 为高收入阶层与低收入阶层人均收入的比值，γ为低收入阶层人均收入与总人均收入的比值。

2. 确定过程

收入分配公平性偏态分布描述方法的理论假设是：当收入分配绝对公平时，收入分配曲线服从正态分布。即当偏度 S = 0，峰度 K = 0 时，居民的收入分配处在绝对公平的状态，现实生活中的收入分配不可能完全公平，但是峰度和偏度可以趋近于 0。类似于基尼系数的 0.4 的警戒线，偏态分布描述方法也有一个合理范围，当某收入分配分布曲线的偏度和峰度处于这一范围内时，可以认为此收入分配是公平的，若超出这个范围则不公平。即当 S2 ≤ S ≤ S1 且 K2 ≤ K ≤ K1 时（其中 S2，K2 < 0；S1，K1 > 0）收入分配是公平的，超出了这个范围则不公平。研究收入分配公平性偏态分布描述方法警戒标准，便是研究确定 S1、S2、K1、K2 的具体值。

根据上文研究假设中的有关指标参数设置（1）（2）（3）（4）（5）式，拟定合理的居民收入分配数组。假设一个社会共有 10m 人，则其中高、低收入阶层各有 2m 人，中等收入阶层有 6m 人；假定最低的收入基数为 a 元，按收入从低到高排序，后者收入依次比前者高出一个货币单位。

则当（3）式中的 α = 0.667 时，低收入阶层的收入排列依次分别是：a×0.6、(a+1)×0.6、(a+2)×0.6、……、(a+2m)×0.6；中等收入阶层的收入排列依次分别是 a×0.667、(a+1)×0.667、(a+2)×0.667、……、(a+6m)×0.667；高收入阶层的收入排列依次分别为 a×2.4、(a+1)×2.4、(a+2)×2.4、……、(a+2m)×2.4。当（3）式中的 α = 1.333 时，低收入阶层的收入排列依次分别是：a×0.6、(a+1)×0.6、(a+2)×0.6、……、(a+2m)×0.6；中等收入阶层的收入排列依次分别是 a×1.333、(a+1)×1.333、(a+2)×1.333、……、(a+6m)×1.333；高收入阶层的收入排列依次分别为 a×2.4、(a+1)×2.4、(a+2)×2.4、……、(a+2m)×2.4。如下表 1（编者略）。

将表 1 中的人数与数组 1 输入 SPSS 软件计算出当 α = 0.667 时收入分配分布曲线的偏度与峰度，见表 2（编者略）。

当 α = 0.667 时，是收入分配公平范围内中等收入阶层的收入下限，中等收入者的收入分布偏向低收入者一方且分布比较集中，因此曲线呈正偏态分布且陡峭程度超过正态分布，即 S > 0，K > 0；如表 2 所示，得 S1 = 1.430，K1 = 0.242。

将表 1 中的人数与数组 2 输入 SPSS 软件计算出当 α = 1.333 时收入分配分布曲线的偏度与峰度，见表 3（编者略）。

当 α = 1.333 时，是收入分配公平范围内中等收入阶层的收入上限，中等收入者的收入分布偏向高收入者一方且分布比较分散，因此曲线呈负偏态分布且比正态分布平缓，即 S < 0，K < 0；如表 3 所示，得 S2 = −0.161，K2 = −0.749。

3. 结论

根据以上论述，可以得出结论，收入分配公平性偏态分布描述方法的公平性警戒标准为：S ∈ [−0.161，1.430] 且 K ∈ [−0.749，0.242]，即当收入分配分布曲线同时满足偏度在 −0.161—1.430 之间，峰度在 −0.749—0.242 之间这两个条件时，收入分配处在公平范围内，否则就是不公平的。

四 收入分配公平性偏态分布方法警戒标准的实证检验

本文从静态和动态两个角度出发，对我国居民收入分配的公平性进行考察，实证研究表明在 1984—2007 年的 24 年中，我国居民收入均值呈持续上升态势，但是从收入分配分布曲线偏度和峰度的角度来看，从来没有达到过公平的状态。

在用偏态分布方法对收入分配公平性进行描述时，首先需要获取样本数据，取得某时期某范畴内居民收入和人数的数据，将收入按照由低到高的顺序等距分组，根据每组的人数即频数计算出每组人数占总人数的百分比即频率，接下来以收入为横轴、以频数为纵轴建立直角坐标系，借助SPSS软件绘制出直方图和收入分配曲线，并得出偏度、峰度和均值这3个指标的数值。本文根据《中国统计年鉴》（1985—2008）公布的数据，选取1984—2007年按地区分类的职工平均工资和人数作为原始数据，从静态和动态两个角度出发，对我国居民收入分配的公平性进行考察，同时对本文提出的公平性警戒标准进行实证应用检验。

1. 静态分析

选取2007年的数据进行分析，将数据输入SPSS16.0软件中，得出2007年居民收入分配直方图与偏态分布曲线，并计算出2007年居民收入分布曲线偏度、峰度以及均值的数值。见图2和表4（编者略）。图2中显示2007年居民收入分配分布曲线是一个呈正偏态分布的曲线，形状相比正态分布陡峭。结合表4中的数据来看，2007年我国居民的平均收入为24950元，偏度为2.140，峰度为4.071，峰度和偏度的数值均超出了上文计算出的公平性警戒标准。从分布图来看，偏态分布具有较长的右拖尾，说明中低收入者占总人数的比例较高，高收入者占有一小部分比例而且收入数值较高，超出了公平的范围；收入分布曲线峰度值为4.071，比较正态分布的峰度值0陡峭很多，这说明居民收入比较集中，这一点在图2（编者略）中也得到了直观的体现，即收入集中在2万元左右范围内的居民人数占总人数很大比例。

2. 动态分析

将1984—2007年的数据输入SPSS16.0软件中，得出各年居民收入分配分布曲线的偏度、峰度、均值的数值，见表5、表6、表7（编者略）：

为了更方便的对1984—2007年的各项数据值进行比较，分别画出偏度、峰度及均值随年份变化而变化的线性趋势图，见图3、图4、图5（编者略）。

从图3中可以看出1984—2007年间我国居民收入分配分布曲线偏度值的变化过程。偏度是先增后减，在1986年达到最大值2.053，随后开始下降，在1988年达到最小值1.060，然后在值1.5的上方波动，从2005年开始呈现出上升的趋势。在这24年中，峰度值只有1988、1989、1990年保持在警戒范围之内，其余年份值均超出警戒范围之外，且除1984年之外均为正偏态分布。

从图4中可以看出1984—2007年间我国居民收入分配分布曲线峰度值的变化过程。峰度先减后增，在1986年达到最大值7.539之后再次下降，在1988年达到最小值0.479，然后上升，围绕值2上下波动，从2005年开始呈现出持续上升的趋势。在24年间，峰度值均超出了警戒范围，且均为超出上限，相比较而言，1988、1989、1990年的峰度值比较接近公平标准。

从图5中可以看出1984—2007年间居民收入分配分布曲线的均值是呈持续上升的趋势的。

3. 结论

综合表5、表6、表7和图3、图4、图5来看，从1984—2007年的24年中，我国居民收入均值呈持续上升态势，但是从收入分配分布曲线偏度和峰度的角度来看，从来没有达到过公平的状态，因为偏度值除1988、1989、1990年之外均超出警戒范围，而峰度值则一直保持在警戒范围之外。结合前面的动态分析可以看出，1984—1987年是我国收入分配情况发生重大变化的转折年份。1984年是24年中偏度唯一为负值的年份，而这一年的峰度值为7.206，为仅次于1986年的次高值，这说明这一年收入分布曲线有左拖尾，相应的收入分配情况为中高收入阶层人数占总人数的大部分，且收入非常集中，收入跨度很小。之后的偏度值就开始下降至1.5

周围并维持这个态势至 2004 年，这说明这些年间中低收入者占总人数的大部分；峰度值从 1986 年达到最高值，说明这一年收入分布最为集中，跨度最小，之后开始下降，在 1988 年达到最小值，然后上升，围绕 2 上下波动，这种趋势持续到 2005 年，这说明这些年间收入分布均维持比较集中的态势，收入跨度偏小。对应这些年来的国家政策和经济情况：1978 年国家作出了实行改革开放的决策，开始逐渐走上了改革开放的道路，起初有一小部分人先富了起来，绝大部分人还是保持现状，其收入组成主要是工资收入，按照当时的工资制度收入差距不大，所以在收入分配曲线上表现为正偏态曲线并具有长的右拖尾，同时峰度较高，收入比较集中。而从 1988 年开始，我国政府开始实行通货紧缩政策，在经济领域实施整顿治理，这时我国个体私营经济出现了前所未有的大滑坡现象，使得居民收入差距大大缩小，在表中可以体现出来，收入分配曲线的偏度、峰度都大大降低了。1991 年开始，我国政府开始采取政策，逐步稳定个体私营经济，前一段时间开展的整顿治理工作也起到了规范化、制度化的作用，客观上保证了之后个体私营经济的健康发展。所以从 90 年代至今，我国居民收入呈现出收入增长和来源多样化等特征，在收入分配曲线上体现就是中高收入阶层人群占总人数比例先增长后维持在一个比较稳定的范围内，居民收入跨度大，收入的绝对值稳步增长。但是按照本文计算所得的收入分配公平警戒标准，这些年间的居民收入分配并不能算是公平的，主要表现为中低收入阶层人数占总人数比重偏高，同时收入水平过于集中，跨度偏小。相比较而言，1988、1989、1990 年的收入分配情况最接近公平状态，其中 1988 年最为公平，但是这并不能说是理想的状态，因为居民收入均值保持在很低的水平，整个居民收入分配状态接近于图 1 中第 I 种情况，即"穷公平"状态。特别需要引起注意的是，从 2005 年开始，居民收入分配分布曲线的偏度和峰度值均呈现出持续上升的态势，表现为收入分布曲线的右拖尾加长，峰值升高，这说明收入分配不公平的现象进一步加深了，少数高收入阶层的收入水平越来越高，收入集中在某个值周围的人数比重也越来越大了。这个现象应该引起警惕，相应地采取增加高收入阶层税收征收比重、拓宽居民收入来源渠道等方式来调节过高收入和分散过于集中的收入，引导收入分配向公平的方向靠近。

五　结束语

用收入分配公平性偏态分布方法来描述我国居民收入分配变化情况，基本符合实际经济现象，此方法下的警戒标准也比较具有合理性。

综合上述分析可以看出，用收入分配公平性偏态分布方法来描述我国居民收入分配变化情况，基本符合实际经济现象，此方法下的警戒标准也比较具有合理性。其中偏度警戒标准上限的绝对值大于下限绝对值、峰度警戒标准下限绝对值大于上限绝对值，也比较符合社会大众对分配公平问题的心理期望：相比绝大多数人富裕、少数人贫穷且贫穷者收入极低的情况，则绝大部分人处于中低收入水平、极少数人富裕且收入较高的情况尽管社会总效用相对低，但却显得更为公平，而且更有利于社会的稳定；同时相对于某一个收入阶层的人数占总人数比例过高的情况，收入跨度大的情况所引起的不公平感会相对比较低，原因是收入分组多、跨度大则各个收入阶层都占有一定比例，人们的注意力比较分散，不容易产生不公平感。收入分配公平问题是当今受到广泛关注的热点问题，努力实现收入分配公平具有经济和社会的双重意义。在努力向峰度、偏度均为0的绝对公平分布状态靠拢的过程中，发现相对公平的警戒范围，并依据此标准对分配现状的公平与否进行识别，对于实现分配公平、促进经济发展、维护社会和谐都具有非常重要的意义。

（来源：《统计与决策》2011 年第 21 期）

劳动收入占比下降的经济学解释
——基于中国省级面板数据的分析

罗长远　复旦大学经济学院副教授

张　军　复旦大学中国经济研究中心教授

FDI、经济发展水平以及民营化都不利于劳动收入占比的改善。其中，FDI 与劳动收入占比之间双向的负相关关系，是"谈判力量"机制在地区间招商引资竞争的背景下发生效力的结果；经济发展水平与劳动收入占比之间存在"U"型关系，但中国目前还处在曲线的下行区间上；民营化对劳动收入占比的负效应与"工资侵蚀利润"的现象被扭转以及劳动力供给的正向冲击有关。对劳动收入占比起促进作用的因素包括资本密集型产品进口、财政支出以及物质资本和人力资本积累。

一　引言

中国经济在改革开放的 30 年中取得了长足进步。与表现突出的经济总量相比，居民的可支配收入增长缓慢。

　　中国经济在改革开放的 30 年中取得了长足进步。2007 年，中国 GDP
的名义值达到 3.3 万亿美元，位居美国、日本和德国之后；若按购买力平
价计算，则达到 7.1 万亿美元，仅次于美国，列世界第二位（世界银行，
2007）。与表现突出的经济总量相比，居民的可支配收入增长缓慢。20 世
纪 90 年代中期之后的 10 年，平均来说，城镇居民人均可支配收入的名义
增长率比 GDP 的名义增长率低两个百分点，农村居民收入的增长率则低得
更多（相关年度的《中国统计年鉴》）。在出口面临困难的情况下，居民可
支配收入增长滞后直接影响内需的扩大，延缓了中国经济结构调整的步
伐。李扬和殷剑峰（2007）的研究指出，初次分配地位下降是居民部门收
入相对下降的主要原因，而在居民的初次分配收入中，劳动报酬占了 70%
还多。依此推测，居民可支配收入增长缓慢可能与劳动收入所得下降有
关。根据我们的计算，1996—2006 年，劳动报酬占 GDP 的比重（简称劳
动收入占比，下同）已从 54% 下降至 40%（见图 1，编者略）。

　　这种状况令人意外。首先，它与大多数国家的情况背道而驰。从国际
来看，多数发展中国家和发达国家，劳动收入占比大致处在 55%—65% 的
水平（戈林［Gollin］，2002），而中国劳动收入占比仅高于拉美一些收入
分配严重不均的国家，如巴西（见图 2，编者略）。其次，它与中国积极参
与全球分工的背景相悖。过去 10 年是中国融入全球化速度最快的 10 年，
1978 年中国在世界贸易体系的排名列第 32 位，到 2007 年，它的出口额已
达到 1.2 万亿美元，仅居德国之后，列世界第二位（CIA，2007）。根据经
典的贸易理论（Stolper - Samuelson 定理），作为在劳动密集型产品出口上
具有比较优势的国家，中国对外出口的扩张应使得收入向劳动者倾斜而不
是相反。本文力图通过严格的实证研究，对这一有违常理的现象进行解
释。在此之前，我们先从理论上梳理一下国际上关于劳动收入占比的文
献，并对解释中国要素收入分配格局的最新文献进行简要回顾。

二 文献综述

与已有研究相呼应，本文力图从较为宏观的角度考察劳动收入占比的演化，具体的创新点有以下3个方面：一是突破了国内现有文献在封闭条件下讨论要素收入分配的局限性；二是鉴于劳动收入占比与反映全球化的变量之间可能存在联立（simultaneity）内生性，将采用联立方程模型（SEM）并进行三阶段最小二乘（3SLS）分析；三是国际上研究劳动收入占比常用跨国面板数据，而本文运用中国省级面板数据进行分析，可以在一定程度上避免样本的异质性（heterogeneity）对实证结论的影响。

这一领域的早期研究基于新古典经济学分析框架，把劳动收入占比与资本产出比联系起来。若满足规模报酬不变、市场完全竞争以及不存在技术变迁的假设，劳动收入占比与资本产出比之间将存在确切的函数关系（本多林那和圣保罗［Bentolina and Saint - Paul］，2003）。经济处于均衡状态时，资本产出比将保持不变，劳动收入占比也随之趋于稳定。卡尔多（Kaldor，1961）曾把这一现象称为经济增长的"特征事实"。CD 函数的广泛使用，更使得人们相信，劳动收入占比像"光速"一样，是恒常不变的（科布和道格拉斯［Cobb and Douglas］，1928；索洛［Solow］，1958；克拉维茨［Kravis］，1959）。戈林（2002）在最近一项有影响的研究中，通过对自我雇用（self - employ - ment）收入的处理，发现劳动收入占比在跨国和跨时之间并无显著差异，并认为 CD 函数仍然有效。在技术发生变化的情况下，只要它具有劳动增强（la - bor - augmenting）的性质，劳动收入占比仍将保持不变。劳动增强型技术进步与均衡增长路径（bal - anced growth path）是相容的，它因此成了宏观经济学的"标准假设"（埃斯莫格鲁［Acemoglu］，2000；本多林那和圣保罗，2003）。

然而，最近一些国家劳动收入占比的走势与所谓的"Kaldor事实"明显不吻合。如欧洲大陆国家，原本较高的劳动收入占比，在20世纪80年代之后开始不断下降。布兰查德（Blanchard，1997）估算过，在这些国家，劳动和资本之间的替代弹性接近于1（近似于CD函数），劳动收入占比按理应是一个常数，但事实却相反。对此，他的解释是，资本增强型（capital–augmenting）技术进步是欧洲大陆国家劳动收入占比下降的原因之一。均衡路径上技术进步总是劳动增强型的，劳动收入占比稳定；但在转型路径上（transition path），会产生资本增强型技术进步，要素收入占比将发生变化（埃斯莫格鲁，2000）。从资本增强型技术进步解释劳动收入占比的变化，有一定的说服力。但它的局限在于，技术进步不能刻画劳动收入占比变化的全过程，技术进步还具有内生性，找到偏向型技术进步发生的原因更有意义。于是，人们又尝试从市场结构（包括产品和劳动力市场）的角度，寻找劳动收入占比变化的动因（布兰查德，1997；埃斯莫格鲁，2000，2002；本多林那和圣保罗，2003；凯辛［Kessing］，2003）。

从技术进步和市场结构讨论劳动收入占比的变化，存在两点不足。首先是没有考虑产业结构对于劳动收入占比的影响。随着经济的发展，产业结构不断变化，不同产业的劳动收入占比存在较大的差异，"Kaldor事实"描绘的是经济加总（aggregate）的情形，它的背后是更为普遍的"Kuznets事实"（孔萨姆等［Kongsamut et al.］，2001）。埃斯莫格鲁和格里尔（Acemoglu and Guerrieri，2006）从不同部门要素密集度的不同和资本深化的角度，剖析了总量水平劳动收入占比的稳定性与非平衡增长共存的问题。朱利塔（Zuleta，2007）、朱利塔和扬（Zuleta and Young，2007）则从诱致创新和内生增长的角度，考察了总量劳动收入占比稳定背后的部门因素。其次是没有考虑全球化因素对劳动收入占比的影响。布兰查德（1997）虽提到过贸易可能通过"要素价格均等化定理"（FPE）对劳动收入占比产生影响，但却在最后通过法国的行业数据否定了这一判断。然而，哈里森

（Harrison，2002）明确指出，发达国家劳动收入占比的变化与全球化进程密切相关。在金融一体化的时代，资本的流动更加频繁，它的"谈判地位"（bar‐gaining power）得到强化，劳动的弱势地位日益显现，并导致劳动收入占比的下降。

在中国，20世纪90年代对国有企业低效率的分析，为理解现时劳动收入占比的变化提供了思路。当时，学术界颇有影响的观点是，"工资侵蚀利润"是导致国有企业大面积亏损的根本原因（米纳米安·霍德［Mi-namiand Hondai］，1995）。与那时不同，目前要素收入分配发生了有利于资本的扭转（徐平生，2006；李稻葵等，2009），是否可以反过来认为是"利润侵蚀工资"造成的结果呢？白重恩等（2008）的研究在一定程度上支持了此观点，他们运用中国工业部门的数据进行实证研究发现，国有企业改制和产品市场垄断力量增加是导致资本收入份额上升的重要原因。不过，他们没有直接讨论劳动收入占比问题。徐现祥和王海港（2008）从产业角度对中国初次分配呈现双峰分布的状况进行了研究，但他们未考察要素间（factor）的初次分配。罗长远（2008）对中国劳动收入占比的变化进行了定性分析，但并未进行严格的实证研究。与这些研究相呼应，本文力图从较为宏观的角度考察劳动收入占比的演化，具体的创新点有以下3个方面：一是突破了国内现有文献在封闭条件下讨论要素收入分配的局限性，我们认为劳动收入占比下降与中国融入全球化的进程存在密不可分的关系；二是鉴于劳动收入占比与反映全球化的变量之间可能存在联立（simultaneity）内生性，我们将采用联立方程模型（SEM）并进行三阶段最小二乘（3SLS）分析，现有研究在这一点上明显欠缺考虑；三是国际上研究劳动收入占比常用跨国面板数据，而本文运用中国省级面板数据进行分析，可以在一定程度上避免样本的异质性（heterogeneity）对实证结论的影响。文章余下内容依次是：第三部分是变量与数据；第四部分运用省级面板数据对中国劳动收入占比进行实证研究；第五部分是稳健性分析；最后是结论和政策含义。

三　实证模型、变量与数据

我们直接将劳动收入占比定义为如下的形式：$Lsit = \phi（MO_{it}）\cdot \varphi$ $[（K/Y）it\ SFit]$

上一节我们提到，在新古典的分析框架里，劳动收入占比取决于资本产出比的大小。本多林那和圣保罗（2003）在讨论 OECD 国家要素收入份额的变化时，便以这一思想为出发点，并基于现实经济与新古典假设的差距，对劳动收入占比的决定方程进行了拓展。他们用 SK 线表述劳动收入占比（K/Y）与资本产出比（Ls）之间的关系，并在此基础上，将其他影响劳动收入占比的因素分成 3 类：使（K/Y，Ls）"偏离"（movement off）SK 线的因素；使（K/Y，Ls）沿 SK 线"滑动"（movement along）的因素；使 SK 线"平移"（shift）的因素。这一想法，为本文构建估算模型提供了思路，与他们相似，我们未使用特殊的函数，而直接将劳动收入占比定义为如下的形式：

$$Ls_{it} = \phi（MO_{it}）\cdot \varphi[（K/Y）_{it}, SF_{it}] \tag{1}$$

式子（1）中：i、t 表示截面和时间；$\phi（MO_{it}）$ 表示第一类因素的影响；$\varphi[（K/Y）_{it}, SF_{it}]$ 表示后两类因素的影响。为了模型的简化，把这些因素的影响进一步定义为：

$$\phi（MO_{it}）= \exp\left(\sum_{j=1}^{n} a_j \cdot MO_{it}^j\right) \tag{2}$$

$$\varphi[（K/Y）_{it}, SF_{it}] =（K/Y）_{it}^{a_{n+1}} \cdot SF_{it}^{a_{n+2}} \tag{3}$$

将式子（2）和（3）代入式子（1），并取自然对数，得到如下的方程：

$$\ln Ls_{it} = a_0 + \sum_{j=1}^{n} a_j \cdot MO_{it}^j + a_{n+1} \cdot \ln（K/Y）_{it} + a_{n+2}\ln SF_{it} + \varepsilon_{it} \tag{4}$$

本文的实证研究将运用中国内地的省级面板数据。在式子（4）里：i（ =1，…，29）表示省份（西藏和重庆除外）；t（ =1987，…，2004）表示年份；ε 表示误差项。式子左边的 Ls（即劳动收入占比）是被解释变量。根据《中国统计年鉴》，GDP 按收入法分成劳动报酬、固定资产折旧、生产税净额和营业盈余等 4 部分。我们将"劳动报酬所占的比重"（%）定义为劳动收入占比，取其分子的自然对数值。需要指出，学术界对于劳动收入占比的计算还存在争议（罗长远，2008），为了保证结论的可信度，我们将在稳健性分析部分使用劳动收入占比的另一定义，即"从 GDP 中扣除生产税净额之后劳动报酬所占的份额"（%）。

在式子的右边，K/Y（即资本产出比）是引起（K/Y，Ls）"滑动"的因素，表示资本深化，是资本存量与产出的比值，取其自然对数值。本多林那和圣保罗（2003）对 OECD 国家进行研究发现，资本产出比对劳动收入占比的影响显著为负。迪万（Diwan，2000）对世界 135 个国家的样本进行实证考察，结论是资本产出比对富国的劳动收入占比有促进作用，但与穷国的劳动收入占比负相关。SF 是导致 SK 线"平移"的因素，我们用技术进步（Techpg）作为其代理变量。本多林那和圣保罗（2003）用全要素生产率（TFP）表示技术进步，发现它对 OECD 国家劳动收入占比的影响显著为负，并认为原因是技术进步带有资本增强的性质。格斯娜（Guscina，2006）对 18 个工业化国家 1960—2000 年的数据进行考察的结果比较类似，但她是用单位劳动时间的 GDP 或单位员工的 GDP 衡量技术进步的。这两篇文献均暗示资本和劳动之间存在替代关系，不同的是后者未在方程中控制资本产出比。鉴于数据的可得性，本文使用"单位从业人员的产出水平"表示技术进步，它等于年度名义 GDP 与从业人员数之比，取自然对数值。MO 是导致（K/Y，Ls）"偏离"SK 线的因素，下面，我们结合文献和中国的实际对它所包括的变量逐一进行说明。

全球化。哈里斯（2002）对 1960—1997 年世界 100 多个国家进行研究后发现，全球化（贸易、FDI 以及放松或取消资本管制）与劳动收入占比负相关，这一结果与全球化背景下资本的"谈判力量"被强化有关。格斯娜（2006）认为，解释全球化对工业化国家劳动收入占比的负面影响，需要结合新古典贸易理论和"谈判力量"机制的思想。迪万（2000，2001）注意到全球化对劳动收入占比的影响因国家而异，结果对于方程定义也高度敏感。鉴于运用省级面板数据的情况，本文使用 FDI 占 GDP 的比重（%）、出口占 GDP 的比重（%），以及贸易占 GDP 的比重（%）衡量全球化。取其分子的自然对数值，用 Fdi、Expt 和 Tra 表示。

经济发展水平（Incml）。李和杰登（Lee and Jayadev，2005）、杰登（2007）在实证模型里引入了人均 GDP 水平做解释变量，它在大多数时候同劳动收入占比正相关。多迪和加西亚·佩娜洛斯（Daudey and Garcia-Penalosa，2007）曾指出，要素间的收入分配会影响人际间的收入分配，劳动收入占比越高，收入差距（基尼系数）越小。如果"Kuznets 曲线"存在，这一结论意味着，劳动收入占比在经济发展早期可能下降，而达到某一阶段之后才会上升。李稻葵等（2009）基于二元经济思想和劳动力在部门之间的转移，从理论角度考察了劳动收入占比与经济发展阶段之间的"U"型关系，并通过跨国面板数据证实了这一点。在本文，我们取人均实际 GDP 水平（1987 年价格）的自然对数值，考察它对劳动收入占比的影响；在稳健性分析部分，我们在方程右边引入人均实际 GDP 的平方项（Incsqr），考察所谓的"U"型关系是否存在。

民营化。阿齐马特等（Azmat et al.，2007）对 OECD 国家的研究表明，劳动收入占比下降与这些国家的私有化，尤其是"网络行业"（network industry）的私有化有密切联系。在本文所考察的样本空间里，中国经历了民营企业外生性的成长和国有企业战略性的退出，有理由相信，它们可能也是造成劳动收入占比变化的原因之一。为了捕捉这一信息，我们用非国有部门的就业占比（%）表示民营化，取其分子的自然对数值，用

Nonsoe 表示。

财政支出和政府消费。迪万（2000）的研究显示，财政支出扩大有利于贫穷国家劳动收入占比的提高，对富裕国家则不然。哈里森（2002）也支持政府支出有利于提高劳动者收入的观点。李和杰登（2005）、杰登（2007）用国民收入中政府所占份额代表政府对经济的干预，发现该值越高，劳动收入占比越高。他们甚至发现财政赤字也对劳动收入占比有积极作用。与这些研究相对应，本文分别引入政府财政支出和政府消费占 GDP 的比重（%）作解释变量，取其分子的自然对数值，用 Govexp 和 Govcon 表示。自我雇用机会和人力资本。引入前一变量，考察非正规就业机会对于劳动收入占比的影响。迪万（2000）用"农业人口占整个人口的比重"衡量非正规就业机会，发现这一比重越高，富裕国家的劳动收入占比越低，贫穷国家则相反。本文分别用第三产业占 GDP 的比重（%）和乡村从业人员占比（%）表示非正规就业机会，取它们分子的自然对数值，用 Terind 和 Emprural 表示。迪万（2000）用人均受教育年限代表人力资本存量。他发现：在富裕国家，人力资本积累越多，劳动收入占比越高；而贫穷国家的人力资本积累越多，劳动收入占比越小。本文用每万人中的大学生人数表示人力资本，取其自然对数值，用 Hucap 表示。

表1（编者略）是上述变量的描述性统计，附表1（编者略）还对它们的取值和数据来源作了详细说明。

四 实证结果及分析

实证结果表明，FDI、经济发展水平与民营化对于劳动收入占比的效应显著为负；出口对于劳动收入占比的影响为正但并不显著，而财政支出扩大将改善劳动收入占比。

根据上一节对实证模型和变量的讨论,式子(4)可具体化为如下的形式:

$$\ln Ls_{it} = a_0 + a_1 \cdot \ln Fdi_{it} + a_2 \cdot \ln Expt_{it} + a_3 \cdot \ln Incml_{it} + a_4 \cdot \ln Gov\,exp_{it} + a_5 \cdot \ln Nonsoe_{it} + a_6 \cdot \ln Terind + a_7 \cdot \ln Hucap_{it} + a_8 \cdot \ln(K/Y)_{it} + a_9 \cdot \ln Techpg_{it} + \varepsilon_{it} \tag{5}$$

全球化(即 Fdi 和 Expt)是本文关注的一个焦点,考虑到它们与劳动收入占比可能存在联立关系,构建如下的 FDI 和出口的决定方程:

$$\ln Fdi_{it} = \beta_0 + \beta_1 \cdot \ln Ls_{it} + \beta_2 \cdot \ln Expt_{it} + \sum_{m=3}\beta_J \cdot \ln Cvf_{mit} + \mu_{it} \tag{6}$$

$$\ln Expt_{it} = \gamma_0 + \gamma_1 \cdot \ln Ls_{it} + \gamma_2 \cdot \ln Fdi_{it} + \sum_{n=3}\gamma_j \cdot \ln Cve_{mit} + v_{it} \tag{7}$$

式子(6)和(7)中:Cvf 和 Cve 分别是对应方程中除 lnLs、lnExpt 和 lnFdi 之外的控制变量;μ 和 v 表示误差项。我们采用式子(5)、(6)和(7)构成的联立方程模型(SEM),并采取三阶段最小二乘(3SLS)的处理方法。如果方程设定正确,且满足秩(rank)条件,系统估计方法(3SLS)比工具变量法(2SLS)更有效(伍尔德里奇 [Wooldridge],2002)。需要指出,本文的样本截面为 29 个省份(N),时间跨度为 18 年(T)。由于 T < N,使用 GMM 方法有其合理性。但基于两点考虑,我们放弃了这样做:其一,本文的截面数与 GMM 擅长处理的大样本的截面数存在不少差距,导致在应用 GMM 方法时,工具变量很容易超过 29 个,而该方法要求工具变量个数不能超过截面数;其二,GMM 无法回答我们所关注的联立内生性问题。鉴于本文的核心是考察劳动收入占比的决定,即式子(5),对于式子(6)和(7),只关注 lnLs 的系数,控制变量不作分析。检验结果见附表 2(编者略),先看第(1)、(i)和(I)列(编者略)。

FDI 对于劳动收入占比的效应显著为负(见第(1)列)。改革开放初期,中国面临储蓄和外汇"双缺口",资本的强势地位显而易见,外资进入缓解了资本的短缺,根据"谈判力量"模型,利用外资应该有利于劳动者地位及其收入的改善。但是，检验结果与理论预期完全不同。对此，我们的理解有两点。首先，地方政府为了招商引资所展开的激烈竞争，弱化了劳动力的谈判地位。低劳动力成本和低劳动保护被视为招揽投资者的必要手段，资本的要价能力被人为抬高。外资通过"用脚投票"的方式在不同省份之间转移，而劳动力却因户籍制度等因素的约束存在流动的障碍。从这个意义上说，FDI 对中国劳动收入占比的负面作用，依然符合"谈判力量"模型的逻辑。在跨国研究中，金融一体化被认为是资本谈判力量提高的根源；而在中国，地区间在招商引资上的竞争可能是资本谈判力量被强化的重要因素。其次，在相当长一段时间里，中国的 FDI 以亚洲邻近国家或地区的资金为主。以香港为例，1994—2004 年，尽管它在整个中国外资中的比重逐渐下降，但年均仍然达到了 42%（普拉萨德和韦 [Prasad and Wei]，2005）。另外，根据肖（Xiao，2004）的估算，在中国的 FDI 中，有近四成是所谓的"回流型"资金（round‑tripping，FDI）。无论是邻近国家或地区的外资还是"回流型"外资，均看中的是中国的廉价劳动力和优惠政策，这种流入动机（motivation）使得劳动力报酬上升的空间十分有限。联立方程模型还对劳动收入占比与 FDI 之间是否存在反向因果关系给出了结论（见第（i）列）。可以看出，劳动收入占比对 FDI 存在显著的负效应。这说明，若劳动收入占比与劳动力谈判地位相对应，它的提高将不利于外资特别是以中国为出口加工平台的外资的流入。这一结果与内亚克和德韦（Nayak and Dev，2003）对印度的研究是一致的，他们发现虽然该国工资处于上升态势，但 FDI 却源源不断地流入，其中一个重要的原因就是劳动力谈判力量弱化（即劳动收入占比下降）引起资本回报增加。

出口对于劳动收入占比的影响为正但并不显著（见第（1）列）。根据 Stolper‑Samuelson 定理，中国作为劳动力丰富的国家，通过出口劳动密集型产品，应有利于收入分配向劳动者倾斜。但是检验结果并没有明确支持这样的结论，其原因可能有两点。其一，与外资在中国出口中所占的份额有关。1990 年以来，外资在中国出口中所占的比重，已从不足 20% 跃升至 50% 以上。因而，上面对 FDI 的分析也可以应用于对出口的分析。其二，与中国出口结构向资本相对密集的产品转移有关。从表 2 可以发现：1986 年之前，以矿物燃料等初级产品的出口为主；1986—1995 年，以轻纺等工业制成品的出口为主；1996 年之后，以机械等工业制成品的出口为主。很明显，出口产品的资本密集度在逐年上升。根据经典的贸易理论，随着出口产品资本密集度的提高，资本将从出口中获得更多的收益。近几年，不少学者对中国出口产品的复杂度（sophistication）进行了研究（罗德里克 [Rodrik]，2006；肖特 [Schott]，2006；徐 [Xu]，2007），发现中国出口产品的复杂度远远超出了自身的发展阶段，甚至达到了"一个三倍于其人均 GDP 的国家所具备的水平"。随着外资大量涌入，加上自身的资本积累，中国的比较优势逐渐向资本较为密集的产品转变，出口收益将更有利于资本。这可能是过去几年中国出口猛增，但劳动收入占比不升反降的一个原因。关于劳动收入占比对出口的反作用，联立方程模型也给出了结论（见第（I）列），可以发现这一逆向效应并不显著。

经济发展水平对劳动收入占比的影响显著为负（见第（1）列）。其含义是，劳动收入占比随着经济发展水平的提高而降低。从数值上看，人均实际 GDP（1987 年价格）每提高 1%，劳动收入占比下降 0.13%。在我们的样本里，1996—2004 年，人均实际 GDP（1987 年价格）的增幅达 114%，劳动收入占比将由此下降 15%。这说明，经济发展水平提高可能是劳动收入占比下降的一个重要原因。对这一结果，存在两种解释：一是，随着经济发展水平的提高，与劳动收入相比，财产性收入将扮演愈来愈重要的角色；二是，随着经济发展水平的提高，农业和工业的比重此消彼长，由于农业的劳动收入占比高于工业，工业化将引起整个经济劳动收入份额的下降，在服务业发展还不充分的情况下，尤其如此。结合中国的现实，后一解释更为合理，也得到李稻葵等（2009）的跨国实证研究的支持。另外，鉴于劳动收入占比与基尼系数存在反向关系（多迪和加西亚－佩娜洛斯，2007），我们的结果还暗示，中国人际收入差距拉大可能与要素收入差距特别是劳动收入占比降低有一定的联系。

民营化对劳动收入占比的影响显著为负（见第（1）列）。这与白重恩等（2008）基于微观数据对资本收入份额的分析所得到的结论相呼应。我们认为，民营化对劳动收入占比不利，原因可能有两点。一方面，随着国有企业的民营化，企业对于劳动报酬的支付会反映市场的供求关系，"工资侵蚀利润"的状况得到扭转。李稻葵等（2009）也指出，随着国有企业改革的推进，资本所有者对企业赢利分配的谈判能力上升，导致了劳动收入的比重下降。另一方面，国有企业改制后，大量富余员工进入劳动力市场，他们与农村的剩余劳动力一起，导致劳动力供给增加，对工资产生向下的压力（陆铭和蒋士卿，2007）。资本产出比与劳动收入占比显著正相关（见第（1）列）。表明资本深化有助于劳动报酬在 GDP 中所占份额的改善，这一结论与白重恩等（2008）的发现是一致的。中国是劳动力大国，资本积累促使劳均资本拥有量和劳动边际产出提高。若按边际产出获得报酬，劳动者的收入将随着资本的积累而提升。资本产出比与劳动收入占比正相关，意味着资本与劳动之间是互补而不是替代关系。通过回归系数，可以求出资本和劳动的替代弹性：

$$\sigma = - \ \{1 + \ [\partial lnLs/\partial ln \ (K/Y)] \ \cdot Ls \cdot \eta\} \tag{8}$$

式子（8）中：σ 是替代弹性；η 是劳动需求的价格弹性，它介于 -0.75——-0.15 之间（哈默梅什 [Hamermesh]，1993），在我们的研究里，等于 0.14，Ls 等于 0.531，鉴于中国的实际，取 $\eta = -0.75$。经计算，资本与劳动之间替代弹性的绝对值等于 0.94（<1），证明了二者的互补关系。

其他因素的影响（见第（1）列）。财政支出扩大将改善劳动收入占比，财政支出每增长 1%，劳动收入占比将提高 0.14%。这一结果与对其他国家的研究一致，大多数文献都认为财政支出对改善一国特别是穷国的劳动收入占比有正面意义。第三产业占比和人力资本的系数，虽然为正却都不显著。技术进步或者劳动生产率的改善并没有显著提升劳动收入占比，其原因与工资增速远落后于劳动生产率有关。以国有企业为例，1999年以来，它的劳动生产率年均增长近19%，但其工资增长却仅有14%（《中国统计年鉴2007年》）。与国有企业相比，私人企业劳动生产率更高，工资增长更慢（吴［Woo］，1994）。因而，就整个经济而言，劳动生产率相对于工资的较快增长是一个普遍事实。这正是过去10年出口迅猛扩张背后的故事，工资水平虽有所上升，但劳动生产率增幅更大，单位产品的劳动力成本不断下降，确保了中国产品的国际竞争力。

五 稳健性检验

经稳健性检验，FDI、经济发展水平和民营化等3个变量的变化是导致1996年之后中国劳动收入占比下降的主因。

针对上述检验结果，我们进一步提出了3个问题并作了相应的稳健性检验。这些问题包括：经济发展水平与劳动收入占比间是否存在"U"型关系？在计算劳动收入占比时若将政府得到的生产税额从GDP中扣除，仅仅观察收入在劳动与资本之间的分配，上述结果是否依然成立？用贸易代替出口，这些结果有变化吗？

为了考察经济发展水平与劳动收入占比之间是否存在"U"型关系，我们在回归方程中添加了人均实际GDP的平方项（lnIncsqr），结果见附表2（编者略）的第（2）列。可以发现，lnIncml的系数依然为负，但lnIncsqr的系数显著为正，表明经济发展水平与劳动收入占比之间的确存在"U"型关系。这一结果的逻辑在于：工业化早期，农业和工业此消彼长，引起劳动收入占比的下降；但是当工业化到一定程度之后，工业的重要性将让位于服务业，由于后者的劳动收入占比高于前者，劳动收入占比将止跌回升。从数值上说，当 lnIncml 高于 8.2［＝2.41/（0.147×2）］时，经济发展水平才对提高劳动收入占比有利。引入平方项之后：出口对于劳动收入占比的作用变成了负显著；民营化的系数仍然为负，但不再显著；人力资本的正向作用的显著性提高；其余变量的结果没有变化。

从 GDP 中扣除生产税净额之后，劳动收入占比的样本均值从 53% 提高至 61%，运用它进行分析的结果见附表 2 的第（3）、（4）列。可以发现，主要结论与第（1）、（2）列一致。但有 3 点差异需要指出：一是，经济发展水平与劳动收入占比之间仍然存在"U"型关系，但只有当 lnIncml 高于 8.6［＝2.27/（0.132×2）］时，经济发展水平提高才对改善劳动收入占比有利；二是，lnTechpg 的系数变为显著为正，表明将政府排除在外之后，劳动生产率的提高对于改善劳动收入占比有一定作用；三是，lnHucap 的系数显著为正，说明将政府从初次分配中除开，人力资本积累有利于收入向劳动者倾斜。

出口并不反映整个贸易对劳动收入占比的影响。为此，我们用贸易取代出口，构建劳动收入占比、FDI 与贸易的联立方程模型，检验结果见附表 3（编者略）。可以发现，附表 2 和附表 3 的结果基本一致，但存在 3 点差异。首先，出口和贸易对劳动收入占比的影响有所不同，劳动收入占比的逆向影响也不一样。尽管出口对劳动收入占比的影响或者不显著，或者显著为负，但是贸易对劳动收入占比的影响或者显著为正，或者为正但不显著。这一结果表明，如果贸易对劳动收入占比有积极作用，那一定是通过进口实现的。从 20 世纪 80 年代至今，处于中国进口产品前四位的始终是"机械及运输设备"、"轻纺产品、橡胶制品、矿业制品及其制品"、"化学品及有关产品"以及"非食用原料"等。通过进口资本相对密集的产品，有利于改善劳动收入在分配格局中的地位，这是经典贸易理论的基本结论。反过来，劳动收入占比对出口的影响不显著，但对贸易的影响显著为正。因而，劳动收入占比对贸易的促进作用，也一定是通过进口实现的。在财产性收入有限的情况下，劳动收入成了人们可支配收入的主要来源。由此，它与进口之间的正相关关系就可以理解了。其次，经济发展水平与劳动收入占比之间仍然存在"U"型关系，但是由降转升的临界值有所不同。在附表3中，这一值等于9.4［=0.79/（2×0.042）］或者9.7［=1.07/（2×0.055）］。最后，在附表3中，民营化的系数全部显著为负，再次证明国企改制可能对劳动收入占比产生不利影响。

对于经济发展水平影响劳动收入占比的临界值，我们在这里总结一下，以便于与实际情况相对应。若初次分配包括政府部门，得到的临界值是人均实际GDP等于6634元（=e（8.2+9.4）/2，1987年价格），以2004年价格和汇率计算，则分别等于25759元或3112美元；若从初次分配中扣除政府部门，得到的临界值是人均实际GDP等于9414元（=e（8.6+9.7）/2，1987年价格），以2004年的价格和汇率计算，则分别等于36553元或4416美元。然而，截至2007年，中国人均实际GDP也只有16743元或2023美元（2004年的价格和汇率），这意味着中国还处在"U"型曲线的下行区间上。有意思的是，李稻葵等（2009）运用跨国面板数据发现，经济发展对劳动收入份额产生促进作用的"门槛"是人均GDP达到3000美元（2000年名义汇率）。由于，2004年与2000年相比，人民币兑美元的汇率并无大的变化，因此，我们的结果与他们是十分接近的。

通过附表2和附表3，可以看出对劳动收入占比有负向效应的变量包括FDI、经济发展水平和民营化。为了考察实证结果的解释力，我们根据这3个变量的变化计算它们对劳动收入占比的影响。以初次分配包括政府部门为例：根据附表2第（1）列，这3个变量的变化可以导致劳动收入占比下降16.9%；根据附表3第（1）列，这3个变量的变化可以导致劳动收入占比下降8.5%。平均而言，它们的变化将导致劳动收入占比下降

12.7%，与本文样本里劳动收入占比下降 13% 是相当接近的。换言之，FDI、经济发展水平和民营化等 3 个变量的变化是导致 1996 年之后中国劳动收入占比下降的主因。

六　结论及政策含义

FDI、民营化和经济发展阶段都对劳动收入占比有负向影响，但它们之间又存在很大的区别。FDI 的效应，是"扭曲的"招商引资竞争在要素收入分配上的表现；民营化的效应，则体现了市场力量对"工资侵蚀利润"现象的修正，以及在国有企业改制过程中劳动力供给增加对工资的负向冲击；而经济发展水平的效应，更多地体现的是劳动收入占比的经济发展阶段特征。

本文借助 1987—2004 年中国省级面板数据，对劳动收入占比的变化进行了严格的实证研究。通过对联立方程模型进行三阶段最小二乘处理，并对结果作了稳健性检验，得到的一致性结论见表 3（编者略）。

FDI 不利于劳动收入占比的提高，而劳动收入占比提高反过来也不利于吸引外资。在财政分权的体制下，地方政府之间在招商引资上的竞争，强化了资本的谈判地位，不利于收入分配向劳动者倾斜。再者，在中国的外资来源中，亚洲邻近国家和地区占据主导地位，它们的目的就是利用中国廉价的劳动力和优惠的政策，很难想象在这种动机下，劳动报酬会有大的改善空间。如果劳动收入占比反映了劳动的谈判力量，它的提高就不利于外资特别是以中国为出口加工平台的外资的流入。

出口对于劳动收入占比没有促进作用，劳动收入占比对出口也没有显著影响。出口未能显著改善劳动收入占比，可能与外资在出口中所占的地位有一定联系。除此之外，20 世纪 90 年代中期以来，中国出口逐渐向资本密集度较高的产品转移，而传统出口产品的贸易条件日益恶化（李慧中、黄平，2006），也不利于出口对劳动收入占比的积极影响。有趣的是，包括进出口在内的整个贸易对劳动收入占比有一定的促进作用，而劳动收入占比也会反过来促进贸易的增长，这主要是劳动收入占比与进口之间存在双向的正相关关系造成的。

经济发展水平与劳动收入占比之间存在"U"型关系，根据检验的结果，劳动收入占比不断下降可能与中国经济尚处在"U"型曲线的下行区间有关。尽管对方程定义有些敏感，仍然可以看出民营化不利于劳动收入占比的改善，这与民营化过程中，"工资侵蚀利润"现象被扭转，以及传统体制下的大量冗员进入劳动市场造成对工资的打压有关。财政支出和人力资本对改善劳动收入占比有积极作用，特别是将政府排除在初次分配之外后，它们的作用就更为明显。资本积累有利于农村剩余劳动力的转移，对提高他们的收入有积极作用。实证结果也证明资本和劳动之间存在互补关系，劳动收入占比会随着资本积累而提高。但是，资本和劳动之间的替代弹性已经接近于1，暗示通过资本积累提升劳动收入占比的空间正日益收缩。由于工资未能与劳动生产率的增长同步，导致劳动生产率并非改善劳动收入占比的重要因素。第三产业对劳动收入占比的影响也并不显著。

FDI、民营化和经济发展阶段都对劳动收入占比有负向影响，但它们之间又存在很大的区别。FDI的效应，是"扭曲的"招商引资竞争在要素收入分配上的表现；民营化的效应，则体现了市场力量对"工资侵蚀利润"现象的修正，以及在国有企业改制过程中劳动力供给增加对工资的负向冲击；而经济发展水平的效应，更多地体现的是劳动收入占比的经济发展阶段特征。基于这些认识，在出台改善劳动收入占比的政策时要对症下药，特别地：要抑制地区之间在招商引资上的恶性竞争，让FDI流入在降低资本稀缺性的同时，能够削弱资本的谈判地位，通过它与劳动力的结合改善劳动者的收入分配处境；要加快服务业的发展，促使经济由工业化向现代化迈进，推动劳动收入占比进入上升通道；要加强法律和工会对劳动者权益的保护，避免民营化过程中资本收入对劳动报酬的不当"侵蚀"。除此之外，扩大财政支出、促进实物和人力资本积累以及增加资本密集型产品进口，也是可供政府选择的改善劳动收入占比的手段。

（来源：《管理世界》2009 年第 5 期）

论所有制结构的经济增长效应与收入分配效应
——以苏南模式和温州模式为例的实证研究

孙覃玥　南京大学商学院博士研究生

斯考特·萨姆纳（Scott B. Sumner）　美国本特利大学经济系终身教授

范从来　南京大学商学院教授

由所有制改革引致的所有制结构变化对于经济增长和收入分配有显著影响，不同所有制结构所产生的经济增长效应和收入分配效应也存在较大差异。以苏南模式和温州模式为例的实证研究显示，外资企业具有强的正增长效应，国有企业具有强的负增长效应，两者都具有增加城乡收入不平等的收入分配效应；与自身较弱的增长效应相比，私营企业和股份制企业具有更强的收入效应。

一　引言

本文的新意在于坚持"效率优先，兼顾公平"的原则，从效率和公平两个角度考察所有制结构的优劣，并采用固定效应模型对苏南地区和温州地区的面板数据进行实证研究，为理论研究提供可靠的经验支持，从所有制结构差异视角对"高增长、低收入"的苏南模式和"低增长、高收入"的温州模式进行解释。

所有制结构的变化是所有制改革在宏观层面的必然反映，是转轨国家面临的共同问题。马克思论证了社会生产离不开生产资料，不同的生产资料所有制形式决定着社会剩余产品的分配形式。现代企业理论认为公有制经济易导致代理人缺位，产生内部人控制问题和 X 非效率。制度经济学认为公有制经济会产生外部性，使工人丧失积极性，影响经济效率。

近年来，国内学者在所有制结构领域的理论研究主要集中于所有制结构与效率和分配的关系。袁易明利用所有制结构对基尼系数和技术效率的影响推算出不同所有制结构的社会边际福利。刘伟、李绍荣认为所有制结构通过影响生产函数中的要素产出弹性影响经济增长。毕先萍、简新华认为所有制结构变动1%，我国基尼系数同向变动幅度达1.097%。

另有学者试图为上述理论提供经验性证据，苏南模式和温州模式是很好的研究案例。与温州模式相比，苏南模式人均 GDP 更高，人均可支配收入却更低，这很可能是由所有制结构的变化引起的。范从来、孙覃玥指出，新苏南模式的所有制结构具有共同富裕效应，温州较高比重的私营经济是导致城乡收入差距拉大的主要原因。

还有一些学者认为所有制结构不是造成苏南模式和温州模式特征迥异的唯一原因，并试图从技术、产业、人力资本、文化和信用等角度寻求解释。另有学者认为所有制结构可能会受经济增长和收入分配的影响，具有内生性。这些观点对苏南模式和温州模式的经验研究价值提出了质疑。面对这些质疑，我们必须先证明所有制结构是两种模式经济运行特征迥异的唯一外生变量，以使研究更具有科学性和说服力。

我们认为，除所有制结构外，没有更恰当的原因可解释苏南模式和温州模式经济运行特点的不同。两地都隶属沿海发达省份，靠近上海，是从近代开始的通商口岸，有悠久的贸易传统。如果所有制结构受人均产出和人均收入变化的影响，就很难解释为什么在浙江的人均 GDP 赶超江苏的过程中，其私营企业的数量一直多于江苏，这说明是所有制结构的变化导致了增长效应和收入效应的变化，而不是相反。张一力认为具有"企业家精神"的温州文化是影响两地经济运行特征的重要原因，这虽能部分解释浙江首先大力发展私营经济的原因，但无法解释为什么江苏在 20 世纪 90 年代后期采取了相似的政策后，发展得和浙江一样快。由此可看出，政策而不是文化，更能解释两省间不同的发展速度。

有学者认为政策是决定所有制结构的唯一外生变量。黄亚生和马德斌分别研究指出共和时期苏南、温州比中国其他任何地区对外贸易都多，1978 年后，浙江的政府官员比江苏的更鼓励私企发展。这说明两种模式的所有制结构差异是外生的，不是受两省历史差异的影响，而是受政府决策的影响。这些差异在私营经济相对较新甚至被认为有些冒险的经济改革早期特别突出。通过鼓励私营企业，浙江实际上做了一个有关所有制结构的可控实验。洪银兴、陈宝敏认为政府职能的不同导致所有制结构不同，20 世纪八九十年代浙江的官员对待私营经济的态度比江苏的官员开放得多，甚至比国内其他地方的政府官员都开放。

综上所述，已有研究在以下两方面仍显不足：一是对所有制结构的效应分析分散在各个方面，缺乏有机联系，难以建立一个评判其结构优劣的标准，基于不同效应对所有制结构的评价也不同；二是已有研究的实证检验多是建立在数据较少的统计研究基础上，缺乏大量数据和计量模型的有力支持。

本文的新意在于坚持"效率优先，兼顾公平"的原则，从效率和公平两个角度考察所有制结构的优劣，并采用固定效应模型对苏南地区和温州地区的面板数据进行实证研究，为理论研究提供可靠的经验支持，从所有制结构差异视角对"高增长、低收入"的苏南模式和"低增长、高收入"

的温州模式进行解释。本文主要围绕如下问题展开：其一，从效率原则出发，考察所有制结构的增长效应，检验不同所有制结构和人均 GDP 的关系；考察收入效应，检验所有制结构和城镇人均可支配收入之间的关系；考察什么样的所有制结构能够兼顾两种效率，检验所有制结构和人均 GDP 与城镇人均可支配收入之比之间的关系。其二，从公平原则出发，考察所有制结构是否带来公平分配，检验所有制结构和城乡收入比之间的关系。

二　所有制结构的经济增长效应与收入分配效应：苏南模式与温州模式的经验比较

　　所有制结构的不同带来了人均 GDP、人均可支配收入的不同和收入差距的差异。由公有制转向以公有制为主体、多种所有制经济共同发展的过程中，宏观绩效会随着企业绩效的提高而提高。

　　我国所有制结构的变化基本遵从了企业理论的逻辑。企业理论认为在生产效率上，股份制经济高于私营经济，私营经济高于国有经济。私营企业所有权、经营权两权合一，不存在委托代理问题，企业主具有完全动力监督工人积极生产，其效率明显高于国企。但随着规模的扩大，经营权和所有权的两权分立更有利于企业吸收职业经理人，发挥企业家才能，促进企业效率。因此，由公有制转向以公有制为主体、多种所有制经济共同发展的过程中，宏观绩效会随着企业绩效的提高而提高，浙江和江苏的经济发展是说明这一过程的最优案例。

　　1978—2007 年间，浙江的人均 GDP 从低于江苏 30% 变为高于江苏 10% 以上。这期间，江苏比浙江吸引了更多的外资，而浙江民营企业发展更为迅速，其产值占工业总产值的比重，从 1980 年的 0.57% 上涨到 2001 年的 69.3%；江苏民营企业产值占工业总产值的比重仅从 1980 年的

0.53% 上涨到 2001 年的 44.7%。黄亚生认为江苏和浙江的发展为说明产权的重要性提供了一个很好的案例，因为在经济改革之前没有任何重要的方面支持浙江更快地增长。经历了私营化产权改革之后，浙江的私营企业在经济发展中起着越来越重要的作用，相应的浙江的人均 GDP 也超越了江苏。

近年来，浙江的许多私营企业在发展壮大之后，转为了股份制企业，而苏南地区的大部分乡镇企业也改制为股份制企业，并吸引了大量的外资，相应地，苏南地区呈现了"高增长、低收入"特征，而温州地区呈现了"低增长、高收入"特征。从表 1（编者略）来看，苏锡常人均 GDP 的平均值是温杭宁的 1.52 倍，但其城镇人均可支配收入的平均值仅为温杭宁的 0.9 倍。苏州和温州的对比更为显著，苏州的人均 GDP 是温州的 3.24 倍，而其城镇人均可支配收入仅为温州的 0.89 倍。这种现象的一个可能解释是苏南各市过大比例的 FDI 造成了其城镇人均可支配收入与人均 GDP 之比明显低于浙江和全国的平均水平，因此需要继续考察各地区的所有制结构。

从表 2（编者略）列举的 6 市国企、私企、股份制企业和外企的工业产值占工业总产值的比重来看，苏州外企占绝对优势，私企和股份制企业也有一定比重；温州私企和股份制企业占绝对优势，外企所占比重不大。这两个最具苏南特色和温州特色的城市恰好显示了人均 GDP 与人均可支配收入比的两个极端，苏州 4.32 和温州 1.18。无锡、常州同杭州、宁波都是私营企业和外资企业占绝大多数，但后两者的股份制企业所占比重大于前两者。从两种模式的平均值来看，苏南模式以外资经济为主导，私营经济蓬勃发展；温州模式以私营经济为主导，私营、股份制、外企三足鼎立。从苏南模式和温州模式的例子中还能看出收入分配的巨大差异。有学者认为私营企业占多数的温州模式会比苏南模式有更多的不平等，而张建君认为温州模式导致了更少的不平等，但提供的经验性数据很少。尽管缺乏各具体城市的基尼系数，但可以知道江苏、浙江两省的基尼系数。1990年，浙江城镇基尼系数是 0.175，而江苏的是 0.16，这也许反映了浙江开始改革的时间较早。然而，2004年，浙江城镇基尼系数是0.305，江苏的是0.35。因此，尽管市场改革可能增加了城市内部不平等，但认为企业家主导的经济比外资主导的经济更加不平等的证据并不充分，实际上相反的情况倒可能成立。

由于基尼系数数据有限，下面将用城乡收入比这一不完美的替代指标来研究收入差距问题，尽管它不能反映城市和农村内部的收入差距，但包含了收入分配差距的绝大部分——城乡收入差距。从表1来看，苏南模式和温州模式各地区的城乡收入比明显低于全国的这一比值，而苏南模式的城乡收入比又明显低于温州模式的，由此似乎能得出结论：外资主导的新苏南模式比企业家主导的温州模式带来更小的城乡收入差距。

以上凭借对描述性统计数据的分析，能够看出所有制结构的不同带来了人均GDP、人均可支配收入的不同和收入差距的差异，为了得出确切结果，下文将进行深入的实证分析。

三 所有制结构对经济运行的影响
基于苏南模式和温州模式的实证检验

苏南模式的"高增长、低收入"是由过大比重的外企所致，外企创造的人均GDP是人均可支配收入的1.5倍多；而温州模式的"低增长、高收入"是因为私企和股份制企业占大多数。

（一）样本选择

本文采集的是1991—2007年苏州、无锡、常州和温州、杭州、宁波的数据。这6个城市分别代表苏南模式和温州模式。

（二）变量设定

解释变量分别是国企、私企、股份制企业和外企的工业产值占工业总产值的比重，分别用 SOE、PB、CORP、FOR 表示。对解释变量的选择主要基于以下考虑：所有制结构指的是不同所有制类型的企业在全部企业中所占的比重，由于企业间规模差异很大，通过企业个数计算这一比值显然不合理，工业产值的比重更能反映出不同类型企业实力的变化。只选了四类所有制结构类型是因为：如果把所有类型企业的产值比重作为自变量会存在线性相关问题，因为比值之和为 1，落选的企业类型是因为它们对经济影响不大，或是曾经影响很大但现在影响不大（例如集体企业）。

被解释变量有三组：人均 GDP、人均可支配收入和城乡收入比，分别表示增长效应、收入效应和分配效应。前两组研究可解答为何苏南人均 GDP 高、居民收入低，而温州反之。第三组研究可解答何种所有制结构有利于收入的公平分配。为了使研究结论更清晰有力，又把人均 GDP 与人均可支配收入比和农村人均纯收入作为被解释量考虑进来。由于反映这些变量的部分数据呈指数增长，因此取对数值，以减弱其趋势性，使其近似呈线性增长，因此被解释变量有 ln 人均 GDP、ln 城市人均可支配收入、人均 GDP／人均可支配收入、城乡收入比、ln 农村人均纯收入，分别用 Y1、Y2、Y3、Y4、Y5 表示。

（三）模型设定

模型设定需考虑所有制结构与经济运行特征相关的理论和计量模型。在缺乏成熟理论模型的情况下，需要从诸多经济学理论中总结有关所有制结构和经济运行关系的理论模型。

许多学者认为非公有制企业比公有制企业更有效率，委托代理理论认为委托代理链条越短的企业效率越高，而阿尔钦和德姆塞茨则强调私营企业主和拥有部分剩余索取权的企业经理会使私营企业和股份制企业的运行更加有效率，这些理论都建立了所有制结构和经济效率的直接联系。刘伟、李绍荣同时考虑所有制结构和规模效应对产出的影响，发现产业结构影响经济的生产规模所有制结构影响要素生产率。

刘伟、李绍荣建立了有关所有制结构和经济增长关系的模型：

$$Y = AK^{\alpha_0 + \alpha_1 x_1 + \alpha_2 x_2} L^{\beta_0 + \beta_1 x_1 + \beta_2 x_2} e^{\gamma_1 x_1 + \gamma_2 x_2 + \varepsilon}$$

其中，Y、K、L 分别表示国民收入、资本存量和劳动量；x_1 和 x_2 分别表示所有制结构和产业结构，x_1 为非国有经济就业人数占总就业人数的比重，x_2 为第一产业就业人数占总就业人数的比重；α_1 和 α_2 分别表示所有制结构和产业结构对资本产出弹性的影响；β_1 和 β_2 分别表示所有制结构和产业结构对劳动产出弹性的影响；γ_1 和 γ_2 分别表示所有制结构和产业结构对规模的边际影响参数；ε 是随机扰动项，表示其他影响产量的要素。

该模型显示所有制结构通过影响生产函数中的要素产出弹性和规模经济影响产出，具体途径如下：一是不同所有制类型企业吸收的生产要素种类不同。与私企相比，股份制企业实现了两权分立，雇佣职业经理人，外企有更先进的技术设备和研发能力，股份制企业和外企吸收了更强的人力资本。二是不同所有制结构产生不同的要素产出弹性。首先是不同的资本产出弹性，私企能快速决定是否投资，迅速抓住赢利时机；股份制企业能以低成本筹集大量资本，进行大规模投资；外企能利用国际资本市场低成本融资。其次是不同的劳动产出弹性，私企和股份制企业能更好地监督员工，提高劳动效率；国企、股份制企业、外企的员工分工更专业化，更易相互学习，提高劳动生产率。再次是不同的人力资本产出弹性，股份制企业经理受剩余索取权激励，弱化自身背离所有者利益最大化决策的动机，能更好地发挥企业家才能。详尽列出所有影响要素产出弹性的因素是困难的，并且数据也难以量化和取得，而直接回归数据易得并能更准确描述所有制结构对产出的影响。

在分配方面，国企职工多采取按劳分配原则，缺乏灵活的激励机制，收入较平均；私企、股份制企业和外企高层则按生产要素分配，在获得良好业绩的基础上，高级经营管理者可获得高收入，而股份制企业和外企较低端的员工，最主要的收入是工资收入，因此收入也相对平均。

在计量模型上，本文采用固定效应模型。如果假设了个体的固定效应，即对每个个体加一个与时间无关的特征因子；如果假设了时间点的固定效应，即对某时间点加一个与个体无关的特征因子，这一模型对控制无法观测的不随时间或个体变化的异质性有帮助。本文采用的面板数据中，除解释变量外，6 个城市都有不随时间变化的地理或传统文化等特殊因素影响被解释变量，需要加一个不随时间变化的变量 α_i；在观测时期 1991—2007 年间，每年还有不随城市变化的固定效应，因此每年再加一个 yeardumt 变量。分别对应不同被解释变量的 5 个回归方程可以用下列方程式表达：

$$Y_{itk} = \beta_{k1}SOE_{it} + \beta_{k2}PB_{it} + \beta_{k3}CORP_{it} + \beta_{k4}FOR_{it} + a_{ik} + \sum_{t=1991, t \neq 2003}^{2007} yeardum_t + u_{itk}$$

其中，所有变量下脚标 it（i = 1，2，…，5；t = 1991，1992，…，2007）分别代表相应变量的城市和时间取值；k = 1，2，3，4，5，分别代表 5 个被解释变量；α_{ik}（k = 1，2，…，5）表示影响每个城市的固定效应，不随时间变化；$yeardum_t$（t = 1991，…，2002，2004，…，2007）表示影响每年的固定效应，不随城市变化，去掉 yeardum$_{2003}$ 是防止共线性；u_{itk}（k = 1，2，…，5）表示随机误差。

由于解释变量有自相关问题，本文采用 PCSE（Panel corrected standard error，面板修正的标准差估计）为辅助回归模型，并且考虑了年度和城市的固定效应。在 PCSE 模型中，用 PCSE（ar1）和 PCSE（psar1）两种处理方式，PCSE（ar1）假设每个城市的数据有相似自相关问题，PCSE（psar1）假设每个城市的数据有各自的自相关问题。

（四）回归结果和分析

本文依次显示固定效应、PCSE（ar1）、PCSE（psar1）三种计量模型的回归结果。表 3（编者略）显示，人均 GDP 增长与国企产出份额比重负相关，说明国企生产效率低下。其原因在于，国企委托代理链条过长，多级代理后，经营者的选择更多依据官员偏好而不是委托人意愿，选择经营者的标准不是才能；经营者缺乏所有者的有效监督，经营动机会背离所有者利益，偏向个人利益最大化；经营者缺乏剩余索取权激励，经营业绩好坏与个人收入关联度不大；经营者对企业职工缺乏有效监督，劳动者缺乏收入激励机制，劳动效率低下。外企产值比重与人均 GDP 正相关，说明外企运行机制更市场化，并且大多是资本和技术密集型企业，具有先进的管理水平、研发水平和强势的营销网络。股份制企业和私企的产值比重介于国企和外企之间，符合企业理论假说，但它们的产出份额却与人均 GDP 负相关，但结果并不显著。

在没有很多外国居民的情况下，根据属地原则计算的 GDP 应该和人均可支配收入成正比，但与温州相比，苏南在人均 GDP 高速增长时，人均可支配收入增速缓慢，且低于温州的人均可支配收入，这可能主要是外企在苏州的比重过大所致，因此下面进一步研究所有制结构与人均可支配收入的关系。

表 4（编者略）显示，股份制企业和外企产出所占比重和人均可支配收入间的正相关关系接近显著。结合表 3 看，尽管股份制企业对人均 GDP 影响不显著，但吸收了大量中高级管理人才，薪酬体制更加市场化，增加了城市居民的可支配收入。外企在城市中吸收大量本土高管人才，增加了居民可支配收入。私企尽管有船小好调头的优势，但规模不易扩大，对产出的增加没有明显优势，雇佣的高管人员少，雇员工资都较低，因此私企产出比例增加没能提高人均可支配收入。表 3、表 4 的回归结果与表 1、表 2 的经验结论有一致性，可以解释苏南地区高的人均 GDP 是大比重的外企带来的，但在人均可支配收入方面解释力不足。尽管浙江股份制企业较多，可以解释相对较高的人均可支配收入，但外企同样可提高人均可支配收入，这就很难解释为何苏南外企多，但人均可支配收入低的现象，因此有必要进一步考察所有制结构与人均 GDP/人均可支配收入之间的关系。

表5（编者略）显示，除外企与人均 GDP/人均可支配收入正相关外，内资企业均同人均 GDP/人均可支配收入负相关。结合表3、表4来看，随着外企产出比重的增加，人均 GDP 增幅远远大于城市人均可支配收入，说明外企分配给中国本土人员的工资非常低，除了少数中方高管人员得到高工资外，绝大多数的收入被当做资本利得和技术利得转移到国外去了。股份制企业通过增加城市人均可支配收入和降低人均 GDP 降低两者之比。尽管私企产出比重对人均 GDP 和可支配收入的影响都不显著，但对降低二者之比却显著，这可能是由于尽管两种影响都很微弱，但方向相反。结合表3、表4、表5可看出，苏南模式的"高增长、低收入"是由过大比重的外企所致，外企创造的人均 GDP 是人均可支配收入的1.5倍多；而温州模式的"低增长、高收入"是因为私企和股份制企业占大多数。温州模式的人均可支配收入高于苏南模式的人均可支配收入，是由于股份制企业占工业产值比重每提高1%，人均可支配收入对数值增加0.2，而外资企业比重增加1%，人均可支配收入对数值增加0.17（见表4），这些结论再次与表2的统计性数据相一致。

前文已述，人均 GDP 和城市人均可支配收入是测度效率的两个指标，下面用城乡收入比指标来测度公平。表6（编者略）显示，外资企业显著增大城乡收入比，内资企业的结果不显著。

更大的城乡收入不平等可由更高的城市收入或更低的农村收入引起。表7（编者略）显示，国企和外企降低了农村收入，这反映了向城市倾斜的发展政策。从计划经济时代起，国有企业主要建立在城市中，基本不招收农村劳动者，改革后，由于大量冗员被裁，更不招收农村劳动者。外企也大多建在城市中，招收农村劳动者较少。另外，我国一直实行"以农补工"的政策，近些年为了引进外资，又建设了很多工业园区，降低了农民的可用资源和纯收入。纠正序列自相关后发现，私企增加了农村人均纯收人，这是由于很多私企一开始就是在农村建立起来的（像温州地区的私企），并且私企一般规模较小，产业层次较低，吸收了大量的农民工。

结合表4、表6、表7可发现，国企降低农民收入，拉大了城乡差距；外企增加城市人均可支配收入，降低农村人均纯收入，更加拉大了城乡收入差距。但该结论与表1和表2的经验结论不符，以苏州为例，苏州是外资企业最多但城乡差距最小的城市。但需要注意的是，计量分析反映的是一种历史的变化，因此有必要对1991年和2007年的城乡收入比进行对比，见表8（编者略）。

表8说明，随着非公有制经济所占比重的增加，6个城市的城乡收入差距都扩大了，只是程度不同。1991—2007年间，外企所占比重较大的苏州、宁波、无锡的城乡收入差距增幅居前，私营经济比重大的常州、温州和杭州，收入差距增幅较小，这与表6私营经济对城乡收入差距影响不显著的结论不矛盾，表8只说明私营经济与最小的城乡收入差距的增幅相对应，并不是说它可以减少城乡收入差距。私企增加了农村收入，但对城市人均可支配收入影响不显著，调整自相关问题后反而降低了城市收入，这或许是由于私企雇佣了大量农民工，减少了城市人口的工作机会。结合表2和表8来看，股份制企业产值比重与城乡收入差距没有直接联系；从表6来看，股份制企业增加了城市可支配收入，但对农村收入的负向影响不显著，对收入不平等的影响也不显著。

四　结论和政策建议

苏南模式大比例的外资企业是造成其"高增长、低收入"的主要原因，温州模式众多的股份制企业以及私营企业是造成其"低增长、高收入"的主要原因。

（一）结论

综合以上研究，可以得出以下结论：

第一，从增长效应来看，外资企业具有很强的增长效应，国有企业具有较弱的增长效应。

第二，从收入效应来看，国有企业具有负的收入效应，相对于较弱的增长效应来说，私营企业和股份制企业的收入效应更强。

第三，从分配效应来看，外资企业在提高城市收入的同时降低了农村收入，从而拉大了城乡收入差距，加剧了分配的不平等。

通过以上结论，可从所有制角度对苏南模式和温州模式不同的增长效应和收入效应作出解释。苏南模式大比例的外资企业是造成其"高增长、低收入"的主要原因，温州模式众多的股份制企业以及私营企业是造成其"低增长、高收入"的主要原因。尽管外资企业也增加城市人均可支配收入，但它的增长效应要远远大于收入效应，一方面外资企业增加的城市收入不及股份制企业增加得多，另一方面外资企业的发展导致的城市收入的增长弱于导致的农村收入的下降。

（二）政策建议

第一，在科学搭配的前提下继续促进混合所有制经济的发展。虽然我国混合所有制经济的发展已有十余年的历程，但很可能导致经济的不均衡发展。政府首先应该以"高增长、高收入、低收入差距"为发展目标，不能因"唯 GDP 观"、"唯政绩观"对某些企业开政策绿灯，人为造成经济发展不均衡。其次，在尊重企业自身发展，防止过多政策干预的前提下，要针对当地的经济环境、经济目标和不同类型企业的特点，制定政策鼓励有利经济均衡发展的企业类型，限制不利于均衡发展的企业类型。

第二，提升内资企业的生产效率。从增长效应来看，内资企业的生产效率明显不如外资企业。在技术方面，外资企业没有转移大量先进技术到中国，影响了内资企业的发展空间，对此应该增强与外资企业的实质性合作，鼓励外企在中国建立研发中心，加强技术扩散。在制度方面，为产学研的进一步结合创造条件，制定鼓励企业创新的政策，增强企业的创新动力，改善企业绩效。

第三，促进企业向农村地区发展。向城市倾斜的发展政策是造成城乡差距逐步扩大的重要原因，今后应该进一步鼓励农村私营经济的发展，以促进农民收入的提高，同时也要制定政策吸引国有企业、股份制企业和外资企业向农村流动，促进农村的城市化和工业化。

第四，认清各类型企业的优缺点，采取趋利避害的经济发展策略。与内资企业相比，外企的效率很高，有利于促进城市建设，解决就业压力，但外企增加了城乡收入不平等，使大量利润流出中国。因此，不能盲目吸引外资，外企只是中国经济走向世界的一座桥梁，要通过对外企的学习和借鉴，使中国的产业具有根植性。规模较小时，私营企业的效率优势、生产经营的灵活性和低端产业的经营起点容易促进落后地区的发展，但随着企业规模的扩大，制度带来的效率优势就会丧失，需要先进的生产技术支持其进一步发展。股份制企业能够避免企业规模变大过程中的效率损失，为企业吸收多元要素，促进企业发展。我国的股份制企业在内资企业中效率最高，且有利于提高可支配收入，是较好的企业改革方向，但与外资企业相比，生产效率仍较低。政府应制定政策扶持大规模的有自主先进技术的股份制企业，使其成长为可与外资企业相抗衡的大企业。

（来源：《江海学刊》2010 年第 4 期）

后记

  为深入推动学术交流，全景式地反映学术界对中外热点问题的观点，引领读者较为全面和集中地了解中外热点问题上的论争，2012年10月我们开始组织选编近年来具有代表性的文章，2013年2月结集出版《中外热点论争》丛书。

  丛书编委会在选编文章时按照法律规定的相关程序征得了作者的版权许可，得到了作者的大力支持，对此深表感谢。对于文章已入选而未能联系上的作者我们深表感谢，请在丛书出版后尽快和我们联系，我们将按照相关规定支付稿酬、赠送样书，联系邮箱：zwrdlz@163.com。

《中外热点论争》丛书编委会

2013年1月